Der Halberg ist auch nur ein Hügel

Aus meinen öffentlich-rechtlichen Memoiren

Der Autor: *Jahrgang 1950, Saarländer, Studium der Germanistik und Soziologie in Saarbrücken und Freiburg im Breisgau. 1971 Gründung der Zeitschrift „Einzelheiten", die dann auch ohne ihn dank engagierter Kolleginnen und Kollegen bis 1978 durchhielt. Freier Autor, 1979-1983 Vorsitzendes des Saarländischen Schriftstellerverbands, 1987 Redakteur beim Saarländischen Rundfunk, zuerst Hörfunk, dann Fernsehen (Leiter des Magazins „Kulturspiegel"). Buchveröffentlichungen: „Ein saarländisches Lesebuch" (1980, Hrsg. zus. mit Fred Oberhauser) „Ein Kind der 50er Jahre" (1985, Neuausgabe 2020), „Dr. Reineggs und Graf Kohary in Georgien" (2000), „Bloß keine Einzelheiten!" (2013). Seit 2017 Herausgeber der Website „Literaturland Saar" (zus. mit Gabriele Oberhauser und Martin Oberhauser)*

Ich bin ein Ungefährlicher

Alles liegt weit, weit hinter mir, da muss ich mir sagen lassen, dass ich der erste bin, der dort auf dem Berg nicht unglücklich gewesen ist.

Es ist nur eine Entzündung am Auge. Der Hausarzt, ratlos, überweist mich zur Fachärztin. Die ist auch ratlos. Als ich zum Hausarzt zurückkehre, will der mich nicht ganz unberaten wieder wegschicken. Vielleicht hatte es mit Zugluft zu tun? Bei einer Tagung über alternative Medizin, so seine vage Erinnerung, hat er gehört, dass bei den Chinesen der Wind eine größere Rolle spielt. Er empfiehlt mir eine Kollegin, die wohl irgendwie was von chinesischer Medizin versteht.

Erst als ich im Wartezimmer dieser Ärztin sitze und mir die Diplome an der Wand betrachte, wird mir klar, dass sie auf Akupunktur spezialisiert ist, genauer, auf Ohrakupunktur. Ich glaube nicht wirklich, dass sie meinem Auge helfen kann, ich rechne damit, dass sie sich für mein Leiden als nicht zuständig erklären und mich wegschicken wird. Was für ein Irrtum. Sie ist zuständig für alles. Und sie strahlt ihre Kompetenz so massiv aus, dass ich ihr tatsächlich alles zutraue. Sogar, dass sie mit goldenen Nadeln in meinen Ohrläppchen ein Augenleiden heilen kann.

Für das Auge interessiert sie sich zunächst gar nicht, sie geht ganzheitlich vor, lässt mich beim nächsten Besuch Röntgenaufnahmen meiner Zähne mitbringen, fragt nach Ess- und Trinkgewohnheiten und solchen Sachen. Und will dann auch wissen, wo ich gearbeitet habe und ob ich dort glücklich gewesen bin. Eine Frage, die ich mir noch nie gestellt habe. Kann Unglücklichsein am Arbeitsplatz ins Auge gehen? Ich kann jedenfalls nicht sagen, dass ich ausgesprochen unglücklich gewesen wäre.

Da staunt die Ärztin aber: Sie habe schon etliche Patienten mit demselben Arbeitgeber gehabt, alle hätten sich heftig beklagt über ein unerträgliches Arbeitsklima, inkompetente Vorgesetzte, bösartige Kollegen, kurzum, es sei wohl die Hölle gewesen. Ich sei der Erste, der sagt, dass er dort nicht unglücklich war. Es klingt ein bisschen vorwurfsvoll, ich würde ihr gern entgegenkommen, beginne nachzudenken, ob ich nicht manchmal doch ein bisschen... Da fragt sie mich schon, woher meine Sondererfahrung wohl rühren könne. Jetzt brauche gar nicht erst zu überlegen, es war eine rhetorische Frage, sie hat schon die Antwort.

Ich hatte mal einen Bekannten, der zu sagen pflegte: „Jetzt wo du's sagst, fällt's mir auch auf." Der Zauber des richtigen Wortes, der erhellenden Formulierung. Tief drinnen hat man so eine Ahnung, wissen tut man nichts. Erst wenn jemand es auf den Begriff bringt, wird es zur Erkenntnis, auch wenn man diesen Begriff bisher gar nicht gekannt hat.

So war es mit mir und der Ärztin. Ich kannte natürlich beide Wörter, aber nicht ihre Verbindung durch den Genitiv. Die hörte ich jetzt zum ersten Mal. Es war im wahrsten Sinne eine treffende Formulierung, sie traf mich, unvorbereitet. Aber ich akzeptierte sofort ihre Anwendung auf mich. Auch wenn es nicht unbedingt schmeichelhaft war.

Ich hatte also – warum hat mir das nie jemand gesagt? – die Aura der Ungefährlichkeit. Die trug ich mit mir herum, offenbar auch jetzt, und jeder konnte sie sehen. Vielleicht nicht jeder. Aber eine kluge Ärztin und alle, die dazu neigten – und auf dem Berg neigten viele dazu –, andere prinzipiell als Wesen zu betrachten, die ihnen gefährlich werden konnten, erkannten mit ihrem geschulten Auge: Dieser Mensch ist harmlos, der wird einem nicht in die Quere kommen, den muss man nicht wegräumen, dem muss man gar nicht erst seine Grenzen aufzeigen, der kennt sie selber. Und weil also ich einer von dieser Sorte war, hatten die Bösen mich in Ruhe gelassen, und ich blieb unbehelligt. Und in meiner Ahnungslosigkeit dachte ich, die anderen wären, trotz mancher Macken, eigentlich alle ganz nette Menschen, und alles wäre gut, und ich brauchte nicht unglücklich zu sein.

Die Aura der Ungefährlichkeit: Dieser Schlüssel zu meiner Existenz passte. Darüber musste ich keine Sekunde nachdenken. Auch wenn ich diese Aura, als ich mich zu Hause vor den Spiegel stellte, selber nicht sehen konnte.

Eigentlich ist es nicht schön, durchschaut zu werden, jeder will das vermeiden. Aber wenn es dann geschieht, durchrieselt es dich wie ein warmer innerer Schauer. Es tut gut, erkannt zu werden und sich selber zu erkennen. Das Auge Gottes trifft dich. Du läufst nicht länger als Fragezeichen durch die Welt. Der Mensch ist wie ein Buch, er will gelesen werden. (Oder doch nicht ganz, ein paar Stellen sollen rätselhaft, dunkel, unterschiedlich auslegbar bleiben. So wie es eigentlich auch bei Büchern ist.)

Ich war jetzt quasi wissenschaftlich rekognosziert, definiert, einer Spezies zugeordnet. Brauchte mir nicht mehr diese ganze Mühe zu geben, zu sein wie irgendjemand. Ich war so. Fertig.

Aber wollte ich wirklich so sein? War es nicht peinlich, sich sagen lassen zu müssen, man sei ungefährlich? Will man nicht, gerade als Mann, auch ein bisschen gefährlich sein? Und wenn ich denn ein Ungefährlicher war – sollte man mir die Ungefährlichkeit unbedingt ansehen?

Es ist eine ungute Vorstellung, dass sie hinter meinem Rücken sagen: Der ist harmlos. Der tut dir nix. Wie von einem Hund, nur dass bei Hunden auf die Zusicherungen ihrer Halter oft nichts zu geben ist.

Übrigens, die Augenentzündung ist nach einiger Zeit abgeklungen, wodurch auch immer.

Mein Fall

Ja stimmt, ich war beim Rundfunk. Ach wissen Sie, da gibt es nicht viel zu erzählen. Ein Beruf wie jeder andere. Wenn Sie Tag für Tag im Studio zu tun haben, wenn Sie Tür an Tür mit Leuten sitzen, die andere Menschen nur aus dem Fernsehen kennen, dann ist das für Sie so normal, wie es für andere ist, Versicherungsfälle abzuarbeiten, vor Schulklassen zu stehen oder hinter dem Müllauto herzurennen.

Wenn man beim Rundfunk gearbeitet hat, wird einem immer gesagt, das sei doch sicher eine aufregende Tätigkeit. Ja, aufgeregt habe ich mich manchmal, aber nicht in diesem Sinne. Mein aufregendstes Erlebnis – im gemeinten Sinne – hatte ich am Anfang meiner Laufbahn. Aber wenn ich Ihnen das erzähle, werden Sie mir sicher nicht glauben.

Sie müssen wissen, als Kind hatte ich immer wieder den Traum, dass mein Bettchen auf dem schrägen Dach unseres Hauses steht und ins Rutschen kommt, ich werde in die Tiefe stürzen. Die Höhenangst ist eine der Ängste, die mich bis ins hohe Alter begleitet haben. Und was sind denn unsere Aktivitäten als Erwachsene anderes als das ständige Ankämpfen gegen die Traumata unserer Kindheit?

Und so habe ich mich als junger Reporter denn gleich gemeldet, als es darum ging, eine Live-Reportage von der Einweihung eines Turms zu machen, eines außerordentlich hohen Turms, wie es ihn bisher in unserer Region nicht gegeben hatte. Die Feier fand am Fuß des Turms statt, mit Honoratioren, am Bau Beteiligten und einer Blaskapelle. Ich aber stand ganz oben in schwindelnder Höhe. Nachher würde die Feiergemeinde die Wendeltreppe hochkommen, ich würde sie abfangen und ein paar Interviews führen. Weil ich den Blick senkrecht hinunter nicht ertragen konnte, blickte ich bis dahin in die Ferne, erzählte von der Vorgeschichte des Baus, von dem wunderbaren Blick, den man von hier oben weit in die Landschaft hatte, und schmückte phantasievoll den Programmzettel für die Zeremonie da unten aus.

Irgendwann war ich mit meinem vorbereiteten Stoff durch, aber ich hörte nicht, dass die Feier überhaupt schon begonnen hätte, die Blaskapelle hatte noch nicht gespielt. Ich machte mir Sorgen: Wie sollte ich die Zeit überbrücken? Im Radio gibt es nichts Schlimmeres als Stille. Ich beugte mich nach unten, um zu schauen, warum es dort nicht losging. Das hätte ich nicht tun sollen. Beim Blick in die Tiefe erfasste mich ein solcher Schwindel, dass ich, möglicherweise unterstützt von einem plötzlichen Windstoß, über das niedrige Geländer stürzte.

Nun hat der Mensch ja die vielleicht gar nicht so sinnlose Angewohnheit, sich in extremsten Situationen an die trivialsten Dinge zu halten.

Ich umklammerte also mein Mikrofon ganz fest mit beiden Händen, und während ich dem Boden entgegenfiel, machte ich das, dessentwegen ich schließlich hier war, ich berichtete. Ich berichtete mit zusammengebissenen Zähnen von meinem Fall. Ich hielt das Mikrofon ganz dicht an meinen Mund und sprach sehr laut, damit ich die Windgeräusche übertönte. Ich weiß nicht mehr, was ich im Einzelnen gesagt habe, aber nachher wurde mir versichert, meine Worte seien deutlich vernehmbar und eigentlich recht vernünftig gewesen.

Bald hatte mich jemand erblickt, auf seinen Ruf hin schauten alle nach oben, traten dann schnell beiseite, um beim Aufprall nicht von mir getroffen zu werden. Ich schilderte in aller Nüchternheit, aber doch mit einer gewissen Dramatik, dass ich bald unten angekommen und dass die Reportage dann zu Ende sein würde. Kurz bevor ich aufschlug, spürte ich plötzlich einen heftigen Ruck am Mikrofon, das ich noch eiserner umklammerte. Dann baumelte ich mit den Füßen wenige Zentimeter über dem Boden. Das Mikrofonkabel war zu Ende, ich hing daran und konnte nicht mehr tiefer fallen; damals hatte man noch diese starke Kabelqualität mit dem eingebauten Drahtseil.

Ich lockerte die Schleife, die ich mit dem Kabelende geformt hatte, setzte auf der Erde auf, ging auf den Bürgermeister zu und stellte ihm, wenn auch noch ein bisschen atemlos, meine erste Interviewfrage.

Später beim Sender klopfte man mir auf die Schulter, aber allzu viel wurde mit meiner Turmreportage nicht dahergemacht. Ich hatte das abgeliefert, was man in diesem Hause von einem richtigen Reporter erwartete. Aber von nun an bekam ich die gefährlichen Aufträge.

Sie glauben mir nicht? Dann will ich ganz von vorne anfangen und berichten, wie ich das erste Mal meinen Fuß auf jenes Gelände setzte.

Verirrt, verwirrt

Der Berg hatte gerufen, und ich hatte mich auf den Weg gemacht. Jener Berg, der eigentlich ein Hügel war, aber hoch genug für dieses Land, und der seinen Hall weit in die Ebene hinein sandte.

Die Straße wand sich in einem halben Kreis hinauf, und oben war es eine kleine Enttäuschung. Keine Mauer, keine Schranke, keine Wache, alles offen. Kein dominantes Gebäude, im Abseits ein stehengebliebenes altes Torhaus, durch dessen Bogen hindurch man im Schatten ein mageres Schlösschen mit finsterer Fassade sehen konnte, in dem kein Dracula saß, sondern ein Intendant. Der Rest der Anlage hatte das Flair eines in den 1970er Jahren erbauten Sanatoriums. Angesichts des Lärms, der von hier oben ausstrahlte, ging es erstaunlich sediert zu auf diesem Gelände, die Welt hier oben war dem Treiben der Stadt dort unten entzogen. Ich sah saubere Gehwege, gepflegte Blumenbeete, Wasserbecken mit Fontänen. Dann drei wie ein eckiges U aufgestellte Gebäude aus hellem Beton, hinter den Fenstern Vorhänge in den Regenbogenfarben.

Zum ersten Mal in meinem Leben setzte ich meinen Fuß in diese Welt. Wie es sich wohl anfühlte, hier zu arbeiten? Was sie hier erzeugten, gehörte zum Wertvollsten, Wichtigsten, das man sich denken konnte. Dabei war es nicht greifbar. Man konnte es nicht kaufen, nicht damit handeln. Ob die, die hier arbeiteten, sich dessen immer bewusst waren?

War man als Fremder hier überhaupt zugelassen? Merkten alle gleich, dass man keiner von ihnen war? Da war eine lange Glasfront, an der ich entlang gehen musste, drinnen hockten sie an Tischen, als wäre es das Selbstverständlichste von der Welt, aßen, tranken, redeten aufeinander ein, waren den Kollegen ein Kollege. Das waren sie also, so sahen sie aus.

Ich folgte der Anweisung, die man mir am Telefon gegeben hatte, betrat das mittlere Gebäude und ging eine Treppe hoch, dann nicht in die langen Flure, sondern über eine überdachte Brücke in den hinteren Teil des Gebäudes in das bezeichnete Zimmer. Von dort aus führte mich der, der mich angerufen hatte, eine Etage höher, geleitete mich in einen Technikraum mit Personal, wo ich ablieferte, was ich abzuliefern hatte. Dann zurück in das Zimmer, ein kurzes Gespräch, und ich war wieder allein in dem Bau.

Über die Brücke kam ich wieder zu dem langen Flur mit den vielen Türen nach rechts und nach links, und jenseits eines Beetes mit großen Kieselsteinen und grünen Gewächsen unter Lampen gab es einen spiegelbildlichen Flur. Ich bog falsch ab, suchte den Ausgang, irrte von hier nach dort, ein Mann von zwanzig Jahren fragt nicht fremde Leute nach dem Weg, und fand endlich wieder an die frische Luft, die Glasfront entlang, den Berg hinunter, durch die Stadt, über die Saar, nach Hause.

Jetzt war ich also ins Innere jener Institution vorgedrungen, die durch Lautsprecher und Bildschirme in alle Häuser unseres Landes eindrang. Ihre immaterielle Ware, diese unsichtbar durch die Luft sich verbreitenden Wellen, die sich bei den Abnehmern in Schall und Bild verwandelten, hatten ihren Ursprung also in Gebäuden, die von außen nicht wie Produktionsstätten, sondern wie eine Verwaltung aussahen und innen mit den langen parallelen Fluren wie ein freundliches Gefängnis.

Ich dachte nicht daran, dass ich wiederkommen würde. Dass ich wieder kommen, wieder umherirren, den Ausgang nicht finden, bleiben würde. Einer wie ich. Mich doch noch zurechtfinden, selber hinter der Glasfront hocken, erst nach Jahrzehnten den Ausgang finden.

Was bisher geschah

Mein eigentlich unbedeutendes Leben habe ich in bisher zwei Büchern erzählt. Da ich nicht voraussetzen kann, dass jeder diese Bücher gelesen hat, und da ich auch nicht darauf setzen kann, dass jeder, der sie gelesen hat, ihren Inhalt noch präsent hat, hier eine kurze Zusammenfassung.

Was meine Kindheit betrifft, so ist alles darüber gesagt in dem Buch „Ein Kind der 50er Jahre", das 1985 herauskam. Dieses Buch hatte den Vorzug, dass ich es rein aus dem Gedächtnis schrieb und keine Dokumente oder Aufzeichnungen meine Erinnerungen korrigierten. Damals Jahren war es übrigens noch nicht gang und gäbe, dass halbe Kinder ihre Memoiren vorlegen.

Mit 30 hatte ich begonnen, meine Erinnerungen aufzuschreiben. Mir war aufgefallen, dass ich neuerdings öfter von früher erzählte. Das gefiel mir nicht an mir. Ich hatte eine starke Abneigung gegen Vergangenheit (die Erwachsenen, der Krieg...) und gegen Leute mit Vergangenheit. Aber ich dachte, wenn ich das aufschreibe, bin ich es los, dann ist es verpackt und ich brauche mich nicht mehr darum zu kümmern. Ich würde das Buch heute so nicht mehr schreiben, aus ihm spricht die Rücksichtslosigkeit und Naivität des jungen Mannes. Aber weil ich es so nicht mehr schreiben würde, bin ich froh, dass ich es damals getan habe.

In dem Buch geht es, kurz gesagt, darum, dass ich 1950 geboren bin, dass mein Vater Lehrer, mein Mutter Hausfrau und mein Bruder zehn Jahre älter war als ich. Die Doppelhaushälfte, die meine Eltern 1954 im Saarbrücker Wohnviertel Rodenhof gekauft haben, hat mein Leben geprägt, denn das Bestreben meines Vaters, den Kredit zügig zurückzuzahlen, ermöglichte es ihm, in der Familie eine relativ asketische Lebensweise durchzusetzen, während ringsum das Wirtschaftswunder die Konsumlaune beflügelte, oder umgekehrt. Das Lebensmodell meines Vaters, gelernter Wirtschaftswissenschaftler mit verzweifeltem Glauben an die Überlegenheit der Marktwirtschaft und Sohn eines zum Geiz neigenden kleinen Eisenbahners, der seinerseits ein mehrstöckiges Mietshaus angespart hatte, stand in schroffem Gegensatz zu dem meiner Mutter, die von ihrem Vater, einem Postbeamten, den Hang zu Luxus und Verschwendung geerbt hatte. Ausbrüche aus der verordneten Bescheidenheit unserer Familie stellten nur die Opernbesuche meines Vaters und unsere in sich sparsam ausgestalteten Italien-Urlaube dar. Ich war ein braves katholisches Kind, das mit Indianer- und Cowboy-Figuren und mit Modellautos der Marke Dinky Toys, aber zu selten mit den anderen Jungs Fußball spielte. Als die Zeit gekommen war, wechselte ich unter Zurücklassung meines einzigen Freundes von der Volksschule aufs Saarbrücker Ludwigsgymnasium, das schon mein Vater und mein großer Bruder besucht hatten.

Ich hatte damals – zu Unrecht – das Gefühl, ich kann das jetzt alles eintüten, weil sich nicht mehr viel ändern wird, weil mein Leben von nun an im Großen und Ganzen so weitergehen wird, wie es sich zuletzt ergeben hatte. Das war trostlos, und es war auch tröstlich.

Achtundzwanzig Jahre nach dieser Öffentlichmachung meiner Kindheit – dazwischen hatte ich viel zu lange an der Biographie eines Menschen aus dem 18. Jahrhundert gearbeitet – hielt ich es für angebracht, das Publikum nun auch über die folgenden drei Jahrzehnte meines Lebens nicht länger in Unkenntnis zu lassen. Was meine Zeit auf dem traditionsreichen Saarbrücker Ludwigsgymnasium betrifft, so hatte ich das entsprechende Kapitel vorab einer jüngeren Kollegin zum Lesen gegeben, die mich auf die Möglichkeit aufmerksam machte, dass meine Darstellung in ihrem Detailreichtum vorwiegend im Kreis meiner ehemaligen Klassenkameraden Interesse finden könnte. Schweren Herzens strich ich einige sehr schöne Anekdoten – nicht ohne mir die Möglichkeit offenzuhalten, sie gegebenenfalls an anderer Stelle zu veröffentlichen – und versuchte meiner Darstellung Relevanz zu verleihen, indem ich den exemplarischen Aspekt eines Schülerdaseins in der noch vordemokratischen Zeit der 60er Jahre des 20. Jahrhunderts herausarbeitete.

Ich hatte das Glück gehabt, dass der Beginn meiner Studien der Germanistik und Soziologie in Saarbrücken und Freiburg im Breisgau in die zeitgeschichtliche Epoche ab '68 fiel, an der ich mit ganzem Herzen oder vielleicht doch nur mit dem Kopf teilnahm, wobei ich allerdings bei wichtigen Ereignissen wie der Saarbrücker Rote-Punkt-Aktion abwesend war und auch insgesamt mehr die betrachtende und reflektierende als die tätlich eingreifende Position einnahm. So gründete ich denn als 20jähriger ein Blättchen namens „Einzelheiten", das erstaunlich Furore machte im publizistisch total verkrusteten

Saarland. Ich veröffentlichte hier, veröffentlichte anderswo, tat tiefe Einblicke in die Kultur- und Medienszene, gab nach sehr vielen Semestern mein Studium auf und näherte mich dem Saarländischen Rundfunk an. Hatte auch ein Privatleben, zuerst noch im Rahmen meiner Herkunftsfamilie, orientierte mich dann aber stärker zur Zweiergemeinschaft mit einer gleichaltrigen Frau.

Was soll ich mehr sagen? Das Buch „Bloß keine Einzelheiten!" ist, wie das Kindheitsbuch, in regionalen Bibliotheken einsehbar.

Im Zirkus

Es war – so jedenfalls meine Erinnerung – der Abend eines besonders harten Tages. Ich hatte ihn nicht draußen in der Welt auf der Jagd nach spannenden Themen verbringen können, sondern musste vom Morgen bis zum Abend im Büro arbeiten. Bei der Reportertätigkeit fällt nämlich immer auch Bürokratie an, du musst geleistete Arbeitsstunden dokumentieren, gefahrene Kilometer auflisten, sonstige Ausgaben belegen. Das hatte ich wochenlang vor mir hergeschoben, aber jetzt gab es kein Ausweichen mehr. Am Abend war ich total geschafft, mehr als nach jeder noch so aufregenden Reportage. Ich beschloss, mir etwas zu gönnen und eine Vorstellung des Wanderzirkus zu besuchen, für den Freikarten in der Redaktion eingegangen waren. Für den Fall, dass mir hinterher doch noch etwas Wichtiges einfallen sollte, steckte ich mir das kleine Diktiergerät mit dem eingebauten Mikrofon in die Hosentasche.

Im Zirkus sah ich einen dummen August, der besonders dumm war, einen Zauberer, dessen Tricks gar nicht so übel waren, einen Jongleur, der mit mehr als drei Bällen hantierte, und einen Dompteur, der mit Hunden, Ziegen, Schweinen, Papageien ein paar wirklich nette Nummern vorführte. Schnell fiel aller Stress von mir ab, und in mir verbreitete sich eine gelöste Stimmung. Ich liebe Zirkus, auch wenn es nur so ein armer Wanderzirkus ist. Es gibt nur eine einzige Sache, die ich nicht leiden kann, und das sind Mitmachnummern, bei denen jemand aus dem Publikum in die Arena gezerrt wird. In der Rolle des Reporters scheue ich nicht die öffentlichen Auftritte, aber als Privatmann bin ich sehr scheu und hasse es, im Rampenlicht zu stehen.

Es kam der Höhepunkt der Vorstellung, der Auftritt eines leibhaftigen Löwen. Der kleine Zirkus war sehr stolz darauf, ein Exemplar dieser Gattung zu besitzen und es so weit gebracht zu haben, dass es seinem Dompteur gehorchte. Rundum wurden in aller Eile hohe Gitter aufgebaut, die Manege wurde zum Käfig. Und jetzt geschah etwas, was ich noch bei keinem anderen Zirkus erlebt hatte: Der Dompteur wandte sich ans Publikum und suchte einen Mutigen, der zu ihm in die Manege kommen sollte. Schon kreiste der Kegel des Suchscheinwerfers – und blieb auf mir stehen. Kein hilfesuchendes Umdrehen zum Nachbarn half, schon hatte mich ein uniformierter Zirkushelfer bei der Hand, öffnete eine Tür im Käfig und schob mich hinein. Nach diesem unerfreulichen Arbeitstag war mir nun das Schrecklichste passiert, was ich mir vorstellen konnte.

Der Dompteur stellte mir ein paar Fragen zu meiner Person und zu meinem Befinden, die ich so stotternd beantwortete, als wäre das Sprechen nicht mein Beruf. Ich verging fast im Scheinwerferlicht, und die Knie schlotterten mir, weil ich vor Löwen nur dann keine Angst habe, wenn ich von ihnen durch ein stabiles Gitter getrennt bin. Außerdem traute ich dem Dompteur, einem dickbäuchigen Mann mit flackerndem Blick, nicht zu, dass er das Tier wirklich im Griff hatte.

Der Moment war gekommen. Das Gatter wurde geöffnet, und der Löwe betrat mit angeberischem Schritt das Rund der Manege. Auf einen Wink des Dompteurs ließ er sich dazu herbei, auf einem Podest Platz zu nehmen. Dort blieb er sitzen und gähnte mit weit aufgerissenem Rachen, ich aber bewegte mich panisch rückwärts, bis die Gitterstäbe meinen weiteren Rückzug stoppten. Das Publikum aus seiner sicheren Entfernung lachte, und der Dompteur wollte diesen Effekt befeuern, indem er mich zunächst mit Gesten scheinheilig aufforderte, dem Lö-

wen doch näher zu treten, und mich schließlich mit aller Kraft vor das Tier zerrte und schob.

In dem Moment, als ich knapp einen Meter vor dem Löwen zum Stehen kam, öffnete er sein Maul, um mich feindselig anzubrüllen. Doch ich traute meinen Augen nicht – genau genommen, ich traute ihnen doch, und was sah ich? Aus der Tiefe des Raubtierrachens blickte mich ein Paar menschliche Augen an. Schlagartig wurde mir klar, was hier gespielt wurde, in der nächsten Sekunde fiel alle Angst von mir ab, und der Profi in mir erwachte. Ich erinnerte mich des Diktiergeräts in meiner Hosentasche, und noch während ich danach angelte, schaltete ich es ein.

Ich brauchte gar keine Frage zu stellen, um eine erste Reaktion zu erhalten. Aus dem Fell des Löwen drang ein jämmerliches „Psst!" Aber ich konnte nicht schweigen und setzte unerbittlich nach: „Wer sind Sie?" Die Antwort, jetzt patzig: „Hau bloß ab, du!" Nächste Frage: „Wie geht es Ihnen da drinnen?" Antwort: „Ich beiss dir den Kopf ab!" Nächste Frage: „Wie lange machen Sie das schon?" Antwort: „Ich mach gar nichts, ich bin ein Löwe, du..." (folgt ein nicht wiedergebbares Schimpfwort)

Das Publikum hatte mit Sicherheit kein Wort von den dumpf aus dem Inneren des Löwen hervorgestoßenen Antworten mitbekommen, aber der Dompteur sehr wohl. Und bevor ich, ungerührt wie ich war, die nächste knallharte Frage stellen konnte, machte er dem Interview ein Ende, erhob seine Peitsche und trieb den Löwen aus der Arena. Ich nutzte die Situation, um schleunigst den Käfig zu verlassen.

Da ich keine Lust hatte, mich zu einem Publikum zu setzen, das mich eben noch grausam ausgelacht hatte, ging ich nach Hause. Dort wollte ich mir in Ruhe meine Aufnahme anhören. Aber, o Schreck!, das Diktiergerät war nicht in meiner Tasche. Offenbar hatte der bösartige Löwendarsteller es mir bei seinem Rückzug noch weggeschnappt.

So ist denn das sensationelle, weltweit erste Interview mit einem Löwen für die Nachwelt leider verloren. Der Löwe ist mein einziger Zeuge. Was aus ihm geworden ist? Das hat mich nicht mehr geküm-

mert, solche Nachforschungen gehören ins Ressort der investigativen Journalisten. Ich kümmerte mich lieber um meine nächste Reportage.

Martin, das Wundertier

Ich bin also wiedergekommen auf den Berg. Die Herren dort oben brauchten ja Leute, die für sie die Arbeit machten. Ich meine natürlich die Arbeit, die sie selber beim besten Willen nicht auch noch machen konnten. Es gab da immer was zu tun für junge Leute, die anstellig waren, sich nicht scheuten, eine Tätigkeit auszuüben, die sie nicht gelernt hatten, die sich ohne große Ansprüche auf den Weg machten, ihre Gedanken nicht verschwendeten an Dinge wie festes Einkommen, Urlaubsgeld, regelmäßige Höhergruppierung, Unkündbarkeit, die über ihre Eltern oder als Studenten krankenversichert waren und, ja, die irgendwo auch sowas wie Talent hatten.

Wenn solche jungen Leute es schafften, sich so lange auf unauffällige Art nützlich zu machen, bis sie man plötzlich feststellte, dass sie unentbehrlich waren, dann konnte aus ihnen etwas werden. Wissen Sie, was ein Abreißmädchen ist? Als ich das Wort, das dort oben mit großer Selbstverständlichkeit verwendet wurde, zum ersten Mal hörte, war ich ein bisschen irritiert. Aber dann lernte ich, dass diese Funktion deutlich harmloser war, als sie klang. Den jungen Frauen wurde nichts abgerissen, sie rissen selber ab. Nicht das Funkhaus, nur Papierstreifen. Ihre Aufgabe bestand darin, die mittels einer Übertragungsmethode, die man Ticker oder Fernschreiber nannte, eingehenden Meldungen der Nachrichtenagenturen von der Papierrolle abzureißen und sie auf die Redaktionen zu verteilen. Mit dem nötigen Geschick konnte es ein Abreißmädchen, wenn es sein Studium so oder so beendet und sich ganz dem Sender gewidmet hatte, im Lauf der Jahrzehnte zur Abteilungsleiterin bringen.

Für Männer gab es beim Radio keine vergleichbaren Einstiegjobs, im Fernsehen waren es die Kabelhelfer, die dafür sorgen mussten, dass den Kameras, die auf ihren mächtigen Rollstativen durchs Studio geschoben wurden, ihre eigenen Kabel nicht im Weg lagen. Ich war ein bisschen höher und zunächst ohne weitere Absichten eingestiegen, hatte bei jenem ersten Besuch auf dem Berg Anfang der 70er für die Literaturabteilung einen selbst verfassten Text auf Band gesprochen. Es ergab sich, dass ich in der Folge für den Sender machen durfte, was man als Anfänger mit schöngeistigem Einschlag so macht.

Ich war schon über 30, als ich dachte, es wäre an der Zeit, regelmäßig Geld zu verdienen. Nicht tagelang an einem dicken Buch lesen, um dann eine kurze Besprechung beim Funk unterzubringen, oder Kindergeschichten schreiben, an denen der Sprecher mehr verdient als der Autor.

Die dauerhafte Einbindung in den Rundfunkbetrieb verdanke ich einem Typen, wie es ihn in dieser Anstalt längst nicht mehr gibt und vorher nicht gegeben hat und, wie manche meinen, am besten nie gegeben hätte. Es nisteten zu dieser Zeit dort oben noch etliche bunte Vögel, Leute, die nicht die später obligatorische Laufbahn übers abgeschlossene Studium und Volontariat zur Festanstellung gegangen waren, sondern die irgendwie anders ihre Qualifikation nachgewiesen hatten. Unter allen diesen Vögeln war Martin Buchhorn der bunteste.

Ich persönlich kann nichts Schlechtes über ihn sagen. Gut, als er auf meinen Posten als Vorsitzender des Schriftstellverbands scharf war, nachdem er zuvor aus der Rundfunk-Fernseh-Film-Union ausgetreten war, weil sie ihn nicht zum Landesvorsitzenden gewählt hatte, da hat er alles versucht, um mich fertig zu machen, hat Behauptungen in die Welt gesetzt, die so haltlos waren, dass es mir als wahrheitsliebendem jungen Mann die Sprache verschlug.

Aber als er dann sein Pulver verschossen hatte und ich als sein Vorgänger auch sein Nachfolger geworden war, vertrugen wir uns wieder prima. Er gab sich sehr raubeinig, konnte aber auch wahnsinnig einfühlsam sein. Seinen Auftritt als Macho im schwarzen Fellmantel, sein stuhlschwingendes Gehabe in der eigentlich abgeklärten Atmosphäre des Szenelokals Bingert im Nauwieser Viertel fand ich an der

Grenze zur Karikatur, musste aber neidvoll feststellen, dass er auch bei intellektuelleren Frauen aus der Kulturszene durchaus Eindruck machte. Dabei verachtete er Frauen, sprach nur in Schimpfworten von ihnen. Aber wen er einmal als Freund erkoren hatte, zu dem hielt er, er hatte da eine strenge Moral, und wenn du ein Problem hattest, konntest du dich ihm anvertrauen. Bei einer öffentlichen Veranstaltung hat sein SR-Kollege Arnfrid Astel ihn einmal einen „ehrlichen Gangster" genannt, und Martin war nicht beleidigt, sondern hat es alsd das Kompliment aufgefasst, als das es gemeint war.

Er war das Musterbeispiel einer erfolgreichen Resozialisierung, die man als Wechsel von einer Anstalt zu einer anderen beschreiben könnte. Ihn umwehte nicht nur vage die Aura der Gefährlichkeit, er war ein amtlich bestätigter gefährlicher Bursche. Auch jetzt im Betrieb war er in seinem Verhalten, so könnte man es formulieren, ziemlich unkonventionell. Das konnte er sich auch erlauben, denn die intellektuellen Schreibtischmenschen in den Redaktionsstuben bewunderten insgeheim so einen Tabubrecher und Macho. Ich beobachtete das mit gemischten Gefühlen, war aber selber nicht frei von dieser Bewunderung, obwohl (oder weil) Martin quasi der Anti-Typ zu mir war.

Einmal ging ich mit ihm über den Berg, und ein Hierarch kam uns entgegen, Martin begrüßte ihn herausfordernd vertraulich, und als der Mann vorbeigegangen war, sagte er zu mir: „Wenn ich wollte, könnte ich jeden hier zusammenschlagen." Man sagte ihm nach, dass er tatsächlich schon Leute zusammengeschlagen hatte – allerdings in seiner Freizeit und immer auf der Seite der Guten.

Respektvoll raunend wurde erzählt, dass er einmal eine Filmcutterin, die nach Algerien entführt worden war, auf abenteuerliche Weise befreit und nach Hause gebracht hatte. Als ich der Geschichte später nachging, stellte sich heraus, dass sie wesentlich unspektakulärer war, der Frau hatte bloß das Geld für ein Rückflugticket gefehlt, und er hatte es ihr auf ihren Hilferuf hin gebracht. Aber es war ja nicht Martin gewesen, der viel Aufhebens um seine Abenteuer in der Welt jenseits des Bergs gemacht hätte. Es waren die anderen, die die Geschichten verbreiteten und ausschmückten.

Martin konnte die Sphären sehr gut auseinanderhalten. Aber ich malte mir aus, dass so ein Gefühl der physischen Überlegenheit eine gute Basis für selbstbewusstes Auftreten sein müsste. Der Mann hatte kein Abitur, hatte als Bankräuber im Zuchthaus gesessen und war zunächst freier Hörfunkmitarbeiter, dann Festangestellter geworden, um schließlich aufzusteigen zum mächtigen Leiter des Fernsehspiels, einer Abteilung mit Millionenetat, während andere ohne abgeschlossenes Hochschulstudium schon gar nicht mehr einsteigen durften.

Wie er das geschafft hat, war mir ein Rätsel. Dass in Zeitungen Stories erschienen, die nahelegten, dass er in seiner neuen Funktion ziemlich viel Geld in den Sand gesetzt hat, überstand er unbeschadet. Irgendwie hat er es immer geschafft, sich seine Vorgesetzten gefügig zu machen. Wie das ging, weiß ich nicht.

Später besuchte ich Martin in seinem Haus in St. Arnual. Wir waren inzwischen beide Rentner, er hatte in seinem letzten Jahr ab Januar 2003 bei vollen Bezügen spazieren gehen dürfen. Der Intendant hatte ihn kaltgestellt, ihn als Abteilungsleiter abgelöst und ihm den hohlen Titel eines Strategieberaters verliehen, ohne Sekretärin, ohne Büro. Martin erklärte das damit, dass zwischen den beiden noch eine alte Rechnung offen gewesen sei. 1996 war er als Außenseiter bei der Intendantenwahl angetreten und hatte den gesetzten Kandidaten Fritz Raff fast aus dem Rennen geschlagen. Das hat der ihm angeblich nie vergessen. Den „Strategieberater" hat er kein einziges Mal um Rat gefragt.

Bei meinem Besuch wollte ich mit Martin über seine Vorgeschichte reden. Er hatte zwar nie einen Hehl daraus gemacht, dass er als junger Mann im Zuchthaus gesessen hatte, aber ich hatte immer nur Bruchstücke oder widersprüchliche Versionen dieser Geschichte mitbekommen. Jetzt war ich neugierig darauf, noch einmal von ihm zu hören, wie es wirklich war, und Martin war gut drauf und hatte Lust zu erzählen.

Sein Vater war Prediger, und er habe immer gesagt: „Akademiker sind Schweine." Die Kinder durften nicht studieren, auch nicht Abitur machen. So hat Martin eine Lehre als Autoschlosser angefangen und abgebrochen, dann Radio- und Fernsehtechniker gelernt.

Seine „zweite Karriere", sagte Martin, habe im Knast begonnen, und zwar, weil man ihm die Jugendrechte aberkannte, nicht im Gefängnis, sondern im Zuchthaus, das in der Bundesrepublik erst 1970 abgeschafft wurde. Ihm seien acht Banküberfälle zur Last gelegt worden, von denen er nicht einen begangen habe. Zeugen hätten falsch ausgesagt, dass sie ihn am Tatort gesehen hätten.

"Knast war meine Universität, du kriegst ne Menschenkenntnis, die du sonst nirgendwo kriegst." Er sei immer nur in Einzelhaft gewesen, habe keine Erleichterungen bekommen. "Die meisten Menschen gehen im Knast kaputt. Und ich bin stark geworden. Warum auch immer. Ich konnte bestimmte Dinge zu Ende denken, die du in deinem normalen Leben gar nicht zu Ende denken kannst, weil du dauernd unterbrochen wirst. Ich saß da, immer alleine, und hab erst mal über mich zu Ende gedacht, auch über meine Fehler, und hab dann Menschen kennengelernt, die aus Extremsituationen kamen, und zwar alle um mich rum. Parallel dazu hatte ich diese stoischen Beamten, die sowas von eiskalt werden innerhalb von ein, zwei Jahren Arbeit im Gefängnis, dass sie niemandem mehr was glauben."

In Stammheim hat er drei Selbstmordversuche unternommen. Danach fängt er an zu schreiben. Und dann drucken die „Akzente", Deutschlands renommierteste Literaturzeitschrift, Knastgedichte von ihm.

Martins Vater erwirkt über den Justizminister Gustav Heinemann, den er über die evangelische Kirche kennt, Martins vorzeitige Haftentlassung. Arnfrid Astel, der Leiter der Literaturabteilung, verschafft ihm ein Volontariat beim Sender. Martins dritte Karriere beginnt.

Mit seiner Vorgeschichte, seinem wilden Aussehen, seinem Auftreten ist er unter den Kulturleuten und Medienmenschen, wie er selbst sagt, „ein Wundertier". Er wird überallhin eingeladen, und je unflätiger er sich benimmt, desto besser ist die Stimmung in der ganzen Runde – sagt er selber.

Martin hat das von Anfang an durchschaut, und er hat es sich zunutze gemacht. In seinem Lyrikband von 1985 heißt es gleich im ersten Gedicht, Titel "Exoten": "Wir kommen aus gefängnissen / Man ist neugierig / Sieht ins uns was besonderes. / Langeweiletiefenlöser. / Auf einmal sind wir / Mit knast vorbeschenkt. / Unser seltenheitswert / Ist vorsprung." Es gibt da auch das Gedicht "Wenn ich erzähle", in dem es heißt: "Grabe ich meine erinnerungen aus / Laufen die leute weg. / (...) Nur wenn ich lüge / Hören sie zu / Begeistert / Pervers."

Ein paar Leute aus dem Betrieb nehmen sich seiner an, fördern ihn. Der damalige Intendant Dr. Franz Mai hat den Narren an ihm gefressen. Bald hat Martin seinen Fuß fest drin und kann anderen Leuten Aufträge erteilen. Zum Beispiel mir.

Fast ein Poet

Ein paar Jahre lang hatte ich es versucht. Ich war Autor, ein so genannter freier Autor. Nicht ohne Netz, meine Frau war Lehrerin. Ich verfasste Texte und verkaufte sie, im Auftrag oder ohne, nie für die Schublade. Arbeitete für Zeitungsfeuilletons und verschiedene Rundfunkredaktionen. Ich war ein Medienautor und streifte die Schriftstellerexistenz. Denn ich versäumte nicht, auch Texte zu veröffentlichen, die zur Literatur im engeren Sinne gezählt wurden.

Ein gutes Gefühl, abends mit Schauspielern, Malern, Studenten, anderen Autoren in der Kneipe zu sitzen und nicht so ein Auftragsschreiber zu sein wie der Kollege, der für den Quelle-Katalog die Texte von Seite 81 bis 110 schrieb, sondern fast ein richtiger Schriftsteller. Dumm war nur, dass man am nächsten Morgen wieder schreiben musste.

Seit ich auf dem Land wohnte, meinten die Besucher: Jetzt könne ich mich ja von der Natur inspirieren lassen. Die Natur inspirierte mich nicht. Wenn ich spazieren ging, ging ich spazieren. Ich wollte dann nicht von Ideen behelligt werden. Leider kamen sie, wenn es ziemlich unpraktisch war. Besonders beim Autofahren. Ich hatte aber kein Diktiergerät dabei, um sie festzuhalten. Ich hatte auch nie Papier und Stift dabei. Es ist doch peinlich, wenn einer mitten in einem Gespräch plötzlich anfängt, sich Notizen zu machen. Sowas macht man zu Hause, lässt sich nicht dabei zuschauen.

Manchmal hatte ich Phantasievorstellungen, sah mich nicht als den Schreiber im stillen Kämmerlein, sondern saß im oberen Stockwerk eines mir gehörenden Hochhauses. Was ich dort schreibe, wird in den unteren Stockwerken verarbeitet, verwaltet, vermarktet. Jede Zeile geht sofort an die Druckerei im Kellergeschoss. Wenn ich eine Pause mache, ist der Setzer für eine Weile arbeitslos und die Druckmaschinen stehen still.

Mein Problem war nicht, dass ich, übers Jahr gerechnet, zu wenig Geld einnahm. Was mir zu schaffen machte, waren die Schwankungen im Einkommen, besonders, nachdem ich nicht mehr mit meiner Frau zusammen war. In einem Monat war ausreichend Geld da, um über die Runden zu kommen, und im nächsten Monat nur so viel, dass es gerade reichte für die Dauerabbuchungen. Schlimm war, wenn du rechtzeitig deine Arbeit abgeliefert hattest und die Redakteure oder die Sekretärinnen oder die Buchhalter sich Zeit ließen mit der Anweisung deines Honorars. Sie trösteten dich mit der Zusicherung, bei der Abrechnung im kommenden Monat werde dein Geld sicher dabei sein. Als Bezieher leistungsunabhängiger Monatsgehälter konnten sie sich nicht vorstellen, dass dieses Honorar dein einziges Einkommen war, kein Zubrot. Auf der Zweigstelle der Bank kannten sie mein Problem, kaum hatte ich am Stichtag die Schalterhalle betreten, da riefen sie mir schon laut zu: „Ihr Geld ist noch nicht da, Herr Petto!"

Anfangs kam ich in solchen Fällen in Panik. Es sind weniger die Einschränkungen in deinem Lebensstandard, die dir zu schaffen machen. Es ist eine seelische Belastung, die es dir schwer macht, ruhig an einer größeren Arbeit weiter zu schreiben. Du würdest am liebsten auf die Schnelle ein paar oberflächliche Sachen raushauen, die sofort ein bisschen Geld bringen. Aber du weißt, du musst dein Niveau wahren, sonst heißt es gleich: „Der ist auch nicht mehr so gut, wie er mal war" oder „Der gibt sich einfach keine Mühe mehr".

Bis das Geld kam, war ich arm. So weit, dass ich hätte hungern müssen, ist es nie gekommen. Es ließ sich immer wieder aus Vorräten eine Mahlzeit zusammenstellen. Das Schlimme war: Ohne Geld bist du wie ein Kind. Du kannst niemanden zu dir einladen, weil du die Leute nicht bewirten kannst. Guten Freunden ist natürlich zuzumuten, dass sie etwas mitbringen. Aber wenn die Leute erst ihr Bier und ihr Fleisch und ihre Holzkohle zu dir mitbringen, bist du schnell Gast in der eigenen Wohnung. Sie können dann auch selber das Geschirr aus dem Schrank nehmen und weiteren Besuchern einen Stuhl und Essen anbieten.

Du kannst dann auch keine Einladungen annehmen, weil du mit dem Benzin zu knapp bist, um hinzufahren. Für die nötigsten Fahrten, zum Einkaufen und zur Arbeit, reicht es vielleicht noch. Du bringst das Marmeladenglas mit den Münzen zur Sparkasse und erhältst einen Schein und ein paar Münzen. Für die Münzen kaufst du Lebensmittel, der Zehnmarkschein bleibt zum Tanken. Aufgeregt beobachtest du die Ziffern an der Zapfsäule, damit du auch ja rechtzeitig stoppst. Was wäre, wenn du aus Versehen für elf Mark tankst? Saugen sie dir dann wieder was aus dem Tank, rufen sie die Polizei oder demütigen sich dich, indem sie gnädig abwinken?

Es war Mitte der 1980er Jahre, ich hatte die Stelle an der Uni gekündigt, hatte Frau und Kinder verlassen, meine finanzielle Basis war schwankend. Martin hatte mir schon öfter angeboten, für ihn zu arbeiten. Jetzt war ich bereit, mir einzugestehen, dass es mit der freischwebenden Existenz auf Dauer nichts werden würde.

Nun wurde Martin, dieser wilde Bursche, mein Auftrag-, mein Arbeitgeber. Es war sehr einfach mit ihm.

Damals bestand seine Aufgabe darin, pro Tag bis zehn Uhr mindestens zwei Themen für das Regionalmagazin auf der Saarlandwelle vorzuschlagen und am späten Vormittag an einer Sitzung teilzunehmen. Gegen Viertel vor zehn tauchte er im Büro auf, kurz nach zehn verließ er das Haus, um halb zwölf erschien er zur Sitzung, am Nachmittag wurde er nicht mehr gesehen. Der Sekretärin sagte er, sie habe ja seine Telefonnummer, aber wenn sie anrief, war er nie zu Hause.

Ich weiß gar nicht, wie er seine Aufträge zusammenbekommen hat, bis ich kam. Von nun an war ich jeden Morgen um acht, bevor irgendjemand von der Tagesschicht seinen Dienst antrat, in Martins Büro. Dort lag ein Stapel mit allen Lokalausgaben der "Saarbrücker Zeitung", der offensichtlich nie von jemandem angerührt wurde. Die Lokalausgaben außerhalb der Landeshauptstadt waren eine Fundgrube. Ich ackerte alles durch, führte dann erste sondierende Telefongespräche. Ich versuchte, aus den lokalen Meldungen den kulturellen oder zumindest den skurrilen Aspekt herauszuschälen.

Wenn Martin auftauchte, konnte ich ihm immer ein paar Vorschläge machen. Er sagte dann nur: "Mach!", ging zwei Türen weiter und meldete bei den Kollegen an, was er mit mir vereinbart hatte. Diese Art der Zusammenarbeit war für uns beide sehr angenehm. Bald war ich für die Abteilung unentbehrlich.

Vor Mikrofonen hatte ich keine Angst. Schon als Schüler hatte ich zusammen mit meinem Klassenkameraden Michael Wahlster Hörspiele produziert, ich verstand die Technik und ich wusste, wie meine Stimme klingt. Die Jahreszeit war günstig für einen Einstieg in dieses Geschäft. Im Sommer waren viele Kollegen in Urlaub, die Themenlage war schwierig, trotzdem musste weiter produziert werden. Ich nahm keinem die Arbeit weg. Und nach dem Sommer war ich etabliert.

Die Konzert-Reportage

Der Laie kann es wahrscheinlich schwer nachvollziehen, aber das Schwierigste sind Live-Reportagen von Kulturereignissen. Die Kultur ist für uns Reporter ein vermintes Gelände. Die Kulturleute sind ja sowas von etepetete.

Und so hätte ich misstrauisch werden müssen, als die Redaktion mich auf meine angebliche Kunst- und Kulturkompetenz ansprach: Man habe da was, was nur ich machen könne. Ein weltberühmter Pianist sei in der Stadt. Das wusste ich natürlich. Ein Interview? Nein, bitte eine Live-Reportage von seinem Konzert. Ich hatte irgendwie das Gefühl, dass das schwierig werden könnte, aber ich war noch zu unerfahren und am Sender auch noch nicht fest genug etabliert, um den Auftrag abzulehnen.

Ich ließ mir ein besonders empfindliches Mikrofon geben. Am Abend saß ich in meinem guten Anzug und mit kleinem technischem Equipment zusammen mit den anderen Kollegen von der Presse in der vierten Reihe und begann mit der Reportage schon wenige Minuten, bevor der Pianist die Bühne betrat.

Anschaulich beschrieb ich die barocke Pracht des Konzertsaals, schilderte die geradezu physisch spürbare Erwartungshaltung des Publikums, ging auf das Programm ein. Dann war es so weit. Als Beifall aufkam, konnte ich den Menschen draußen an den Radiogeräten mitteilen, dass soeben der weltberühmte Pianist auf die Bühne kam. Wie er an die Rampe trat, eine dezente Verbeugung machte, dann hinüber ging zum Flügel, Platz nahm, sich in die richtige Position rückte; wie seine Züge sich anspannten und man sah, was für ein sensibler Mensch er war, in jeder Faser durchdrungen vom Geist der Musik, in deren hehren Dienst er sich gestellt sah; und wie er dann die Tasten anschlug – das alles schilderte ich in bewegten Worten.

Nun konnte ich aber nicht die unbeschreibliche Musik beschreiben, die aus dem Flügel drang. Also verlegte ich mich auf die Schilderung der Reaktionen des Publikums. Obwohl ich mit rücksichtsvoll gedämpfter Stimme sprach, merkte ich, wie meine Sitznachbarn den Kopf schüttelten oder mich stirnrunzelnd ansahen, der Mann vor mir drehte sich sogar mit leicht gerötetem Gesicht zu mir um. Ich ließ mich aber nicht beirren, erwähnte die Anwesenheit des Kulturministers, der Oberbürgermeisterin und des Toto-Direktors. Irgendwo aus den Reihen des Publikums ertönte ein heftig gezischtes „Psst!", das ich aber nicht unbedingt auf mich beziehen musste. Und wenn, ich hatte an die Hörer an ihren Radiogeräten zu denken. Denen beschrieb ich das funkelnde Brillantkollier der Bankdirektorsgattin, die muntere Pferdeschwanzfrisur, die die alternde Prinzessin von O. jünger machte, und die geschlossenen Augen des österreichischen Konsuls, der als ausgesprochener Musikkenner galt.

Das „Psst!"-Gezische hatte mittlerweile zugenommen und war meiner Meinung nach deutlich störender als mein Mikrofongeflüster. Dennoch schien sich der Unmut auf mich zu konzentrieren. Alles blickte auf mich, Rufe wie "Ruhe!", „Unverschämtheit!" oder „Banause!" wurden laut. Ich konnte nur hoffen, dass das alles nicht über den Sender ging. Vorsichtshalber erzählte ich aber etwas von einer gewissen Unruhe, die den Saal erfasst hatte, dessen Ursache wohl in der Begeisterung über das Klavierspiel liegen müsse.

Mit einem Mal brach der Pianist sein Spiel mit einem lauten Schlussakkord ab, sprang von seinem Sitz auf und rief etwas in meine Richtung. Dabei war seine Wortwahl doch ein wenig erstaunlich, ich glaubte etwas wie „shit", „fucking" und „son of a bitch" herauszuhören. Das war das Kommando für mehrere der vornehmen Schlipsträger im Saal, sie stürmten mit wutverzerrten Gesichtern auf mich zu, hielten mir den Mund zu, rissen an meinem Mikrofon, packten mich am Schlafittchen und zerrten mich Richtung Ausgang. Meine warnende Frage, ob sie sich dessen bewusst seien, dass sie mich an der Ausübung meines öffentlich-rechtlichen Auftrages hinderten, quittierten sie mit höhnischem Lachen. Mein Hinweis auf Paragraph 5 des Grundgesetzes, der die Meinungsfreiheit garantiert, brachte mir einem Schlag ins Gesicht ein.

Ich fand mich im Foyer des Konzertgebäudes wieder. Obwohl ich nur leicht verletzt war, verzichtete ich darauf, die Fortsetzung meines Unternehmens zu erzwingen. Ich musste mir einfach eingestehen, dass ich an diesem Auftrag wohl gescheitert war. Allerdings nicht ganz. Immerhin war es mir gelungen, dem weltweit gefeierten Pianisten, dessen Namen ich hier bewusst nicht nenne, Worte zu entlocken, wie man sie bisher aus seinem Munde in der Öffentlichkeit nicht gehört hatte.

Zu meiner großen Enttäuschung erfuhr ich hinterher, dass meine Konzertreportage gar nicht über den Sender gegangen war, weil ein

*übersensibler Vorgesetzter von dem Vorhaben erfahren und meine
Live-Übertragung kurzfristig aus dem Programm genommen und
durch Musik aus der Konserve ersetzt hatte.*

*Jedenfalls habe ich von da an um alle Kulturthemen einen großen
Bogen gemacht. Hatte sich doch das angeblich so weltoffene Kon-
zertpublikum mir gegenüber als total intolerant gezeigt.*

Landeskunde

Der Journalismus war ein Rollenspiel. In der Rolle des Journalisten
traute ich mich Sachen, die ich als Person nie gewagt hätte. Und ich
ging davon aus, dass die Angegriffenen nie wirklich böse wurden,
weil es für sie ja auch nur ein Spiel war: Ich tue jetzt mal so, als ob ich
ein richtiger Journalist wäre und dich angreifen würde, und du tust so,
als ob du getroffen wärst, und schreist auf.

Das Besondere an der Kultur ist: Es geht um nichts. Es geht – eigentlich – nicht um Geld, Macht, die nackte Existenz, sondern um Ideen
und um Ästhetik. Man durfte deshalb nicht verbissen an die Sachen
herangehen, sondern konnte es spielerisch auffassen. Einmal dachte
ich, ich könnte mich mit den Kollegen vom Sport solidarisieren. Beide
Ressorts hatten das Gefühl, sie seien extrem weit auseinander. Ich
sagte zu Roman Bonnaire: Aber eigentlich sind sich Kultur und Sport
doch sehr nahe, in beiden Fällen ist alles nur ein Spiel. Der von mir
sehr geschätzte Sportkollege reagierte, als hätte ich ihm einen unsitt-
lichen Antrag gemacht – der Sport war doch kein Spiel!

Erst als Hörfunkreporter lerne ich das Saarland kennen. Ich fahre hin,
wo sonst keiner hinfährt. Für mich ist alles neu, und ich bin neugierig.
Ich habe das Saarland vorher nicht gekannt. Als Saarbrücker denkt
man, man lebt im Mittelpunkt der zivilisierten Welt, alles drumherum

ist nicht so wichtig. Wenn man sonntags über Land fuhr, sah man noch die Dorfbewohner auf einer Bank vor ihren Häusern sitzen, sie waren Komparsen in einem Stück, das man nicht in voller Länge sehen wollte

Nun begebe ich mich runter vom Berg, fahre raus in die Städte oder aufs Land. Bald gibt es kaum ein Dorf, in dem ich im Lauf der Jahre nicht mit meinem Mikrofon auftauche, irgendwann gibt es von überall etwas zu berichten (wenn man einen weiten Kulturbegriff hat). Überall lerne ich freundliche, aufgeschlossene Menschen kennen, die in ihrem Umkreis etwas bewirken, die etwas zu erzählen haben.

Einmal besuche ich im St. Wendeler Land die Probe eines Laientheaters, das an Ostern die jahrelang unterbrochene Tradition der örtlichen Passionsspiele wiederaufleben lassen will. Ich höre das rollende R und viele kehlige Laute und frage die Leute, wie sie auf die originelle Idee gekommen sind, die Passion in Mundart aufzuführen. „Wie, Mundart?", fragt der Regisseur zurück. Sie glauben, sie sprächen Hochdeutsch.

Neben den kleinen Themen gibt es in den 80er Jahren genug große Projekte im Saarland: die Gründung der Kunsthochschule; den Kampf um die letzten Überreste der Neunkircher Hütte, um die Erhaltung der alten Völklinger Hütte; die neuen Festivals Max-Ophüls-Preis und das Theaterfestival „Perspectives"; die Woche der Kleinkunst in St. Ingbert, das Kunstzentrum Bosener Mühle…

Und auch die Erforschung der Vor- und Frühgeschichte wird interessant, Archäologie ist ein spannendes Thema. Wer hat in früheren Zeiten auf diesem Territorium gelebt? Bestanden hier Zentren von kultureller, wirtschaftlicher, politischer Bedeutung? Gab es hier irgendetwas, was es anderswo nicht gab? Die Archäologen geben sich alle Mühe, ihre Funde wichtig zu machen. Wir transportieren das gerne weiter. Die so genannte Bodendenkmalpflege hat einen neuen, jungen Chef, mit dem man gut ins Gespräch kommt, der seine Arbeit gut darstellen kann. Wer hätte gedacht, dass ich später, in meiner Fernsehzeit, daran beteiligt sein würde, ihn zu stürzen?

Manchmal kommen wir Regionalberichterstatter auch raus aus dem Saarland. Die Pfälzer freuen sich, wenn wir auftauchen, sie sagen, der SR kümmert sich mehr um sie als der für sie eigentlich zuständige SWR, bei dem sie im Schatten der Berichterstattung liegen. Und weil unser Sender sich das Grenzüberschreitende nach allen Richtungen auf die Fahnen geschrieben hat, fahren wir auch nach Luxemburg, nach Metz und Nancy, sogar in Saarbrückens Partnerstadt Nantes komme ich.

Immer im Oktober fahre ich mit Stefan Miller, der für die gleiche Redaktion arbeitet, nach Frankfurt zur Buchmesse. Wir schleppen die Autoren für Live-Interviews zu einem Wohnwagen, in dem unser Hörfunkstudio eingerichtet ist. Es ist paradox: Die saarländischen Autoren und die Journalisten aus Saarbrücken müssen nach Frankfurt kommen, damit wir mit ihnen von dort Interviews führen, die im Saarland ausgestrahlt werden. Wir holen alle vors Mikrofon, die mit ihren Büchern in Frankfurt vertreten sind, auch den Wolfsforscher Werner Freund aus Merzig, der 1988 sein Buch „Der Wolfsmensch" veröffentlicht und der ohne Umstände meinem Wunsch nachkommt, einmal wie ein Wolf ins Mikrofon zu heulen.

Es ist die Zeit, als für die Leute der Rundfunk, das Fernsehen noch etwas Besonderes ist, als sie noch an die Medien glauben. Manche sehen zwischen den beiden Medien auch keinen Unterschied, sie fragen, während ich mein Mikrofon einpacke: Und wann kommt das im Fernsehen? Einem Kollegen ist Folgendes passiert: Er hat sich für eine Radio-Reportage bei einem Chor angekündigt. Er fährt zum vereinbarten Termin raus aufs Land, und als er im Probenraum ankommt, stehen die Männer da im schwarzen Anzug mit Schlips, die Frauen waren frisch beim Friseur, und ein kleines Büffet mit Schnittchen ist angerichtet. Es ist ihm sehr unangenehm, den Sängerinnen und Sängern sagen zu müssen, dass sie nicht ins Bild kommen, weil er ja nur vom Radio ist, und dass er keine Zeit für ein gemütliches Beisammensein hat, weil schon der nächste Termin auf ihn wartet. Aber die Leute sind nicht böse, und statt dass er sie trösten muss, trösten sie am Ende ihn, für sie war es trotzdem ein Erlebnis.

Wenn man Menschen interviewt hat, bleibt man vielen unvergesslich, weil es für sie etwas Besonderes war. Die Leute kennen einen, aber man selber hat diese Leute längst vergessen. Wenn man ihnen nach Jahren wieder begegnet, begrüßen sie einen wie einen alten Bekannten, und vorsichtshalber grüßt man freundlich zurück. „Gell, Sie kennen mich nicht mehr?", fragen sie dann und wollen einem auf die Sprünge helfen, indem sie an den Ort, den Anlass der ersten Begegnung erinnern. Dann kann man es den Leuten einfach nicht antun, dass der Groschen immer noch nicht fällt, und man tut so, als ob man sich jetzt wieder genau an die Situation und an das Gesicht erinnert.

Als ein großes Plus rechnen wir uns im Saarland die Nähe zu Frankreich an. Noch vor dem Fall der Mauer hat der umtriebige Merziger Kulturdezernent Alfred Diwersy ein paar DDR-Autoren um Volker Ebersbach in seine Stadt eingeladen. Nach ihrer Lesung brüsten wir Saarländer uns, dass die Grenze zu Frankreich für uns total durchlässig ist. Die DDR-Autoren können das kaum glauben, aber es ist herauszuhören, dass es für sie ein Abenteuer wäre, einmal den Fuß auf französischen Boden zu setzen. Ich lade die drei in mein Auto und verspreche ihnen einen ungefährlichen Abstecher auf ein Glas Rotwein in einer französischen Gaststätte nahe der Grenze. Ich nehme einen Feldweg, den Männern in meinem Auto ist es nicht geheuer, sie sind ganz still geworden. Plötzlich flammen vor uns in der Dunkelheit Scheinwerfer auf, sie gehören zu einem VW-Bus des Bundesgrenzschutzes. Zwei Beamte steigen aus, leuchten mit ihren Taschenlampen in mein Fahrzeug und fragen nach unseren Ausweisen und nach unserem Ziel. Die DDR-Leute haben keine Ausweise, nur Visa für die BRD. Ich erläutere den Beamten, wer meine Fahrgäste sind, und dass ich ihnen zeigen wollte, was Freizügigkeit bedeutet, und dass sie das doch bitte nicht kaputtmachen sollen. Ich bekomme zur Antwort, dass das eigentlich nicht erlaubt ist. Das Wort „eigentlich" macht mir Mut, und ich frage, ob sie nicht eine Ausnahme machen und uns kurz zu dem französischen Lokal fahren lassen könnten, das würde meinen Gästen viel bedeuten. „Aber in einer Stunde müssen Sie wieder zurück sein", sagen die Grenzschützer, „wir warten hier." Wir fahren zu der Kneipe, die Ostdeutschen sind jetzt sehr aufgeregt. Als wir zu der

Kneipe kommen, sind dort die Lichter schon aus. Auf dem Rückweg steht der Wagen des Bundesgrenzschutzes nicht mehr da.

Ende der 80er Jahre werde ich mit einem Kollegen zur Vorrecherche in den Norden Frankreichs geschickt. Jedes Jahr veranstaltet der Hörfunk eine Französische Woche, während der in allen Programmen eine bestimmte französische Region vorgestellt wird. Diesmal ist es Nord-Pas-de-Calais. Wir sollen Themen auftun, aus denen nachreisende Kollegen später Beiträge machen können. Mein Partner ist der Wissenschaftsredakteur Helmut Scheidgen. Eigentlich ist sein Job eine totale Überforderung, er hat über ein sehr spezielles Thema aus der mittelalterlichen Geschichte promoviert und soll als Redakteur nun das gesamte Spektrum der Wissenschaft abdecken, von der Gentechnologie über die Raumfahrt bis zu den schwarzen Löchern. Ich kenne ihn nur als sehr zugeknöpften Menschen, aber sobald wir das Gelände des Senders verlassen haben, erweist er sich als charmanter, weltgewandter und dem guten Leben nicht abgeneigter Zeitgenosse. Wir besichtigen das Kunstmuseum in Lille ebenso wie eine Fabrik an der Küste, in der versucht wird, aus Algen Lebensmittel herzustellen. Wo wir auch hinkommen, stellen unsere Gastgeber die gleiche Frage: Wann wird es zur deutschen Wiedervereinigung kommen? Wir versichern immer wieder, das sei bei uns kein Thema, niemand in der Bundesrepublik spreche darüber, man habe sich mit der Teilung des Landes abgefunden, sich mit der DDR arrangiert. Die Franzosen können diese lässige Einstellung zur Einheit der Nation nicht verstehen. Unsere Reise findet im Sommer 1989 statt. Wenige Monate später denke ich oft an diese Gespräche zurück. Die Mauer ist gefallen. Unsere französischen Gesprächspartner müssen uns im Nachhinein für arge Ignoranten halten oder für Heuchler, die das heimlich gehegte deutsche Projekt nicht offenbaren wollten.

Der Hallberg

Es war kein schlechtes Gefühl, Mitarbeiter eines Unternehmens zu sein, das jeder im Land kannte und das einiges Renommee genoss. Wenn ich in Gesellschaft erzählte, dass ich für den Rundfunk arbeitete, hielten viele das für interessant. Und wenn ich dienstlich irgendwo anrief, meinen Namen nannte und ihn mit dem Namen des Senders ergänzte, brauchte ich nichts weiter zu erklären. Es war etwas anderes, als sich als Privatmann oder als unbekannter Autor bei Leuten zu melden und das unausgesprochene „Rainer Who?" deutlich zu hören.

Aber ich denke mir, dass ein Unternehmen, das auf sich hält, nicht bloß den Erfolg in der Gegenwart braucht, sondern auch eine solide Fundierung in der Tradition. Der Saarländische Rundfunk ist nicht älter als das Saarland als deutsches Bundesland. Aber ich bin mir sicher, dass er seine Wurzeln tief in der Geschichte hat, man muss die historischen Fakten nur richtig interpretieren.

Der Hallberg ist nicht irgendein Ort. Er ist, mit einem Wort gesagt, geschichtsträchtig! Und voll von Bezügen zum künftigen Standort eines Senders.

Die Bedeutung des Berges liegt weniger in seiner Höhe, es sind keine hundert Meter. Doch ihm zu Füßen liegt der Ursprung der saarländischen Landeshauptstadt. Vor zweitausend Jahren siedeln hier die ersten Saarbrücker, Kelten von einem Stamm, dem antike Historiker den Namen Mediomatriker anhängten. Das lateinische matrices, Singular matrix, bedeutet Muttertier. Aber es waren nicht irgendwelche, warum auch immer so genannten, Muttertiere, sondern *Medio*-Muttertiere. Klingt darin nicht bereits an, dass sich oben auf dem Berg einmal ein Medium etablieren würde?

Nach den Kelten, im Saarland lieber Gallier genannt, kommen die Römer, genauer gesagt die Franken, die genauso heißen wie eine Währung, die neunzehn Jahrhunderte später für eine Zeitlang hier gelten sollte. Die Römer beginnen, immer noch am Saarbogen unterhalb des Hallbergs, mit dem Bau eines Kastells.

An fraglicher Stelle der Saar soll es auch früh schon eine hölzerne und dann auch eine Steinbrücke gegeben haben. Ob der Name der späteren Stadt sich aber, obwohl es doch so naheliegend scheint, wirklich von den Brücken ableitet oder nicht doch vom keltischen Wort für Brocken = Fels, darüber sind sich die Gelehrten nicht einig.

Wie im Fall von Saarbrücken können die Forscher sich auch beim Hallberg nicht auf die Herkunft des Namens verständigen. Dabei ist für den Laien offenkundig: Hall, definiert als Reflexion von Schallwellen, ist ein Vorverweis auf jene Wellen, die im 20. Jahrhunderts von diesem Berg aus übers ganze Land verbreitet werden sollten.

Darüber hinaus ist der Hallberg früh vom Mythos umweht. Noch in der römischen Zeit wird hier eine Naturhöhle ausgebaut zum einem Kultzentrum um den Gott Mithras. Man weiß sehr wenig über diesen geheimnisvollen Kult, aber es genügt, das Interesse an der Mithrasgrotte und damit am Hallberg bis heute wachzuhalten.

Nun verschwindet der Hallberg für längere Zeit aus dem Blickfeld der Historiker, was für die dort lebenden Menschen aber nicht unbedingt etwas Schlimmes bedeuten muss. Anfang des 18. Jahrhunderts dann wird auf dem Plateau ein Jagd- und Lustschloss namens Monplaisir erbaut. Bauherr ist Graf Ludwig Crato, ein treuer Diener des französischen Königs, aber auch – nicht überflüssig zu erwähnen – der Urgroßvater der preußischen Königin Friederike Luise, der Ururgroßvater des preußischen Königs Friedrich Wilhelm III. und der dreifache Urgroßvater des preußischen Königs Friedrich Wilhelm IV. sowie von dessen Bruder Wilhelm I., des ersten Kaisers des Deutschen Reiches. Ebenso ist er der dreifache Urgroßvater der preußischen Königin und ersten deutschen Kaiserin Augusta, der Frau Wilhelms I. Das Gebäude wird 1711 fertig, aber wie heißt es in einer Darstellung: „Viel Freude hat Graf Ludwig Crato an seinem Schlösschen nicht; er verstirbt bereits im Jahre 1713."

Ein paar Jahrzehnte später nimmt der Fürst Wilhelm Heinrich einen großen Anlauf und investiert viel Geld in die Gestaltung des Umfelds, verliert nach einiger Zeit aber das Interesse an seinem Bergschloss. Wilhelm Heinrichs Sohn Ludwig hat dann wieder Verwendung für das Schloss, er richtet es seiner Gemahlin Sophie Eleonore Wilhelmine als Wohnsitz ein, damit er sich drunten in der Stadt ungestört dem Gänsegretel von Fechingen widmen kann.

Wie der Besucher Adolph Freiherr von Knigge berichtet, lässt der Fürst über den Kamin im Speisesaal die Inschrift setzen: „Je veux, que mon plaisir soit le plaisir des autres" – „Ich will, dass mein Vergnügen das Vergnügen der anderen sei", ein schönes Motto, will mir scheinen, wie geschaffen für einen späteren Unterhaltungsredakteur.

Auf einer Ansicht der Städte Saarbrücken und St. Johann aus der Mitte des 18. Jahrhunderts ist zu erkennen, dass es eine freie Sichtverbindung vom Hallberg zum Saarbrücker Residenzschloss gab. Um es auf heutige Verhältnisse zu übertragen, entspräche das einer direkten Verbindung zwischen Saarländischem Rundfunk und Staatskanzlei, die aber, das kann ich aus eigener Anschauung ergänzen, in dieser Form nicht existiert.

Im Nachgang zur Französischen Revolution (die Fürstenfamilie ist geflohen) wird das Schloss auf dem Hallberg im November 1793 zerstört. Die Leute aus St. Johann und Saarbrücken nutzen das Gelände der Ruine, deren Steine sie für den eigenen Hausbau weggeschleppt haben, als Naherholungsgebiet. Wie man sich ein „plaisir des autres" vorzustellen hat, zeigt ein Plakat vom September 1835: „Zum Beschluss der diesjährigen Vergnügungen auf dem Hallberge wird daselbst am nächsten Sonntag-Nachmittag bei günstiger Witterung ein Mastklettern und ein Wettlaufen in Säcken zur allgemeinen Belustigung stattfinden. Übrigens wird alles aufgeboten werden, um die Wünsche der Gesellschaft sowohl in Betreff der Erfrischungen als der Plätze möglichst zu erfüllen."

Aber dann wird der Berg vom Neunkircher Stahlindustriellen Carl Ferdinand Stumm gekauft. Er lässt ein neues Schloss bauen. 1939 endet die, wenn das Wortspiel erlaubt ist, Stumm-Schaltung des Hallbergs: Als die Erben den Hügel an die Reichsrundfunkgesellschaft verkaufen, geht die Entwicklung zielstrebig auf die Etablierung eines Rundfunksenders zu.

Der Hallberg schreibt sich inzwischen Halberg, was aber nichts daran ändert, dass das A kurz gesprochen wird. In einem kurzen Intermezzo wird er nach dem Zweiten Weltkrieg noch einmal zur politischen Machtzentrale, denn der französische Militärgouverneur und spätere Hohe Kommissar Grandval erkürt das Schloss zu seiner Residenz, nicht ohne die Fassade zu entgotisieren. Auch im Inneren wird einiges umgemodelt, nur ein kleiner Raum im Erdgeschoss mit dem charakteristischen Kreuzrippengewölbe bleibt teilweise erhalten, er dient heute als Damentoilette.

Aber dann, Ende der 1950er Jahre – und hier raffe ich meine Darstellung – wird der Halberg zum Sitz des neuen ARD-Mitglieds Saarländischer Rundfunk. Wo zuvor die Macht saß, zieht das Medium ein, der Intendant sitzt, wie es sich gehört, im Schloss, in Stumms Pferdestall wird das erste Fernsehstudio eingerichtet, für den Rest gibt es die hufeisenförmig angeordneten Neubauten mit den langen symmetrischen Fluren, in denen oder in die sich mancher schon verirrt hat.

Fest und frei

Als ich regelmäßig für die Aktualität zu arbeiten begann, nahm ich Abschied von der Vorstellung, ein literarischer Autor zu sein. Ich empfand die neue Arbeit nicht als Abstieg. Immerhin konnte ich mir sagen, ich war kein Geschöpf des Senders, von der Uni vors Mikrofon, sondern ich war zuvor schon als Autor und Journalist hervorgetreten. Die Kollegen, die sich etwas auf ihre tatsächliche oder eingebildete Raubeinigkeit zugutehielten, nannten mich am Anfang noch spöttisch den „Dichter". Das stachelte mich an zu beweisen, dass ich ein Typ ganz auf dem Boden der Wirklichkeit war.

Da es immer fatal ist, von einer einzigen Person abhängig zu sein, versuchte man als freier Mitarbeiter, auch für andere Redaktionen zu arbeiten. Die Redaktion, auf deren Ticket man lief, sah so etwas nicht gern, konnte es aber nicht verhindern – es sei denn, sie hätte einen mit Arbeit zugeschüttet. Wer für die Regionale Kultur arbeitete, für den lag es nahe, auch mal beim Zeitfunk anzuklopfen. Dessen Leiter Hans-Georg („Schorsch") Klein war ein kluger Kopf. Er hatte ein breites Wissen, war ein scharfer Beobachter der politischen Szene, war unabhängig, stets gut informiert und stand in Krisensituationen zu seinen Leuten.

Er war SPD-Mitglied, aber er ließ sich von seinen Genossen nicht unter Druck setzen. Nachdem sein Mitarbeiter Thomas Gerber über eine Affäre bei der Sparkasse Saarbrücken berichtet und aus einem streng vertraulichen Prüfbericht zitiert hatte, gab es „freundschaftliche Anrufe" beim Programmdirektor Hans-Harro Schmidt, auch SPD, der den Druck nach unten weiterreichte. Hans-Georg Klein machte das in seiner Kolumne auf SR 3 öffentlich und kündigte an: „Hochverehrte Genossen, die Ihr Euch da beschwert habt. Das wird auch weiter passieren! Denn die Sparkasse Saarbrücken ist nicht Euer Privatvergnügen – auch wenn es den Anschein hat, dass einige Herren das anders sehen oder verstanden hatten." Die „Saarbrücker Zeitung" griff das auf und erschien am 15. November 1995 mit der Schlagzeile: „SPD übt Druck auf SR-Journalisten auf", der Artikel war garniert mit einem Foto von Hans-Georg Klein. Ab da galt „Schorsch" für die Kollegen als Held.

Klein war ein glänzender Rhetoriker – solange es um öffentliche Rede und nicht um private oder dienstliche Kommunikation ging. Da war er als großer Schweiger bekannt, der nicht mehr Worte gebrauchte, als unbedingt nötig. Durch seine knappen Hinweise kam es gelegentlich zu Missverständnissen, wenn ein Mitarbeiter den Auftrag für einen Beitrag nicht ganz verstanden, aber nicht nachzufragen gewagt hatte. Dann zog er mit seinem Aufnahmegerät los und brachte einen Beitrag zum ganz falschen Thema.

Ein Fehler war ins System eingebaut. Wenn einer gut war als Journalist und das Haus das honorieren wollte, gab es keine Möglichkeit, ihm einen ehrenvollen Titel ohne hierarchische Verpflichtungen zu verleihen oder ihm für seine Arbeit einfach mehr Geld zu zahlen. Stattdessen musste er innerhalb der Hierarchie eine Stufenleiter höher gesetzt werden. Das brachte eine Reihe neuer Aufgaben mit sich wie Verwalten eines Etats, Absicherung der eigenen Einheit innerhalb des Systems und vor allem: Menschenführung.

Für diese neuen Aufgaben wurde man nicht durch vorbereitende Schulungen fitgemacht, und es wurde auch nicht gefragt, ob einer auf Grund seiner Persönlichkeitsstruktur überhaupt dazu geeignet war. In manchen Fällen lief die Beförderung darauf hinaus, dass man jemanden von dem abzog, was er am besten konnte – recherchieren, darstellen, kommentieren – und ihn mit etwas betraute, das er weniger gut konnte. Auf diese Weise bekam das Haus eine Führungsmannschaft von durchwachsener Qualität.

Der Stellvertreter des Abteilungsleiters war ein altgedienter Sportredakteur, den man hierhin abgeschoben hatte. Der gute Mann war total überfordert, den politischen Überblick zu behalten und mit den jungen Reportern umzugehen. Wenn er sich zwischen mehreren möglichen Themen für Beiträge entscheiden musste, hatte er keine Kriterien, und so entschied er einfach nach persönlicher Sympathie und Antipathie. Den jungen Thomas Gerber etwa, der sich mit der Zeit zum exzellenten Rechercheur entwickelte, konnte er nicht leiden, der kriegte bei ihm keinen Fuß auf den Boden; in den Wochen, in denen der Abteilungsleiter seinem Stellvertreter die Themenvergabe anvertraute, trat der Nachwuchsreporter gar nicht erst mit Vorschlägen an, manchmal nahm er sich für diese Zeit Urlaub. Der Stellvertreter machte nie eigene Beiträge, moderierte selten; in den Wochen, in denen er nicht die Redaktion wahrnahm, also in der überwiegenden Zeit des Jahres, stand er meistens im Flur am Geländer des Blumenbeets wie ein Seemann an der Reling und sah rauchend dem Herannahen des Rentenufers entgegen.

Ich war nun ganz gut im Geschäft, hatte ein regelmäßiges Einkommen, gehörte dazu. Wenn man mich gefragt hätte, hätte ich gesagt: Ich mache meine Arbeit gern.

Unser Haus hatte einen ganz besonderen Anspruch, es verstand sich nicht und wurde auch nicht angesehen als ein Unternehmen wie jedes andere. Es hing von uns ab, ob jemand im Radio oder im Fernsehen präsent war. Wo wir hinkamen, wurden wir hofiert, und so dachten manche Mitarbeiter unserer Anstalt, sie seien wegen des speziellen Wertes unserer Produkte auch ganz besondere Menschen.

Das bedeutet nicht, dass sich immer entsprechend benahmen. Es gab Leute, die vor allem darauf aus waren, hier möglichst viel Geld zu machen – was aber nicht unbedingt heißt, dass sie schlechte Qualität ablieferten. Andere dachten vor allem an ihren Aufstieg in der Hierarchie. Von einigen wenigen wusste man, dass sie von Interviewpartnern Geld annahmen oder sich den Kofferraum ihres Autos mit Warenproben vollmachen ließen. Sie wurden allgemein verachtet. Recht unbefangen waren damals alle noch in der Entgegennahme von Geschenken, da sah man, wie zur Weihnachtszeit Kaffeeservice eines bekannten einheimischen Herstellers oder Bestecke oder Flaschen mit alkoholischen Getränken bei den Redaktionen abgegeben wurden.

Bei mir ging es vorläufig nicht um Hierarchie, sondern um Absicherung. Bevor Martin, mein abenteuerlicher Auftraggeber, die Abteilung verließ, um beim Fernsehspiel Chef zu werden, hat er mich noch versorgt. Bis dahin war ich so etwas wie ein Tagelöhner gewesen, Martin setzte durch, dass ich ständiger freier Mitarbeiter wurde. Wenn man sich als so genannter Frei-Freier bewährt hatte, konnte man den begehrten Status des Fest-Freien bekommen, auch 12a-Mitarbeiter genannt, nach dem Paragrafen im Tarifgesetz. Da war man dann fast so abgesichert wie ein Angestellter, nur dass man – eigentlich – keine Verantwortung für eine Sendung oder über Personal tragen durfte, bzw. musste. Als 12a-ler hatte man eine Beschäftigungsgarantie, bekam Kranken- und Urlaubsgeld.

Eigentlich war mit meinem neuen Status auch der Anspruch auf einen festen Schreibtischplatz verbunden. Den zu vergeben, fiel in die Hoheit des Hauptabteilungsleiters. Und weil der Mann Martin nicht gewogen war und mit dessen Abteilungsleiter rivalisierte und er deshalb auch mein Wirken im Hause nicht mit Wohlwollen verfolgte, vergab er den einzig freien Schreibtisch an den Mitarbeiter einer anderen Abteilung.

Martins Abteilungsleiter empfand die Entscheidung des Hauptabteilungsleiters als persönliche Kränkung und nahm es nicht hin, dass ich ohne Schreibtisch bleiben sollte. Und so traf der Hauptabteilungsleiter die salomonische Entscheidung, dass der Kollege aus der anderen Abteilung und ich uns untereinander in der Schreibtischfrage einigen sollten.

Ich will es kurzmachen mit den Verzweigungen dieses Konflikts, der außerhalb des Hauses niemanden interessiert, hier aber Anlass eines verdeckten Kampfes war, der einige Persönlichkeiten über Wochen beschäftigte. Jedenfalls, Martin war so nett, sich für die restliche Zeit in der alten Abteilung krankschreiben zu lassen und mir seine Arbeit zu übertragen. Dadurch festigte sich meine Stellung so sehr, dass der Streit um einen Schreibtisch im Zimmer der ständigen freien Mitarbeiter bald obsolet wurde und ich als Festangestellter nicht weiter um meinen Platz bangen musste.

Liebeserklärung

Du warst schön, und du warst schwer.

Wenn ich dich dabeihatte, war ich wer.

Du ließest mich niemals im Stich.

Wer Fehler machte, das war ich.

Du hast nicht mir, du hast keinem gehört.

Das hat mich an dir ein bisschen gestört.

Sie sagten zu mir: Geb gut auf es acht.

Ich habe dich immer zurückgebracht.

Hattest viel erlebt, warst sehr erfahren
Deutsches Modell aus den 60er Jahren
Immer noch fit und sehr zuverlässig.
Kleine Macken? Ach, sowas vergess ich.

Von den Benutzern hinterließ ein jeder
Seine Spuren auf deinem Leder
Die Kratzer, die Flecken gingen nicht weg
Von mir stammte ein Rotweinfleck

Im Leder der Kasten mit metallenem Glanz
Die Technik beherrschte ich nicht ganz
Nur eine Lehre verstand ich gleich:
Schick nie die Zeiger in den roten Bereich.

Du warst relativ treu, ich schulde dir Dank
Jeden Abend sperrte ich dich in den Schrank
Damit dich über Nacht keiner raubt
Dich nach Hause zu nehmen war nicht erlaubt

Ohne dich wären wichtige Worte verflogen
Eines Tags hat man dich aus dem Verkehr gezogen
Und nun bin auch ich schon lange fort
Doch ich denk oft an dich, du Uher-Report.

Weiterverarbeitung

Die Worte, die du mit deinem Uher-Report-Tonbandgerät den Leuten vom Mund abgefangen hattest und die unsichtbar auf dem schmalen braunen Band gesichert waren, konnten so noch nicht gesendet werden. Sie mussten auf ein breiteres, schneller laufendes Band kopiert werden, und Schaltband musste auch noch drangeklebt werden, grünes vorn, rotes hinten.

Auf dem Rückweg zum Sender ahntest du schon, ob du gute Beute gemacht hattest oder nicht. Hatte dein Gesprächspartner nur diplomatisch herumgeeiert, ohne etwas Originelles zu sagen; hatte er zwar etwas Wichtiges zu sagen gehabt, es aber nicht in brauchbaren Sätzen formulieren können; oder hatte er etwas Aufsehenerregendes zu Protokoll gegeben, absichtlich oder aus Versehen, so dass du in Vorfreude auf das, was du daraus machen würdest, durch die Zähne zu pfeifen begannst? Vielleicht war es auch weder aufsehenerregend noch nichtssagend, sondern einfach nur in Ordnung.

Aber das betraf nur den Inhalt. Es konnte technisch etwas nicht geklappt haben, auf dem Band war nichts zu hören, oder die Wörter wurden von Störgeräuschen überlagert, oder der Ton war über- oder untersteuert, oder alles fing gut an, bis der Akku seinen Geist aufgegeben hatte, so dass die Wörter sich dehnten und in unverständliche Gähnlaute übergingen..

Das Aufnahmeband musste auf Sendeband überspielt werden. Das lief schnelle 38 cm pro Sekunde. Durch die höhere Geschwindigkeit wurde die Qualität deiner Aufnahme nicht besser, aber jeder einzelne Laut nahm nun mehr Platz auf dem Band ein und war dadurch besser zu cutten. Unter den Cutterinnen – es waren tatsächlich fast nur Frauen – gab es richtige Zauberinnen. Sie fassten schnell auf, um was es dir ging, sie hatten ein gutes Gehör und geschickte Hände und waren, wenn du Glück hattest, auch motiviert.

So viel zur Technik. Aber was machten wir eigentlich mit den Leuten? Ließen wir sie zu Wort kommen, zu ihrem Wort?

Für die Interviewten, wenn sie keine Profis sind, ist die Begegnung mit dir ein großes Erlebnis. Aber so aufregend das Interviewtwerden für die Interviewten ist – der Beitrag, der daraus entsteht, ist für sie meistens eine Enttäuschung. Die, sagen wir, drei Minuten, die der Beitrag lang sein kann, sind kürzer, als die Laien es sich vorstellen. Und die Rolle, die sie darin spielen, ist noch viel kleiner. Oft spielen sie gar nicht die Hauptrolle, es geht nicht darum, sie zu porträtieren, sie kommen nur neben anderen vor, um etwas zu bezeugen, eine Stimmung wiederzugeben, einem Sachverhalt, der längst klar ist, mit ihrer Stimme, ihrer Sprechweise, ihren Formulierungen den Klang des Authentischen zu verleihen.

Die Leute durchschauen das in der Regel nicht, es nutzt auch nichts, es ihnen vorher zu erklären. Der interviewte Mensch öffnet sich, er ist bereit für ein echtes Gespräch, er geht davon aus, der Journalist interessiere sich für ihn. Der erfahrene Journalist weiß, dass er nicht zum Ziel kommt, wenn er die entscheidende Frage, auf die es ihm ankommt, gleich zu Anfang stellt. Obwohl das Ganze mit einem Gespräch, wie es unter Menschen üblich ist, nichts zu tun hat, stellt er eine Situation her, die einem Gespräch gleicht. Er lädt den zu Interviewenden nicht ins Studio ein, wo er vor der Apparatur und den vielen Leuten fremdeln würde. Er besucht ihn zu Hause, macht ein bisschen Smalltalk, lässt ihn sich warmreden und pirscht sich dabei unmerklich an das Einzige heran, was er von hier mitnehmen will. Und er weiß schon, seit er sich für dieses Interview entschieden hat, den einen Satz, den er von diesem Menschen hören will.

Es geht ihm nicht um diesen Menschen, es ist nicht so, dass er endlich einmal ein Gespräch mit ihm führen will. Sondern er ist auf der Jagd nach einem O-Ton, einem Originalton. Wenn dieser eine Satz gefallen ist, wenn er den erwünschten O-Ton im Kasten hat, taucht im Hirn des Interviewers das Schnitt-Signal auf, er könnte jetzt sein Gerät ausschalten und sich davonmachen. Doch weil er Manieren hat, lässt er die Sache noch ein bisschen weiterlaufen, bevor er demonstrativ besorgt auf die Uhr blickt. Auf der Türschwelle verspricht er, den Sendetermin des Beitrags rechtzeitig per Telefon mitzuteilen, weil die Leute ja ihren Freunden und Bekannten Bescheid sagen wollen, damit sie sich rechtzeitig vor den Kasten setzen. Ein Versprechen, das er in der Regel nicht hält, denn wenn es so weit ist, steckt er schon in anderen Themen und hat die Leute vergessen.

Die Interviewten sind oft bitter enttäuscht wegen der Kürze ihres Auftritts im Radio- oder Fernsehbeitrag, an dem sie mitgewirkt haben. Sie sind, wenn die Aufnahme läuft, auch nicht mehr Herr ihrer eigenen Worte. Sie durchschauen nicht, und sie können auch nicht steuern, was mit ihrer Äußerung geschieht. In seltenen Fällen kommt es zu kleinen Machtkämpfen zwischen Interviewten und Interviewer, der Interviewte will dem Interviewer vorschreiben, was er wie verwenden soll, und er verliert diesen Kampf immer. Entweder ringt der Interviewer ihn mit der Macht seiner Institution schon vor Ort nieder, oder er lässt sich gar nicht auf den Kampf ein, gibt vage Zusagen und macht beim Schnitt dann doch, was er will.

Was für den Interviewten ein Ausfluss seiner Persönlichkeit ist, der seinen Sinn hat im Zusammenhang seines Lebens, seiner Erfahrungen, ist für den Interviewer ein Steinchen in einem Mosaik, das von ihm, nicht von dem Interviewten, zusammengesetzt wird. Er isoliert den O-Ton aus dem Zusammenhang des Gesprächs und baut ihn in einen neuen, ganz eigenen Zusammenhang ein. Die Äußerung des interviewten Menschen wird ein Farbpunkt in einem Gemälde, das ein anderer malt. Er erscheint hier zwar mit Namen, Stimme, Bruchteil eines Inhalts, aber damit bürgt er für etwas, was er so gar nicht verantworten möchte, was möglicherweise dem total entgegengesetzt ist, was er sagen wollte. Der O-Ton-Geber wird enteignet.

Wenn du jemanden interviewst, und es ist, wie gesagt, kein Profi, kommt es immer zu einem Missverständnis, nein, es ist mehr als ein Missverständnis, es ist Tragik. Die Situation ist von vornherein asymmetrisch: Der Journalist ist der Vertreter eines großen Apparates, und er ist Profi, der Interviewte ist nur er selber und in Sachen Selbstdarstellung ein Laie. Das Asymmetrische der Situation zeigt sich auch darin, dass der Interviewer für das Interview Geld bekommt, der Interviewte nicht. Der Interviewte gibt etwas, was der andere unbedingt braucht, nämlich ein Stück seiner Zeit, den Nimbus der authentischen Person, den Inhalt des O-Tons, und bekommt im Tausch dafür etwas,

was den Interviewer nichts kostet, nämlich Öffentlichkeit, allerdings nicht in einer Hauptrolle, sondern als Komparse.

Du bedeutest für die Leute immer mehr als sie für dich. Aber für dich sind sie gar keine Leute, sondern O-Ton-Spender, dich interessieren sie nicht als Menschen, sondern nur als verwendbare Sätze. Dich interessiert nicht einmal die eine Geschichte ganz, die sie dir erzählen, du wartest auf den einen Satz oder die zwei Sätze, die du brauchen kannst; wenn sie fallen, fühlst du dich wie ein erfolgreicher Jäger oder Schatzsucher. Bei alten Menschen ist es besonders schlimm, für sie ist, was du aufzeichnest und sendest, ihr Vermächtnis an die verständnislose Mitwelt und an die Nachwelt. Hier wollen sie hinterlassen, wer sie wirklich sind. Und der Reporter ist endlich der Mensch, der ihnen zuhört. Denken sie.

Moderieren

Wenn man Routine im Mikrofonhinhalten erworben hatte, musste man auch mal live berichten. Dann kam der Reportagewagen zum Ort der Aufnahme, fuhr seine Antenne aus, man bekam ein Mikro in die Hand und einen Kopfhörer auf die Ohren und musste loslegen, wenn der Moderator einen ansprach.

Während der Live-Schalte konnte man vom Sender aus nicht mit dem Außenreporter kommunizieren, ohne dass es über den Sender ging. Reportern, die sich nicht kurz fassen konnten, konnte die Regie kein Kommando auf den Kopfhörer geben. Sie überzogen die Zeitvorgabe, überhörten das als Zeichen vereinbarte diskrete Hüsteln des Moderators und ließen in ihrem Redeschwall auch keine Lücke, die es dem Moderator erlaubt hätte, eine Schlussformel anzubringen.

Live war immer ein bisschen Stress. Bei meinem ersten Live- Interview fuhr mir der Schreck in die Glieder. Ich wartete vor der Stadtgalerie am St. Johanner Markt auf die neue Vorsitzende eines kulturvermittelnden Vereins. Als die frisch Gewählte vom Tagungssaal herunterkam, war keine Zeit mehr für ein Vorgespräch, wir mussten sofort auf Sendung gehen. Meine Gesprächspartnerin konnte mir gerade noch sagen, sie sei sehr nervös, ich möge ihr bitte keine schwierigen Fragen stellen. Also begann ich mit einer Frage, die zwar nicht optimal war für den Einstieg in ein Interview, mit der ich es meiner Gesprächspartnerin aber so leicht wie möglich machen wollte. Ich fragte, wer denn dieser Mann im Namen des Vereins war. Panik in den Augen der Vorsitzenden, sie wusste es nicht, machte abwehrende Handbewegungen, und dann ging sie ein paar Schritte zurück, floh regelrecht vor mir. Das schlimmste Vorkommnis für einen Hörfunkmenschen ist ja das Loch, die Stille, die im Fernsehen wenigstens mit einem Bild überbrückt werden kann. Ich musste meiner Gesprächspartnerin mit dem verkabelten Mikrofon in der Hand folgen, sie mit der freien Hand festhalten, eine Übergangsformulierung finden, im Sinn von: „Oder, anders gefragt...", und das Interview irgendwie zu Ende bringen. Seitdem habe ich nie mehr ein Live-Interview geführt, ohne die erste Frage abzusprechen, und wenn die Zeit auch noch so knapp war.

Nachdem ich mich als Reporter bewährt hatte, durfte ich auch moderieren. Moderation hatte einen hohen Prestigewert. Eigentlich gehört eine spezielle Begabung dazu, und eine Ausbildung sowieso, um den Hörern Themen und Musik richtig präsentieren zu können. Bei SR3 zählte beides nicht, eine Ausbildung wurde nicht vorausgesetzt, man übte on air, und es gab tatsächlich ein paar Kolleginnen und Kollegen, die Naturtalente waren. Andere hatten unschöne Stimmen, nuschelten sich etwas zurecht, lasen stur die von den Reportern vorformulierten Moderationstexte ab, hatten Probleme, wenn sie etwas frei formulieren sollten, besaßen keine Interviewtechnik oder waren unvorhergesehenen Situationen nicht gewachsen, wenn etwa der falsche Beitrag abgespielt wurde oder die Verbindung zu einem Interviewpartner plötzlich abbrach. Da wurde den Hörern, die man sich bei SR 3 als besonders geduldig vorstellte, manches zugemutet.

Bei SR 1 war man strenger. Hier war Axel Buchholz das große Vorbild, und alle, die als Journalisten vors Mikrofon durften, gingen durch seine Schule. Axel Buchholz hatte den Ehrgeiz, seine Welle regelmäßig in die überregionale Presse zu bringen. Jeden Morgen wurde ein Politiker interviewt, und das Bestreben war, ihm irgendeine Formulierung abzuringen, die neu war, die Nachrichtenwert hatte. Buchholz entwickelte die ausgefeilteste Fragetechnik, versuchte den Gesprächspartner zu einer bestimmten Formulierung zu verlocken, pirschte sich von rechts und von links an, von vorn und von hinten, trieb den Interviewten in die Enge, lauerte auf das sensationelle Wort wie ein Indianer auf den Skalp. Nun waren die Befragten auch keine Amateure, die das Spiel nicht durchschaut, nicht gewusst hätten, was sie sagen wollten und was nicht. Der Moderator trug selten im Interview den vollen Sieg davon, aber er war noch nicht am Ende seiner Mittel. Wenn es nun darum ging, für die Agenturen eine Meldung zu machen, konnte man an einem Zitat immer noch so lange zupfen, es durch den Zusammenhang so zuspitzen, dass es einen Neuigkeitswert bekam. Eine fragwürdige Methode? Wenn die Leute von SR 1 es damit zu weit getrieben hätten, hätten sie sicher bald keinen Politiker mehr ans Telefon bekommen. Aber die Politiker machten das Spiel mit; notfalls konnte man ja dementieren. Axel Buchholz konnte sich ziemlich oft über Zeitungsmeldungen mit Quellenangabe SR freuen.

Auf SR 3 durfte also auch ich moderieren, hier galt Learning by Doing. Sicherheitshalber ließ man die Anfänger zunächst samstags nachmittags ran, da hatte die Magazinsendung die wenigsten Hörer. Die Aufgabe war überschaubar: Nach den Nachrichten die Verkehrslage verlesen, über der Instrumentalmusik des Indikativs die Sendung ansagen, seinen Namen nennen, eine Themenübersicht geben. Dann jeweils nach zwei deutschsprachigen Musiktiteln oder einem gemäßigten Instrumental insgesamt drei oder vier auf Band vorliegende Beiträge ansagen, gegebenenfalls auch ein Telefoninterview oder ein Gespräch mit einem Journalistenkollegen im Studio führen, und sich gegen Ende der Sendung freundlich verabschieden. Das wurde ungerechterweise besser bezahlt als das meistens aufwendigere Erstellen eines Beitrags.

Eines Samstags war ich privat in Lothringen unterwegs. Plötzlich, am Nachmittag, kam mir der erschreckende Gedanke, ob ich an diesem Tag nicht mit der Moderation an der Reihe war. Was würde passieren, wenn ich nicht rechtzeitig käme? Es gab für diesen Fall keinen Plan B, samstags war kein Kollege im Haus, der kurzfristig für mich hätte einspringen können. Es durfte einfach nicht passieren, ohne Moderator konnte die Sendung nicht laufen. Ich sagte mir panisch: Wenn ich das vermassele, ist meine Laufbahn beim SR zu Ende, dann brauche ich mich beim Sender nicht mehr sehen zu lassen. Ich wendete das Auto in Richtung Saarbrücken und gab Gas, aber das war Unsinn, ich würde es auf keinen Fall pünktlich zum Halberg schaffen, und sie könnten meinetwegen ja nicht später mit der Sendung anfangen. Ich schaltete das Radio ein. Ich hörte die Verabschiedung des Moderators der vorangehenden Sendung, ich hörte den letzten Musiktitel, die Nachrichten, ich hörte, und das Herz schlug mir bis zum Halse, die ersten Takte der Indikativmusik – und dann die Stimme des Moderators. Ich war nicht an der Reihe, ich hatte noch mal Glück gehabt. An Montag darauf kaufte ich mir einen Taschenkalender.

Die elektronischen Medien erziehen zur Pünktlichkeit. In diesem Punkt verstehen sie keinen Spaß. Gerechnet wird in Minuten, in Sekunden. Wenn eine Sendung für 20 Uhr angesetzt ist, dann beginnt sie nicht um 19 Uhr 59 oder um 20 Uhr 1, sondern um 20 Uhr. Der Ansager, das vorproduzierte Band, die Musik müssen dann bereit sein.

Dieses Einhalten der vorgegebenen Zeit gilt übrigens auch für die vorproduzierten Beiträge. Im Hörfunk hatte ich es mit einer Kollegin zu tun, die es nicht schaffte, mit ihren Features die vorgesehene Länge von 29:30 einzuhalten, ihre Beiträge waren regelmäßig ein paar Minuten zu lang. Meine Vorhaltung, man werde sicher nicht ihr zuliebe die folgende Nachrichtensendung um 3 Minuten verschieben, fruchteten nichts, sie sah sich außerstande, die überzähligen Minuten herauszuschneiden, alles erschien ihr gleich wichtig. So stand ich kurz vor Sendebeginn an der Bandmaschine und schnitt mit der Unsensibilität des unter Druck stehenden Redakteurs nicht hier und da ein paar Sekunden heraus, bis die Kürzungen sich auf die erforderliche Länge summierten, sondern entnahm kurzentschlossen eine zusammenhängende Passage, und ich hatte nicht unbedingt das Gefühl, den Beitrag dadurch zur Unverständlichkeit verstümmelt zu haben. Außenstehenden fallen solche Eingriffe immer leichter als den Autoren einer Sendung, deren Herz an jeder ihrer Formulierungen, jedem O-Ton hängt. Das Einhalten der branchenüblichen Maxime „Kill your darlings!" fällt niemandem leicht.

Auch beim Fernsehen hatte ich mit solchen Fällen zu tun. Eine Kollegin widersprach heftig meiner Forderung, bei einem Beitrag für den „Kulturspiegel" die vereinbarte Länge einzuhalten. Der Beitrag war so in der ansonsten fertigen Sendung nicht mehr unterzubringen. Sie beharrte darauf, der Inhalt, den sie vermitteln wollte, sei kürzer nicht darzustellen. Das widersprach meiner Erfahrung, dass nahezu jeder Sachverhalt in jedem der üblichen Längenformate darstellbar ist. Wobei das lange Format oft das einfachere ist, sich kurz zu halten ist viel schwieriger. Um einen Sachverhalt kurz darstellen zu können, musst du ihn wirklich durchdrungen haben.

Die Zeit, die einem Thema im Radio oder im Fernsehen, der Platz, der ihm in der Zeitung zukommt, sind nur unter anderem von seiner Bedeutung oder seiner Komplexität abhängig. Wie wäre es sonst möglich, dass jeden Tag genau so viel passiert, wie in die Zeitung vom nächsten Tag passt? Ist insgesamt wenig los, bekommen auch weniger wichtige Themen mehr Raum, ist viel los, werden auch wichtige Themen kleiner gefahren.

Jedenfalls, die Mitarbeiterin musste zähneknirschend ihren Beitrag kürzen und war daraufhin eine Woche lang mit mir beleidigt. Ein paar Jahre später wurde sie Redakteurin und achtete nun ihren Mitarbeitern gegenüber streng auf die Einhaltung vorgegebener Beitragslängen.

Das berufliche Denken in kurzen Zeitabschnitten geht an den aktuell arbeitenden Journalistinnen und Journalisten nicht spurlos vorbei. Wir können im Alltag auch ohne Uhr ziemlich genau sagen, was eine Minute, was eine Sekunde ist, was wie lange gedauert hat. Wenn jemand weit ausholt beim Erzählen, werden wir ungeduldig. Am liebsten wäre uns, jemand würde zunächst in einem Leadsatz zusammenfassen, was er sagen will, und dann erst in die Einzelheiten gehen.

Aber zurück zum Moderieren im Hörfunk. Natürlich war ich am Anfang, wenn ich vorm Mikrofon saß, sehr aufgeregt. Aber nicht zu sehr. Ich war zu schüchtern, um in der Gegenwart von vielen Leuten das Wort zu erheben, aber es machte ihm mir weniger aus, in der abstrakten Situation des Studios etwas zu sagen, was von ein paar Tausend unsichtbaren Leuten gehört wurde.

Bei den Magazinsendungen auf SR 3 waren fünf Leute im Studio, der Moderator plus vier Kolleginnen und Kollegen hinter der Scheibe. Hinter dem erhöhten Regiepult saß eine Technikerin, die die Sendung „fuhr", das heißt, sie startete die Beiträge, die Werbeblöcke, die Indikative, die Musik und öffnete das Mikrofon für die Moderationen. Eine Helferin legte die auf Band vorliegenden Beiträge startbereit in die Bandmaschine, sie sorgte dafür, dass auf dem Plattenteller die Schallplatte mit dem nächsten Musiktitel lag. Ausgesucht hatte sie ein Musikprogrammgestalter, der auch die ganze Zeit über im Studio dabei war. Ein engagierter Kollege wie Herry Schmitt schaute vorher auf den Themenplan, um die Musik passend auszusuchen, gegebenenfalls lief er auch während der Sendung noch mal schnell runter ins Archiv, um aktuell reagieren zu können.

Es war keine leichte Aufgabe, gute Musik auszusuchen, denn auf der Saarlandwelle durften nur deutschsprachige Titel gespielt werden, und allzu rockig sollten sie auch nicht sein. Wir hatten oft Zweifel, ob die doch sehr ambitionierten und manchmal auch speziellen Wortbeiträge etwa von Martin Winkel zur Landespolitik, von Michael Manthey zu Umweltfragen oder von Stefan Miller zu Kulturthemen denn von den Menschen goutiert würden, die diese Musik mochten. Für die Leute von den Wortsendungen waren die von der Musik die „Juxbarone", die Musikwunschsendung am Morgen, bei der man Oma, Opa, Tante, Onkel zum Geburtstag gratulieren konnte, wurde abschätzig „Erbschleichersendung" genannt. Für die Musikleute hingegen waren alle Wortbeiträge ein störendes Element im Programm. Wort und Musik schienen nicht zusammenzupassen, aber der Erfolg der Welle bei den Hörerinnen und Hörern zeigte, dass das Konzept aufging.

Am kleinen Tisch direkt an der Scheibe, dem Programmgestalter für die Musik gegenüber, nahm der Aufnahmeleiter oder die Aufnahmeleiterin Platz. Sein bzw. ihre Aufgabe war es, anhand des Plans den Ablauf der Sendung zu organisieren, dem Moderator Kommandos zu geben, mit dem Ü-Wagen zu kommunizieren, Gesprächspartner ans Telefon zu holen oder auch mal ins Aufnahmestudio zu gehen und nachzuschauen, in welchem Stadium ein Beitrag sich befand, der demnächst laufen sollte, aber an dem noch geschnitten wurde. Aufnahmeleiter war wie Moderator kein eigener Beruf, Reporter machten das nebenbei und hatten damit ein regelmäßiges Grundeinkommen.

Das Klima war, je nachdem, wer da zusammenkam, mal entspannt bis heiter, mal eher ruppig. Der Aufnahmeleiter hatte durchaus die Möglichkeit, einen Moderator, den er nicht leiden konnte, aus dem Konzept zu bringen.

Eine eher freundschaftliche Gemeinheit war der Versuch, mit Grimassen oder Bemerkungen über den Kopfhörer den Moderator bei der Ansage von ernsten Themen zum Lachen zu bringen. Bernd Weiland hat sich mal selber ein Bein gestellt. Es ging um die Ansage des Nachrufs auf einen Mann mit lustigem Namen. Der Moderator beging den Fehler, schon vorher Witze darüber zu machen und sich in eine Lachstimmung zu bringen. Als es dann so weit war, dass er den Nachruf ansagen sollte, hörte man schon beim ersten Satz, wie er gegen das Lachen ankämpfte, dann drang es unwiderstehlich hinauf in seine Stimme, ließ ihn schwer atmen, es schüttelte ihn, und schließlich konnte er ein offenes Lachen nicht mehr unterdrücken. Der Arme versuchte sich aus der Situation zu retten, indem er den bemerkenswerten Satz ins Mikrofon sprach: „Ich weiß auch nicht, meine Damen und Herren, was es hier zu lachen gibt!"

In der Kantine

Nun saß ich drin und sah durch die Glasfront draußen die vorbeigehen, die die anderen waren. Entspannt sahen wir nur von draußen aus. Innen war die Kantine das Fegefeuer.

Das Essen war nur ein Vorwand. Es ging um Größeres. Wer hier hinkam, zeigte, dass er zu den Harten gehörte. Die anderen taten besser daran, irgendwo in einer Ecke im Büro den mitgebrachten Wurstsalat zu löffeln und ein paar Schlucke aus ihrer Thermosflasche zu trinken.

In der Kantine wurden die Kollegen täglich neu gekocht und frittiert, gesalzen und gepfeffert, abgeschmeckt, verkostet, durch die Zähne gezogen, verschlungen, auf der Zunge zergehen gelassen, man verschluckte sich an ihnen, sie wurden wiedergekäut, ausgespien, ihr Preis auf der Speisekarte wurde herauf- oder heruntergesetzt, sie wurden von der Karte gestrichen, kamen auf die Rote Liste der toxischen Zutaten.

Nur durch den Besuch in der Kantine warst du auf dem neuesten Stand, was hier serviert wurde, war immer das letzte Gerücht. Die Frau, mit der der Direktor Kinder zeugt, lebt in Berlin von Sozialhilfe! Sein Vorgänger hat früher im Hause Adidas-Kleidung verkauft und Versicherungen angeboten! Die Sekretärin wurde mit dem Anstreicher in flagranti ertappt, als eine Delegation die frisch renovierten Räume inspizierte! Der italienische Heizer hält während der Mittagspause im Heizungskeller Trinkgelage mit Kolleginnen ab!

Aber auch relevante Themen. Wer wird Nachfolger des plötzlich verstorbenen Hörfunkdirektors? Von Nachbarn des Fernsehchefs aus St. Ingbert ist zu hören, dass er versucht, sein Haus zu verkaufen – will er sein Amt hier aufgeben und sich anderswo engagieren? Was würde das für das Führungs-Puzzle bedeuten? Der Hauptabteilungsleiter lässt sich, obwohl er seit vielen Jahren von seiner Frau in Frankfurt getrennt ist und hier eine Geliebte hat, nicht scheiden – bereitet er seine Rückkehr vor?

Alles mit Vorsicht zu genießen. Vielleicht nicht vollkommen falsch, aber doch mit geringem Haltbarkeitsdatum. Die Verhältnisse waren ständig im Fluss.

Die Kantine registrierte die kleinsten atmosphärischen Erschütterungen. Jede Veränderung wurde als potenzielle Bedrohung empfunden. Schlimm war auch, wenn durch eine Reform der Zustand wiederhergestellt wurde, den man ein paar Jahre zuvor um keinen Preis hatte aufgeben wollen; mittlerweile war der verhasste neue Zustand zur Normalität geworden, die man nicht preisgeben durfte.

Hin und wieder gab es auch Erfreuliches aus der Gerüchteküche. Zum Beispiel, wenn es den Feinden aus der Nachbarabteilung an den Kragen gehen sollte. Oder einem der Chefs. Was die Chefs betraf, so genügte ein indiskreter Blick in ihr Privatleben, um bei den Abhängigen ein gehobenes Gefühl hervorzurufen.

Ein kleidungsmäßig immer steif-korrekter Hierarch hatte sich am Wochenende beim Lackieren der Zimmertüren in der Wohnung einer Sekretärin, seiner total heimlichen Geliebten, die neue Jeans verkleckert; daraufhin war er für den Rest des Wochenendes so übellaunig, dass sie ihn am Sonntag vorzeitig nach Hause schickte. Am Montag beim Mittagessen tischte die Frau uns, im Flüsterton, die Story brühwarm auf. Dieser Typ als Heimwerker, in verkleckerten Jeans – unvorstellbar! Wenn der Mann geahnt hätte, wie wir in der Kantine über ihn lachten, er hätte sich nicht mehr aus seinem Büro herausgetraut. Hatte nicht auch seine frühere ebenfalls total heimliche Geliebte immer alles ausgeplaudert? Die Geschichte, wie er sie nach einem Treffen mit Kollegen in einem Lokal zu Fuß durch den Regen nach Hause gehen lassen, statt sie in seinem Auto mitzunehmen. Nur damit keiner Verdacht schöpfen sollte. Unglaublich!

Um selber möglichst ungeschoren zu bleiben, empfahl es sich, in der Kantine Präsenz zu zeigen. Die draußen, ja schon die am Nebentisch waren Opfer. Dabei ging es keineswegs diskret zu. Seit einer Renovierungsmaßnahme in der Kantine musstest du brüllen, damit dein Gegenüber dich verstand. Nur in extremen Fällen beugte man sich zum Gesprächspartner hinüber, um ihm etwas ins Ohr zu sagen.

In der Kantine saßen die Mitarbeiter wohlsortiert, die Sekretärinnen bei den Sekretärinnen, die Programmmitarbeiter bei den Programmmitarbeitern, die Techniker, teils noch in weißen Kitteln, bei den Technikern. Ein Techniker erzählte mir später, sein Chef habe es ihnen ausdrücklich untersagt, sich zu denen vom Programm an den Tisch zu setzen. Manche, die Chef geworden waren, zeigten sich hier gar nicht mehr. Natürlich gab es kecke Sekretärinnen, die sich zu den Redakteuren setzten, und Fernsehreporter, die sich bei den Kameraleuten hielten, um sich als Kumpel zu inszenieren.

Durch Hiersein konntest du in Bezug auf dich das Schlimmste verhindern, jedenfalls dass es offen ausgesprochen wurde. Sticheleien gehörten natürlich dazu. Nur durch deine Anwesenheit konntest du erfahren, wie es an diesem Tag, zu dieser Uhrzeit, um dich stand. Meistens standen Katastrophen unmittelbar bevor. In einer Sitzung war dein Name gefallen, nichts Gutes verheißend. Dein Etat würde gekürzt werden. Dein recht passabler Chef würde durch ein bekanntes Ekel ausgetauscht. Der Intendant plante einen Rachefeldzug gegen deine Abteilung. Du bekämst als Nachfolgerin deiner tüchtigen Sekretärin eine Kollegin reingedrückt, die aus guten Gründen kein anderer haben wollte. Deine Abteilung würde mit einer anderen zusammengelegt. Deine Hauptabteilung würde ganz aufgelöst. Der ganze Sender werde abgewickelt.

Die Mittagspause war keine Erholung, sondern eine Verschärfung des stets verdeckt laufenden Kampfes um die Existenz, nicht um die berufliche Existenz als solche, da fühlte man sich sicher, sondern um die interne Existenz, die eigene Stellung, der Teilhabe an den Ressourcen.

Mit neuen Schrecken imprägniert, schlichst du dich von der Kantine zurück ins Büro zurück und versuchtest, für den Rest des Tages den Kopf wieder hoch und möglichst auch frei zu kriegen. Mit der Zeit hattest du gelernt, dass hier nichts so heiß gegessen wie es gekocht wurde. Morgen waren die Gerüchte von heute vielleicht schon hinfällig – und wurden durch neue Horrorvisionen ersetzt.

Hatte ich nicht gesagt, ich hätte mich wohlgefühlt bei meiner Arbeit?

Manchmal war es richtig schön. Man saß bei netten Kollegen und die witzigen Einfälle flogen nur so hin und her. Dialoge waren so pointiert, dass wir uns hinterher sagten, das war ja besser als unser Programm, das hätte man glatt aufnehmen und senden können.

Im Bauch des Wals

Seit ich einmal das Wort „Tauchspulenmikrofon" gehört hatte, ließ mich die Idee nicht los, einmal eine Unterwasserreportage zu machen. Und so fuhr ich denn eines Tages mit einem Schiff zur tiefsten Stelle des Meeres und sprang von Bord. Mein schweres Aufnahmegerät zog mich in die Tiefe.

Bald sah ich mich inmitten eines bunten Schwarms munterer kleiner Fischlein, die mich mit ihren runden Augen erstaunt ansahen, sich offensichtlich untereinander darüber verständigten, was von mir zu halten sei, und mich im Übrigen in Ruhe ließen.

Mit einem Mal war der Schwarm blitzartig verschwunden. Und ich musste mich nicht lange fragen, warum. Ein Hai war erschienen. Und es dauerte nicht lange, da hatte er mich erblickt. Er sah nicht aus, als würde er dem Auftauchen eines Reporters in seinem Revier mit Humor begegnen. Als er auf mich zustieß, konnte ich ihm mit einer eleganten Hüftbewegung gerade noch ausweichen. Bei seiner zweiten Annäherung schlug ich ihm mit dem Mikrofon auf die Schnauze. Ich weiß nicht genau, wie es passiert ist, aber hinterher hatte ich eine Wunde am Handgelenk. Eine kleine Blutwolke begann sich im Wasser auszubreiten, und ich erinnerte mich gelesen zu haben, dass der Geruch von Blut Haie erst so richtig wild macht. Ich will meine Begegnung mit dem Raubfisch nicht weiter ausmalen, denn das eigentliche Abenteuer stand mir erst bevor.

Kurz bevor der Hai zum tödlichen Biss kam, wurde es mit einem Mal finster. Ein riesiger Schatten verdunkelte den Schauplatz. Es war der Schatten eines Wals. Und dieser Wal schnappte mich kurzerhand dem Hai weg. Ich spürte, wie mich ein überaus kräftiger Wasserstrudel wegriss, ich streifte einen Dschungel von struppigen Gewächsen, die wohl die Barten des Wals waren, und landete in einer dunklen Höhle. Ich war im Bauch des Wals. Die Anzeigegeräte meines Aufnahmegeräts warfen ein trübes Licht in das Dunkel, ich erblickte um mich her Plankton und kleine bunte Fische, von denen ich glaubte, einige von meiner vorherigen Begegnung wiederzuerkennen.

Ich wusste, was ich erlebte, war sensationell. Aber würde man es mir glauben? Immerhin ist ein entsprechendes Erlebnis des Propheten Jonas ja von der Bibel belegt. Jedenfalls, kaltblütig wie ich in solchen Situationen bin, ließ ich mein Gerät laufen und berichtete eins zu eins, was mir widerfuhr, das war ich meiner Berufsehre schuldig.

Ich merkte, wie der Wal sich im Wasser bewegte, und fragte mich, wohin die Reise ging. Die kleinen Fische verschwanden bald in einem gurgelnden Strom, wahrscheinlich in den Verdauungstrakt des Meeresungetüms, neue fluteten herein, es war ein ständiges Kommen und Gehen. Ich war für den Transport innerhalb des Wals wohl zu schwer. Ich verlor das Gefühl für die Zeit. Hunger kam auf. Ich glaube aber nicht, dass ich so lange wie Jonas, drei Tage, im Bauch des Wals war. Er spürte wohl schon früher, dass etwas Unverdauliches seinen Magen belastete, und spie mich in hohem Bogen aus.

Ich landete im Wasser, erblickte aber in nicht allzu großer Ferne eine winzige Insel. Schwimmend erreichte ich das rettende Ufer. Später erfuhr ich, dass die Insel, auf die ich mich gerettet hatte, bis dahin nicht bekannt gewesen war. Mir wurde die Ehre zuteil, dass sie nach mir, ihrem Entdecker, benannt wurde. Mittlerweile existiert sie leider nicht mehr und ist auch von den Seekarten verschwunden, der steigende Meeresspiegel hat sie komplett überspült. Wie es mir damals gelang, mich bemerkbar zu machen, und wie ich gerettet wurde, das ist eine eigene Geschichte

Das Gerät mit meinen unersetzlichen Aufnahmen ist mir beim überstürzten Verlassen des Wals leider abhandengekommen. Es wird die

Geräusche im Inneren des Wals auch ohne mein Zutun weiter aufgenommen haben, bis die Batterien aufgebraucht waren. Ich habe die Hoffnung nicht aufgegeben, dass das Tonband eines Tages doch noch auftauchen wird. Walfänger könnten es beim Zerteilen des Tieres finden und an die zuständigen Stellen übergeben. Dann könnte ich endlich die letzten Zweifel der Wahrheit meiner Geschichte zerstreuen.

Duodezfürsten

Anfang November 1987 wurde ich Redakteur in der Regionalen Kultur Hörfunk. Sie wollten mich dort haben, und so war die Ausschreibung genau auf mich zugeschnitten, es hätte nur gefehlt, dass sie noch hineingeschrieben hätten, der Bewerber müsse mit Vornamen Rainer heißen.

Eine Hürde musste ich allerdings noch überwinden, ich musste mich arbeitslos melden. Irgendwo anders im Haus war eine Redakteurin in den Ruhestand gegangen, und wenn der Sender ihre Stelle mit einem Arbeitslosen besetzte, bekam er einen Teil von dessen Gehalt vom Arbeitsamt ersetzt.

Das Arbeitsamt in Saarbrücken kannte dieses Verfahren und spielte mit, nicht aber das Arbeitsamt in Saarlouis, das für mich zuständig war, seit ich in Überherrn wohnte. Als ich mich dort meldete, schüttelte der Mitarbeiter mitleidig den Kopf und meinte, es werde sehr schwer werden, mich in meiner Branche zu vermitteln. Mit seiner Bescheinigung in der Tasche meldete ich mich noch am selben Tag beim Sender und bekam sofort die Zusage auf die ausgeschriebene Stelle. Am nächsten Tag teilte ich dem verblüfften Arbeitsamtsmitarbeiter in Saarlouis mit, dass meine Arbeitssuche erfolgreich war. Ich war einen Tag lang arbeitslos gewesen.

Aber bevor ich meine Stelle antreten konnte, galt es, noch ein weiteres Hindernis zu überwinden: die Tauglichkeitsprüfung durch die Betriebsärztin. Die Frau war gefürchtet, eine Kollegin versuchte monatelang, sich vor der Untersuchung zu drücken, weil sie die Sorge hatte, ihre Leberwerte könnten ein Einstellungshindernis sein. Dabei waren es weniger ihre Befunde, die Furcht erregten, als unumwundene Art, ihre Diagnosen zu verkünden. Ich kam glimpflich davon, mich beschied sie mit Blick auf meine Konstitution: „Also für Kameramann würde es nicht gehen, aber für Redakteur reicht es."

Themen entdecken, Mitarbeiter beauftragen, Beiträge abnehmen – wie das funktionierte, hatte ich mir schon als freier Mitarbeiter abschauen können. Viel schwieriger war das Planen: angesichts einer Fülle möglicher Themen die richtigen einkaufen für die vorgegebene Zahl von Beiträgen pro Sendung, nicht aus Angst vor der Lücke zu viel in Auftrag geben, flexibel reagieren, wenn ein Thema wegen seiner Aktualität oder seines Gewichts einen bereits in Auftrag gegebenen Beitrag aus dem Rennen warf, Beiträge in Reserve halten für den Fall, dass einmal kurzfristig ein anderes Thema ausfiel, darauf achten, dass die Beiträge aus der Reserve nicht das Verfallsdatum überschritten, sich vom Vorrat der noch nicht gesendeten Beiträge nicht die Aktualität blockieren lassen.

Um das zu organisieren, hätte man ein System gebraucht. Es gab keines, jedenfalls wurde mir keines vermittelt. Von den anderen Redakteuren hatte jeder seine eigene Methode, die mehr oder weniger gut funktionierte. Ich war wieder einmal auf Learning by Doing angewiesen. Elektronische Hilfe gab es noch nicht. Wir trugen die verabredeten Themen unter dem jeweiligen Datum von Hand in einen Tischkalender ein, mit Bleistift, damit man radieren konnte. Mehr Organisationsinstrumente besaßen wir nicht.

Im Sender waren die Abteilungen und Hauptabteilungen kleine Fürstentümer. Die Fürsten rivalisierten miteinander um Prestige im und außerhalb des Hauses, um Etat, um Mannschaftsstärke. Mein erster Abteilungsleiter hat mir eine Lehre fürs Leben erteilt. Franz-Josef Reichert war der geborene Duodezfürst. Er hatte sein Amt quasi geerbt, schon sein Vater hatte beim Reichssender die gleiche Position innegehabt, der Sohn, zweifellos begabt, war mit dreißig der jüngste Abteilungsleiter der SR-Geschichte geworden. Auch inhaltlich setzte er vieles fort, was sein Vater begonnen hatte.

Da ich selber noch unsicher war, fühlte ich mich in seiner konstitutionellen Monarchie nicht schlecht aufgehoben. Mit seinen Silberlocken und der rundlichen Figur hatte er etwas von einem gutmütigen Fürsten. Sein Vorname war kaiserlich. Sein Auftreten war souverän. Sitzungen, zu denen Kollegen eingeladen hatten, betrat er mit der Würde des bewusst zu spät Kommenden. Zeremonielles lag ihm, er war ein guter Rhetoriker, was er sagte, war immer passend; höchstens erlaubte er sich einmal eine kleine ironische Spitze. Ansprachen halten konnte er aus dem Stand, er hätte jederzeit als Trauerredner kurzfristig einspringen können.

Reichert war natürlich katholisch. Promoviert hatte er über die Baugeschichte einer saarländischen Abtei. Auf Titel legte er großen Wert. Wenn in seiner Gegenwart jemand einen bestimmten Hauptabteilungsleiter aus Versehen als „Herrn Dr. Koch" apostrophierte, stellte er genüsslich richtig: „Er ist kein Doktor, er ist nur Koch."

Dieser nicht promovierte Hauptabteilungsleiter war ihm ein Dorn im Auge, weil er sein Vorgesetzter war. Unter ihm war er Abteilungsleiter, aber er tat ihm nicht die Ehre an, regelmäßig an seinen Sitzungen teilzunehmen. Unterordnung kam hier nicht in Frage, denn Reichert war eigentlich gleichrangig, selber Hauptabteilungsleiter, nur in einem anderen Bereich. Er regierte die so genannte Sendeleitung, die als Hauptabteilung geführt wurde.

Die Sendeleitung hatte inhaltlich mit dem Programm nichts zu tun, sie hatte technisch-organisatorische Aufgaben, zum Beispiel die Betreuung von Außenübertragungen des Hörfunks oder die Bestellung von Leitungen für Beiträge, die von anderen ARD-Sendern oder zu ihnen überspielt wurden. Von diesem Teil seiner Funktion kündete ein Donnern, das gelegentlich aus dem Wandschrank in seinem Büro drang. Denn das Leitungsbüro saß eine Etage über ihm, und die Formulare mit den Leitungsbestellungen wurden ihm von dort per Rohrpost geschickt. Wenn der Zylinder, der das Formular enthielt, durch die Röhre sauste, erklang ein kleines dramatisches Hörstück, das Zischen des Luftdrucks, das Anstoßen des Behälters gegen die Innenwand der Röhre und dann der donnernde Aufprall am Ziel hinter der Schranktür des Sendeleiters. Dieses altmodische Kommunikationsmittel machte ihm viel Spaß, die Verblüffung nichts ahnender Besucher erheiterte ihn.

Sein großes Büro hatte er sich hart erkämpft. Er legte großen Wert darauf, das zu bekommen, was ihm seinem Rang nach zustand. Leute seiner Position besetzten im Sender die großen Eckbüros mit zwei Fenstern an jeder Seite und einer Mindestquadratmeterzahl. Der Bau hatte aber nur eine begrenzte Anzahl von Ecken, und als er Sendeleiter wurde, waren alle Ecken schon belegt. Er setzte durch, dass für ihn an der Längsseite des Gebäudes durch das Einreißen von Wänden ein gleichgroßes Büro geschaffen wurde, das ebenfalls vier Fenster besaß, wenn auch nicht übereck. Der Eingang war an einem Ende des langgestreckten Raumes, seinen Schreibtisch ließ er am anderen Ende aufstellen, so dass der Besucher etliche Teppichmeter überschreiten musste, um vor ihn zu gelangen.

Sendeleitung, das klang nach mehr. Auf Einladungen zu öffentlichen Veranstaltungen ließ er, obwohl es da eigentlich nicht hingehörte, gern seinen Namen mit dieser Funktion drucken, und viele Leute dachten dabei nicht an eine dienende Funktion, sondern dass er der Chef vom Ganzen sei. In der abgebrühten Saarbrücker Gesellschaft kam das nicht so richtig zur Geltung, aber in seinem Heimatkreis Saarlouis, wo er zu den höchsten Honoratioren zählte und wo er sich auch am wohlsten fühlte, machte es Eindruck.

Reichert kannte auch die hierarchische Bedeutung von Tintenfarben. Einmal brachte ich an einer Vorlage Ergänzungen mit grüner Tinte an. Mir war nicht bekannt, dass es eine Farbhierarchie gab und dass Grün die Cheffarbe war. Der Chef klärte mich auf und schickte mir das Papier zurück mit der grün geschriebenen Anmerkung: „Herr Petto, Sie greifen vor."

Was ihm in seiner Titelsammlung fehlte, war ein Orden, und die Jagd danach betrieb er systematisch. Sendungen aus Luxemburg bekamen in seiner Abteilung einen bevorzugten Platz, das passte auch gut zum grenzüberschreitenden Anspruch des Senders. Und weil er als Autor oder Gesprächsgast immer wieder den Protokollchef der großherzoglichen Regierung einsetzte, erhielt er eines Tages schließlich den Verdienstorden des Großherzogtums Luxemburg in der Stufe „Offizier", der viel mehr daher machte als der Saarländische Verdienstorden, der ihm fünfzehn Jahre später verliehen wurde.

Sozusagen von Hause aus kannte er den Hörfunk wie kein anderer, er spielte mühelos auf der Klaviatur dieses Apparats. Wahrscheinlich war er ein guter Netzwerker, jedenfalls innerhalb bestimmter ländlich-konservativer Kreise, aber der Nimbus der Provinzialität war lange ein Handicap für die ganz große Karriere.

Er hatte seinen eigenen Verein, den Saarländischen Kulturkreis. Von ihm gegründet, mit ihm als ewigem Vorsitzendem. Hier versammelte er eine kleine, ausgewählte Schar von Getreuen, aber in der Öffentlichkeit machte der Verein den Eindruck einer kulturellen Massenorganisation, indem er überall im Lande seine Markierungen setzte und der Sender immer mit einem Berichterstatter zur Stelle war. Am Ende hat Reichert sein großes Ziel tatsächlich noch erreicht, drei Jahre, bevor er in den Ruhestand ging, wurde er, weil eine Übergangslösung gefragt war, Hörfunk-Programmdirektor.

Für den SR, soweit er sich als Heimatsender verstand, war er die ideale Besetzung, gebildet, aber nicht abgehoben, und ein in der Wolle gefärbter Saarländer, der die Mentalität der Leute nicht nur kannte, sondern verkörperte.

Mag er in seinen politischen Ansichten, in seinem Gehabe auch konservativ gewesen sein, so war er doch offen für die neuen Entwicklungen im Hörfunkbereich. Er hat SR3 Saarlandwelle aufgebaut und geleitet. Sein wertvollster Mitarbeiter war Fred Oberhauser, der vor Ideen sprühte. Mit ihm zusammen hat er manche Sendung und Sendereihe entwickelt, wobei sie besonderen Wert auf die Kultur der Saar-Lor-Lux-Region legten.

Er war ein guter Chef. Er erkannte Talente und ließ die Leute machen, auch wenn sie nicht ganz auf seiner Linie lagen – Hauptsache, fürs Saarland engagiert. Als er bei Antritt einer gemeinsamen Dienstreise erfuhr, was jeder andere wusste: dass sein Mitarbeiter, der die morgendliche Hausfrauensendung moderierte, schwul war, war das für ihn, wie der Betroffene amüsiert erzählte, ein arger Schock, aber bewahrte Haltung und hat sich ihm gegenüber aber weiterhin tadellos verhalten.

Er war einer der ganz wenigen Vorgesetzten im Sender, die sich im Konfliktfall nach außen vor ihre Mitarbeiter stellten und das Problem intern klärten. Wenn ich Fehler machte, gab er mir väterliche Ermahnungen.

Er redete uns zwar in der Regel nicht ins Programm hinein, pflegte aber seine Connections. Einmal wollte er, dass ich über eine Kunstausstellung in der Völklinger Sparkasse berichten sollte. Ich sagte ihm, dass wir grundsätzlich nicht über Ausstellungen in Sparkassen berichteten, und dass ich auch keinen Präzedenzfall schaffen wollte. Er war klug genug, dies nicht anzuordnen, sondern verlegte sich aufs Bitten. Ich merkte, es war ihm sehr wichtig, offenbar hatte er jemandem sein Wort gegeben. Als er mir schließlich anbot, ich brauche dort ja nur mit dem Aufnahmegerät aufzutauchen und ein paar Stimmen aufzunehmen, man müsse das dann ja nicht senden, wurde ich weich und machte mit. Die eingefangenen O-Töne wurden nie geschnitten, nie gesendet.

Einmal, in meiner Anfangszeit, hatte ich versucht, es den Kollegen nachzutun und zugunsten unserer Redaktion eine Intrige einzufädeln. Ich weiß nicht mehr, worum und gegen wen es ging, die Affäre war so peinlich, das ich das verdrängt habe, ich weiß nur noch, dass alles aufflog, noch bevor es richtig begonnen hatte. Er bestellte mich zu sich und sagte etwas zu mir, was mich frappierte. Er machte mir keine moralischen Vorhaltungen, er forderte mich nicht auf, künftig derlei zu unterlassen. Stattdessen gab er mir einen Rat, der so moralfrei und rein pragmatisch war, dass er mich tief beeindruckt hat. Er sagte: „Wenn Sie eine Intrige spinnen, Herr Petto, dann muss es auch klappen." Das hat mir eingeleuchtet, und ich habe mich fortan daran gehalten. Weil ich nicht verstand, wie eine richtige Intrige funktioniert, habe ich die Finger von diesem Instrument gelassen.

Nischen

Es gehörte zum guten Ton, immer äußerst beschäftigt zu erscheinen. Man durfte niemals sagen, dass man mit dem Arbeitsaufwand gut klarkommt oder dass man gerade mal eine ruhige Phase hat. Wenn ein Kollege sagte: „Bei euch in der Redaktion ist zurzeit wohl nicht so viel los" oder „Ihr seid doch personell eigentlich gut ausgestattet", war das eine Falle, in die man nicht tappen durfte. Allenfalls durfte man dann sagen: Das mag vorübergehend so aussehen, aber jetzt kommen wir endlich mal dazu, liegengebliebene Sachen aus dem letzten halben Jahr aufzuarbeiten und wenigstens einen Teil der Überstunden abzubauen. Das schuldete man nicht nur dem eigenen Ansehen, das schuldete man dem Sender als Ganzem. Die Existenz eines Einzelnen, dessen Arbeitskraft nicht voll ausgeschöpft war, hätte allgemeine Verunsicherung ausgelöst, alle anderen hätten sich fragen müssen: Und wieso reiße ich mir hier ein Bein aus?

Ich erinnere mich an eine Kollegin, die einem bei der Begegnung auf dem Flur eine Stunde lang erklärte, warum sie eine zusätzliche Aufgabe, die sie eine halbe Stunde Arbeit gekostet hätte, wegen Überlastung unmöglich übernehmen konnte.

Umgekehrt musste man allerdings höllisch aufpassen, dass es nicht so aussah, als könne man seine Arbeit nicht bewältigen. Nein, es war zwar enorm viel zu tun, man überging das Mittagessen, verließ keinen Tag bei Helligkeit das Büro, aber irgendwie kam man rund. Ebenso schlimm, wie für einen Faulenzer gehalten zu werden, wäre es gewesen, als überfordert zu gelten.

Aber wenn ein Betrieb nur groß genug ist, entstehen Nischen, in denen Mitarbeiter es sich bequem eingerichtet haben. Unter dem Radar der Kollegen und der Vorgesetzten nisten Existenzen, von denen kaum jemand weiß und von denen niemand sagen könnte, was sie eigentlich hier machen.

Vor meiner Zeit scheint es einige dieser Schattenmitarbeiter gegeben zu haben. Wobei nicht jeder wirklich den Schatten suchte. Da hat es einen Mitarbeiter der Produktion gegeben, der sich eher durch Auffälligkeit tarnte. Wenn er da war, eilte er geschäftig durchs Haus, redete hier mit jemandem, eilte schnellen Schrittes weiter, um mit dem Nächsten ein Gespräch zu führen und nach einiger Zeit wieder zu verschwinden. Punktuell zeigte er hohe Präsenz, ohne dass jemand hätte sagen können, für was für eine Produktion er eigentlich zuständig war.

Inzwischen war das Personal aber so ausgedünnt, waren die Aufgaben so gewachsen, dass für weitere Nischen immer weniger Platz war. Doch offenbar hatte der Sender nach außen immer noch den Ruf, man könne es hier halten wie jene Adligen in den russischen Romanen, die ein Amt in der öffentlichen Verwaltung bekleiden, sich dort aber nur sporadisch sehen lassen. So schätzte es offenbar auch der Schriftsteller Manfred Römbell ein, der mich eines Tages ansprach. Er hatte eine Stelle als Rechtspfleger in der Grundbuchabteilung des Amtsgerichts, dort saß er Tag für Tag ohne Publikumsverkehr in einem Büro, das mit seinen durchgebogenen Aktenregalen arg nach 19. Jahrhundert aussah. Dem wollte er entfliehen und vermutete, dass beim Sender die Büros schöner, die Arbeit weniger, die Bezahlung besser und eine besondere Qualifikation nicht nötig wäre. Er fragte mich: „Sag mal, gibt es bei euch dort oben nicht eine Stelle, wo ich meinen Schreibtisch habe und in Ruhe meinen Roman schreiben kann?" Er meinte, das gehöre zum mäzenatischen Auftrag einer öffentlich-rechtlichen Anstalt. Ich legte ihm dar, dass es solche Pöstchen jedenfalls zum damaligen Zeitpunkt nicht mehr gab, aber ich merkte, er glaubte mir nicht, er hatte den Verdacht, ich wollte ihm dieses Privileg nicht gönnen. Bald darauf ging er bei Gericht auf eine Halbtagsstelle und schrieb den Roman in seiner Freizeit.

Aus meiner Zeit erinnere ich mich nur an einen einzigen Fall von Nischenexistenz. Der Kollege hatte es verstanden hat, sich fast komplett aus den Abläufen seiner Abteilung herauszuziehen. Diesen Dispens von der Arbeit hatte er sich in jahrelangem Bemühen sozusagen erarbeitet. Er legte dabei eine solche Konsequenz an den Tag, dass man ihn schließlich nicht mehr in die Arbeit einbezog. Es gab Situationen, bei denen den Kollegen die Nerven flatterten, weil ein kurzfristig aufgetauchtes Thema schnell bearbeitet werden musste, aber alle Redakteure und festen Mitarbeiter bereits ausgelastet waren. Auch in solchen Situationen versuchte man eher, es doch irgendwie selber zu stemmen oder Mitarbeiter anderer Redaktionen zu verdingen, als dass ihn gefragt hätte.

Er war einfach zu anstrengend mit ihm. Telefonate dehnte er genüsslich aus; nachdem er die Nummer gewählt hatte, lehnte er sich im Stuhl zurück und legte die Füße auf den Schreibtisch, damit den Kollegen im Büro signalisierend, dass dies eine längere Angelegenheit würde. Offenbar saßen auch in den angerufenen Institutionen Leute, die genau so viel Zeit hatten wie er.

Es gab nur ein einziges journalistisches Thema, für das er als Experte galt; leider fiel es gar nicht ins Ressort seiner Abteilung. Wenn man ihn da um Mitarbeit bat, schilderte er nach alter Handwerkerart zunächst die Probleme, die der Erledigung des Auftrags entgegenstanden, um sich zuletzt als der einzige darzustellen, der in der Lage war, sie zu lösen.

Stellte man ihm eine einfache Informationsfrage, holte er mit seiner Antwort so weit aus und antwortete so umständlich, dass man als immer eiliger Journalist wie auf glühenden Kohlen saß. Er ließ sich bei seinen Ausführungen, solange man selber höflich blieb, nicht unterbrechen, so dass man es am Ende bereute, ihm je die Frage gestellt zu haben. Da sie nicht grob werden wollten, waren die Kollegen nach mehreren Vorfällen dieser Art auf den Trick verfallen, ihm Fragen nur zu stellen oder Gespräche zu beginnen, wenn es nur noch wenige Minuten bis zu einem Termin waren, dessentwegen man sich leider vorzeitig verabschieden musste.

Er war sehr stolz darauf, dass auch der gestrenge Hauptabteilungsleiter sich an ihm die Zähne ausbiss. Zweimal im Jahr, so schilderte er es voller Befriedigung, ließ der Vorgesetzte ihn kommen, um ihn zu fragen, was er eigentlich tue. Er antwortete dem Mann mit einem solchen Schwall von Details, dass der jedes Mal resignierte und ihn wieder an seinen Schreibtisch zurückschickte.

Auch als es kaum noch Nischen gab, in denen man sich vor der Arbeit verstecken konnte, war das System doch sehr nachsichtig mit seinen Leuten. Peter Maronde, der beliebte Moderator der Vormittagssendung mit dem Status eines freien Mitarbeiters, sprach spöttisch von den „behütenden Werkstätten SR". Der entscheidende Unterschied war der zwischen drinnen und draußen; selbst die freien Mitarbeiter, die überall Aufgaben von Redakteuren übernahmen und ohne die der Betrieb zusammengebrochen wäre, galten manchen Vorgesetzten als welche von draußen, die es eben nicht geschafft hatten, das Ziel aller Ziele, die Festanstellung, zu erreichen.

Beim Drinsein als Festangestellter spielte es keine Rolle, an welcher Stelle man hereingekommen war. War man einmal drin, dann konnte man von dort aus überallhin kommen.

Und wer einmal drin war, der wurde nicht mehr fallen gelassen. Ich habe nicht erlebt, dass einmal jemand wegen Fehlverhaltens rausgeworfen wurde. Da konnte ein Fernsehreporter immer mal wieder für eine, zwei Wochen im Alkoholrausch versinken, förmlich in der Gosse landen und ohne sich abzumelden nicht zum Dienst erscheinen; da konnte ein Redakteur durch Fehlplanung riesige Summen in den Sand gesetzt haben; ja da konnte herauskommen, dass ein Mitarbeiter für die Stasi Kolleginnen und Kollegen ausspioniert hatte – das System fing sie auf, sie durften weiter für den Sender arbeiten.

Häuptling Großer Schatten

Jeden Werktag um halb zwölf kamen alle aktuellen Redaktionen aus Hörfunk und Fernsehen zusammen, um die Themen des Tages abzustimmen. Seit ich Redakteur war, durfte ich auch teilnehmen. Zuerst hielt ich mich ganz zurück, trug nur kurz meine Themen vor und beobachtete ansonsten, was sich da abspielte. Oft war es nur Routine. Einer trug etwas vor, ein Schlauberger nannte einen Gesichtspunkt, den man unbedingt dabei berücksichtigen sollte. Oder einer bekam rote

Ohren, weil ein anderer ein Thema nannte, dass er selber nicht hatte. Verdeckte Schaukämpfe, moderiert vom Chefredakteur.

Eine Zeitlang war der Chefredakteur auch fürs Fernsehen zuständig. Nur, an Otto Klinkhammers Heimatort im Hochwald gab es keinen Fernsehempfang. Er trug die Verantwortung für ein Programm, das er nie sah. Am Morgen erhielt er die Beschwerdeanrufe aus der Staatskanzlei und aus den Parteizentralen, weil sich irgendjemand am Vorabend im „Aktuellen Bericht" nicht so dargestellt gesehen hatte, wie er es wünschte. Daraufhin fuhr Otto in der Halbzwölfsitzung den vortragenden Redakteur an: „Was habt Ihr denn da schon wieder gemacht!" Der Angesprochene, darauf vertrauend, dass der Chef nicht aus eigener Anschauung kannte, wovon er redete, entgegnete, der Kommentar habe gar nicht so gelautet, wie behauptet, oder die Meldung, deren Fehlen beanstandet wurde, sei bei uns doch schon am Vortag gelaufen. Klinkhammer konnte das im Moment nicht widerlegen, er drohte, sich im Anschluss an die Sitzung die Aufzeichnung genau anzusehen. Und kam nie mehr darauf zurück.

Der „Aktuelle Bericht" hatte zu der Zeit im Hause kein besonders gutes Ansehen. Während der Hörfunk über ein paar eifrige Spürhunde verfügte, galten die Kollegen vom Fernsehen als nicht sehr recherchefreudig. „Wie wir soeben aus der Lektüre der ‚Saarbrücker Zeitung' erfahren haben…", wurde ihre Arbeitsweise im Haus persifliert.

Aber auch der Hörfunk hatte seine schwachen Punkte, hier konnte der Chefredakteur besser nachhaken. Die Sportredakteure begriffen sich sowieso als Teil der großen Sportgemeinschaft, sie wollten ihren Kumpels von den Vereinen durch hartes Nachfragen oder durch Vorpreschen mit einer Insiderinformation nicht wehtun. Sie wären dann ja bei denen in Ungnade gefallen. Und die Aktienbesitzer aus der Wirtschaftsredaktion scheuten sich gelegentlich, ein heißes Eisen anzufassen, etwa die Vorgänge bei Asko, so dass Klinkhammer das Thema schließlich der Politikredaktion übertrug

Otto Klinkhammer war ein Mann mit einem zerknittertem Gesicht, das ihn unendlich alt und verschmitzt aussehen ließ, in Richtung Konrad Adenauer bzw. Indianerhäuptling. Er trug zwar etwas dickere Sohlen und höhere Absätze, ließ aber sonst keine Komplexe wegen seiner geringen Körpergröße erkennen. Er hatte Humor, Anspielungen auf seine Größe waren nicht tabu, in seinem Büro hatte er den Spruch hängen: „Wenn die Sonne tief steht, werfen auch kleine Menschen große Schatten."

An manchen Tagen wurde es spannend, wenn die Sitzung über die gegenseitige Abfragerei hinausging und es zu Diskussionen kam. Klinkhammer, CDU-Mitglied, in der Wolle gefärbter Konservativer, analysierte Politik ganz nüchtern als interessegeleitetes Handeln der wichtigen Personen. Sein Gegenspieler Martin Geiling war Politologe, hatte über den „konzeptionellen Wandel der amerikanischen Sicherheitspolitik gegenüber der Sowjetunion 1945 – 1963" promoviert. Dieser Redakteur aus der Abteilung Politik/Hörfunk war schon äußerlich das Gegenteil des Chefredakteurs: groß, mit imponierender Stimme, die er gern vorführte, Protestant, Pulloverträger, linksliberal, mit einem Hochdeutsch ohne Akzent. Freitagnachmittags verließ er das Haus mit einem Fanschal seines heimischen Darmstadt 98 um den Hals. Sowas hätte man sich bei Klinkhammer, dem Träger von Anzug mit Weste und Krawatte, nicht vorstellen können.

Für den Darmstädter war Politik der Kampf von Ideen. „Doktor", redete der Chefredakteur den Politologen mit einem nachsichtigen Unterton an, und diese Anrede sollte heißen: Du armer Theoretiker! Wenn es um Prognosen ging, hatte meistens Klinkhammer recht, nicht nur weil er die Machtstrukturen ganz nüchtern sah, sondern auch weil er gute Drähte in die Politik hatte und bestens informiert war.

Mit großem Interesse verfolgte ich die Diskussionen der beiden. Ansonsten wurde am Sender nicht theoretisiert, Theoretisieren galt als unjournalistisch, abgehoben, Zeitverschwendung, man musste machen, nicht schwätzen.

Kultur

Begonnen hatte ich meine Radiolaufbahn auf dem im Hintergebäude untergebrachten Kulturflur, meine erste Anlaufstelle war die Literatur. Hier saßen auch das Hörspiel, das Feature, die Wissenschaft, der Frauenfunk. Es herrschte ein weniger von Rivalitäten geprägtes Klima als in anderen Bereichen des Hauses, man war sich einig in der Opposition gegen den Vorgesetzten und in der Abwehr des ringsum herrschenden Banausentums, und man wurde von den anderen auch als eine Sippe wahrgenommen. Das Programm, das hier gemacht wurde, nannte sich vornehm „Studiowelle".

Man spürte gleich, dass auf dem Kulturflur eine ganz eigene Atmosphäre herrschte. Hier war es ruhiger, und man hatte mehr Zeit. Nicht dass die Leute hier weniger fleißig gewesen wären, aber sie gingen mit ihrer Zeit anders um, und es gehörte nicht zum guten Ton, immer abgehetzt zu erscheinen. Nicht alle saßen pünktlich um 9 in ihrem Büro, aber wusste man denn, ob sie nicht zu Hause schon etwas gelesen, mit einem Autor telefoniert, sich konzentriert Gedanken gemacht hatten? Hier wurde sogar gelesen, es wurden nicht nur Meldungen überflogen. Man las sorgfältig auch längere Texte, redigierte Manuskripte, diskutierte mit Autoren, diskutierte untereinander.

Die Leute von SR 1 und von SR 3 hatten das Gefühl, dass sie in emsiger Arbeit die Massen versorgten und die Moneten einbrachten, während die von SR 2 für ihr Luxusangebot das Geld zum Fenster hinauswarfen. Für die Kulturleute sah das anders aus, auch wenn nicht jeder das so drastisch formulierte wie der Literaturredakteur Arnfrid Astel. „Kann man der einzigen tugendhaften Tochter denn vorwerfen, dass die beiden Schwestern auf den Strich gehen?", fragte er bei einer Personalversammlung. Mit „auf den Strich gehen" war gemeint: das Programm nach den Bedürfnissen der Werbung ausrichten. SR 2 war ja werbefrei.

Die Redaktionen von SR 2 überzogen immer wieder ihre Etats. Der Hauptabteilungsleiter machte ihnen dann einen Finger, stieß nicht ernst genommene Drohungen aus für den Fall, dass das im kommenden Jahr wieder passiere, und glich das Defizit aus eigenen Mitteln aus, über die er heimlich verfügte. SR-2-Redakteure kümmerten sich auch nicht um Quoten. Sie beurteilten Sendungen nach ihrer Qualität, und was Qualität war, das bestimmten sie selber.

Einmal in der Woche war Sitzung beim Hauptabteilungsleiter Hans Jürgen Koch, der anders als manche seiner Redakteure keinen Doktortitel hatte. Mein hierarchiebewusster Abteilungsleiter Dr. Reichert gönnte seinem Hauptabteilungsleiter nur ausnahmsweise die Ehre seiner Anwesenheit in diesen Sitzungen, da er ja, wie berichtet, als Sendeleiter selber ein Hauptabteilungsleiter war. Wurde er wegen eines bestimmten Punktes einmal herzitiert, betrat Reichert den Raum erst, wenn die Sitzung bereits begonnen hatte, bestand darauf, dass sein Punkt vorgezogen wurde, und verschwand danach gleich wieder.

Auch die anderen Abteilungsleiter und Redakteure erwiesen dem Hauptabteilungsleiter nicht den ersehnten Respekt. Die Leiterin der Abteilung Bildung und Erziehung, Dr. Erika Ahlbrecht-Meditz, absolvierte die Sitzung meditierend, mit geschlossenen Augen. Dr. Jürgen Albers, Redakteur der Sachbuchsendung „Fragen an den Autor", las in dem am folgenden Sonntag zu besprechenden Buch und bestand darauf, er könne durchaus gleichzeitig der Sitzung folgen. Der Hörspielchef Werner Klippert lachte während der Ausführungen des Sitzungsleiters gelegentlich höhnisch auf und raunte, weil schwerhörig, seinem Nachbarn zu laut ins Ohr. Arnfrid Astel von der Literatur, auch ein rarer Gast, spitzte, wenn die Reihe an ihn kam, das Sitzungsprotokoll zu schreiben, seinen Text aphoristisch zu und machte daraus eine Satire.

Der Hauptabteilungsleiter hielt auf Distanz, litt aber gleichzeitig unter ihr. Deshalb hatte er sich vom Sender einen teuren Schreibtisch anschaffen lassen, der im Katalog des Herstellers als „Modell Kooperation" verzeichnet war. Das Möbel war groß und hatte einen gewissen Schwung, und die Idee war, dass sich alle an der Vorderseite und den gerundeten Seiten gruppieren sollten, wobei der Chef jedoch allein dahinter sitzen wollte. Aber niemand folgte der Einladung zur Nähe, alle drängten so weit wie möglich weg von diesem Tisch, rückten mit ihren Stühlen bis an den Einbauschrank an der gegenüberliegenden

Wand. Nur Elisabeth Sossong war frech genug, sich einmal allein zum Chef an den Tisch zu setzen. Und was hatte sie davon? In der Woche darauf warf er ihr vor, sie habe auf der schwarzen Oberflächenpolitur einen Kratzer hinterlassen.

Der Widerwille gegen diese Sitzung lastete im Raum und verwandelte sich im Lauf der anderthalb Stunden in Müdigkeit; auch länger währende ununterbrochene harte Arbeit hätte nicht das gleiche Gefühl von Erschöpfung hervorrufen können. Es herrschte Konsens, dass diese Sitzung mehr als überflüssig war.

Aber wann hatte so ein armer Hauptabteilungsleiter sonst schon die Gelegenheit, physisch zu erleben, dass er der Chef war? Die Redaktionen arbeiteten selbständig vor sich hin und füllten routiniert ihre Sendekästchen im Programm. Da bekam kein Chef den Fuß zwischen die Tür. Eigentlich sollte die gemeinsame Sitzung ja die Gelegenheit bieten, gelaufene Sendungen zu kritisieren. Aber kein Redakteur ließ Kritik des HA-Leiters gelten, sie wurde müde zurückgewiesen.

Da er kaum eine Chance hatte, ins Räderwerk des laufenden Programms einzugreifen, verfiel er auf die Idee, an Feiertagen oder zu sonstigen besonderen Anlässen das Sendungsschema außer Kraft zu setzen und durch die Vorgabe anderer Formen, anderer Inhalte dem Programm wenigstens ab und zu seinen Stempel aufzudrücken. An diesen Sondersendungen bastelte er gern herum, plante sie monatelang. Die Schar seiner Untergebenen folgte ihm missmutig und versuchte ihm schon im Vorfeld so viel wie möglich abzuschminken. Leider konnte man mit dem in der Regel durchschlagenden Argument „zu teuer!" nicht kommen, denn für solche Gelegenheiten hatte er ja seinen eigenen Fonds, aus dem er die Zusatzkosten bestreiten konnte. Die Redakteure maulten: Was hätte man mit dem Geld für schöne Alltagssendungen machen können!

Eine andere Methode von Führungskräften, sich des Gefühls der Überflüssigkeit zu erwehren, bestand darin, am grünen Tisch neue Strukturen für Programm und Personal zu entwerfen. Ihre Reformen leiteten sich nie aus konkreten Problemen ab, die bei der Arbeit entstanden. Sie lebten in anderen Bezügen, einer Welt für sich, Bezugspunkt des mittleren Managements waren nicht die Anforderungen des

Programms, der Macher, der Hörer, sein Hauptbezugspunkt war das Management eine Stufe über ihm. Dem gegenüber mussten sie sich bewähren.

Auf dem Papier sahen die Strukturen, die sie sich ausdachten, oft sehr stringent aus, logischer als das in Jahrzehnten gewachsene bzw. gewucherte Dickicht. In der Praxis aber hat es selten funktioniert, die Beharrungskräfte waren stärker. Das Beste, was das Fußvolk von den Häuptlingen erwartete, war, dass sie so wenig Schaden wie möglich anrichteten.

Ein Traum von einer Sendung

Der Moderator der Sonntagsnachmittagsendung war gestorben, und die Redaktion suchte nach einem neuen Moderator, einem neuen Konzept. In einer der Sitzungen wurde auch ich gefragt, wie mir denn die alte Sendung gefallen habe. Zu meiner Schande musste ich gestehen, dass ich sie nie gehört hatte. Warum nicht? Weil ich sonntags genau um diese Zeit, wenn ich nicht im Einsatz war, einen Mittagsschlaf zu halten pflegte. Ob ich denn wenigstens interessante Träume hätte? Ja, meistens. Und woher ich das wisse? Weil meine Mutter es mir hinterher berichtete. Die Mutter? Woher wisse die, was ich träume?

Nun musste ich erzählen, dass ich sonntags, wenn ich, wie gesagt, nicht beruflich unterwegs bin, bei meiner Mutter zu Mittag esse und mich nach der in der Regel recht gehaltvollen Mahlzeit bei ihr auf dem Sofa für ein halbes Stündchen aufs Ohr lege. Aber meine Mutter könne doch nicht in meinen Kopf schauen! Das nicht, aber offenbar habe ich die seltsame Angewohnheit, während des Schlafs laut meine Träume zu reportieren, so dass meine Mutter sie mir hinterher genau wiedergeben könne. Verständnislose Blicke. Zu meiner Rechtfertigung fügte ich hinzu: „Einmal Reporter, immer Reporter!“

Das hätte ich nicht sagen sollen. Schon zückte der Redaktionsleiter seinen Geldbeutel, stocherte mit dem Zeigefinger im Münzfach herum und überreichte mir dann feierlich einen Groschen. Den gab es von ihm immer, wenn einer der Mitarbeiter eine Idee hatte. Aber was war meine Idee gewesen? „Wir haben ein Konzept für unseren Sendeplatz, jedenfalls so lange, bis ein neuer Moderator gefunden ist“, sagte der Chef.

Am folgenden Sonntag lag ich um 14 Uhr auf einer Pritsche im Hörfunkstudio und wartete auf den Schlaf. Mein Einwand, dass mein Mittagsschlaf in der Regel nur eine halbe Stunde dauere, hatte nicht gezogen. Dann werde man eben den Rest der Stunde mit Anmoderation, Nachbesprechung und Musik füllen.

Bei diesem ersten Termin fand ich keinen Schlaf, so oft der Moderator auch fragte: „Hallo, schläfst du schon?“ Mit Gesprächen über Schlafen und Träumen im Allgemeinen und mit viel Musik kamen wir über die Runden. Wir betrachteten diesen ersten Termin einfach als Trailer für die kommenden Sendungen.

Da die ungewohnte Situation im Studio als Ursache für meine Schlaflosigkeit ausgemacht wurde, durfte ich mich am Sonntag darauf aufs gewohnte Sofa in der Wohnung meiner Mutter legen, vorm Haus fuhr der kleine Ü-Wagen seine Antenne aus. Damit ich diesmal garantiert Schlaf finden würde, hatte ich vorher Schlaftabletten eingenommen. Ich nehme sonst nie Schlaftabletten, kannte mich deshalb mit der Dosierung nicht aus. Das Ergebnis: Ich schlief während der ganzen Sendung und darüber hinaus. Mein Schlaf war so tief, dass die verzweifelten Weckrufe des Moderators nichts ausrichten konnten. Armer Kollege, er musste die ganze Sendung allein bestreiten. Glücklicherweise schnarchte ich wenigstens, so dass hin und wieder meine Schlafgeräusche eingeblendet werden konnten.

Normalerweise wäre die Serie damit zu Ende gewesen. Aber weil es immer noch kein neues Konzept für den Sendeplatz gab, griffen sie noch einmal auf mich zurück. Diesmal durfte wirklich nichts schief-

gehen. Ich bereitete mich gründlich vor, las mich in die Schlaf- und Traumforschung ein, beschäftigte mich mit aufgezeichneten Traumprotokollen, zog sogar Romane mit entsprechenden Stellen zu Rate. Als es so weit war, lieferte ich endlich ab, was man von mir erwartete. Ich erzählte die phantastischsten Begebenheiten, ließ vor dem inneren Auge des Zuhörers die wunderlichsten Gestalten erstehen – alles hatte ich mir genau zurechtgelegt und spulte es ab, indem ich den Schlafenden mimte. Der Chef war begeistert.

Inzwischen war das neue Konzept für die Sonntagsnachmittagsendung gefunden, da der neue Moderator aber erst in der übernächsten Woche anfangen konnte, musste ich doch noch einmal ran. Mir war jetzt alles egal. Ich war völlig entspannt, nahm keine Schlaftabletten, bereitete mich nicht vor. Ich legte mich einfach hin, schlief ein und träumte. Es muss sehr peinlich gewesen sein. Ausgerechnet an diesem Tag spukten in meinem Traum die tollsten erotischen Phantasievorstellungen herum, Dinge, die ich bei wachem Verstand nie zu tun, nicht auszusprechen, ja nicht einmal zu denken gewagt hätte. Es muss, auch in der Wortwahl, überaus drastisch gewesen sein, und ich kam von diesem Thema gar nicht mehr los, so dass ihnen schließlich nichts anderes übrigblieb, als mir den Ton abzudrehen.

Rein finanziell hat sich das Intermezzo mit den Traumreportagen für mich gelohnt. Ich konnte mir sagen, dass ich mein Geld quasi im Schlaf verdient hatte. Aber ich wusste, dass es journalistisch ein großer Reinfall gewesen war. Ich erkannte ein für alle Mal: Man soll seine Träume nicht verkaufen.

Fernsehen ist anders

Ich hatte gerade im Radio Fuß gefasst und dachte nicht an einen Wechsel. Ich liebte das Medium, fühlte mich wohl in der Abteilung

Regionale Kultur, die inzwischen von der kompetenten Elisabeth Sossong in kameradschaftlichem Stil geführt wurde. Doch Fred Oberhauser wollte mir unbedingt auch noch das Fernsehen beibringen. Er selber, eigentlich Literaturredakteur im Hörfunk, tanzte ja auf beiden Hochzeiten. Je näher sein Rentenbeginn rückte, desto drängender wurde er, irgendwie hatte er das Gefühl, er müsste mich fördern, mir zu einem zweiten Standbein verhelfen.

Als die Zeit, in der Fred mir noch helfen konnte, fast abgelaufen war, gab ich nach. Ich lernte das Fernsehen von hinten her, vom Schnitt, und das war keine schlechte Methode. Beim Schnitt fällt dir das auf die Füße, was du beim Dreh verpatzt hast.

Fred, der beim Fernsehmagazin „Kulturspiegel" nicht nur moderierte, sondern auch in der Redaktion mitmischte, schickte mich in den Schnitt mit einem erfahrenen Filmemacher, der gerade einen Magazinbeitrag abgedreht hatte. Wolfgang Felk sträubte sich nicht dagegen, hier einem potenziellen Konkurrenten den Weg zu bereiten, er dachte nicht in diesen Kategorien. Die meisten dachten nicht so. Also setzte ich mich in den Schnittraum und sah staunend zu, wie aus zahllosen Bild- und Tonschnipseln ein abgerundetes Ganzes entstand. Und ich lernte die ersten Fachausdrücke, zum Beispiel, dass eine Großeinstellung keine war, bei der man einen besonders weiten Ausschnitt sah – das war die Totale. Groß hieß im Gegenteil so viel wie nah, Details wurden groß sichtbar, etwa ein bildschirmfüllendes menschliches Gesicht.

Die Schnitträume waren ein Reich für sich. Wer hier hereinkam, merkte sofort, dass er eine besondere Sphäre, eine Sphäre der Frauen betrat. Im Flur lag ein bestimmter Duft, eine Mischung aus Parfüm, Kaffee und Zigaretten, und als Mann spürte man gleich, dass man ein bisschen leiser aufzutreten hatte als üblich, statt der Hast in den Redaktionsräumen herrschte hier die konzentrierte Ruhe eines feinmechanischen Handwerksbetriebs. Manche Türen standen zum Flur hin offen, bei anderen sah man durch das Riffelglas hindurch Cutterin und Filmemacher konzentriert auf den Monitor schauen.

Zentral saß in ihrem Büro die Chefin Ilse Laudenklos, eine kleine, schmale, kettenrauchende Person mit Pagenfrisur, eine Frau wie aus einem alten Film, aus einer anderen Epoche als ihre Mitarbeiterinnen. Sie und ihre Disponentin trugen mit Bleistift in einen großen Kalenderbogen ein, welcher Realisator wann welcher Cutterin zugeteilt wurde.

Welche Idee dahinter stand, mich mit meinem ersten Film einer schönen Iranerin zuzuteilen, weiß ich nicht. Jedenfalls nahm sie den Anfänger ohne Herablassung unter ihre Fittiche und machte aus dem Filmmaterial, das ich mitgebracht hatte, das Bestmögliche. Wenn etwas nicht so war, wie sie es gut gefunden hätte, verlor sie vorübergehend ihre Abgeklärtheit und schimpfte, aber nicht auf mich, sondern auf den Kameramann. Dankbar nahm ich ein ganzes Bündel von Lehren mit, worauf ich beim nächsten Dreh achten müsse.

Ich lernte, dass der Unterschied zwischen Hörfunk und Fernsehen zwar schnell beschrieben ist, dass es aber gar nicht so einfach ist, das in all seinen Konsequenzen zu begreifen.

Es klingt trivial: Im Radio braucht man keine Bilder, im Fernsehen schon. Das heißt, im Radio kann man alles darstellen, man muss es nur aussprechen und das Gesprochene auf Band aufnehmen. Im Fernsehen kann man etwas nur erzählen, wenn man Bilder hat. Wenn man keine Bilder hat, kann man nichts erzählen. Das führt manchmal dazu, dass über Unwichtiges berichtet wird, nur weil man dazu gute Bilder hat, und Wichtiges weglässt oder knapphält, weil die Bilder fehlen.

Bilder fehlen oft. Sie fehlen, wenn es um Vorgänge aus der Zeit vor Film und Fernsehen oder um abstrakte Zusammenhänge geht; wenn jemand, über den man berichten will, nicht mitwirkt, oder wenn man zu einem Gelände keinen Zutritt bekommt; wenn die Sache aus ethischen oder ästhetischen Gründen vielleicht sagbar ist, aber nicht illustriert werden kann.

Und wenn man die Bilder beisammen hat, gibt es ein anderes Problem: Man kann bewegte Bilder nicht beliebig aneinanderreihen und Einstellungen nicht willkürlich kürzen; dafür herrschten damals noch strenge formale Regeln. In Bewegungen durfte nicht geschnitten werden, ein Kameraschwenk musste ausgekostet werden, bis er zum Stillstand kam. Oft brauchte man Zwischenschnitte, um von einer Einstellung zur nächsten zu kommen. Wenn innerhalb eines Statements, das im On gezeigt wurde, gekürzt werden sollte, behalf man sich mit einem später gedrehten Rücksprung von der nahen Einstellung in die Totale, bei der durch die räumliche Entfernung nicht mehr erkennbar war, dass die Lippen des Sprechenden sich für ein paar Sekunden nicht synchron bewegten, oder man zeigte, für den Zuschauer völlig sinnlos, groß die Hände. Wehe, man hatte vergessen, solche Einstellungen zu drehen, dann kam man beim Schnitt in die Bredouille und die Cutterin schimpfte.

Am schwersten zu verwinden war für alle, die von einem Textmedium zum Fernsehen gekommen waren, dass hier das Wort nur eine untergeordnete Rolle spielte. Text ist beim Fernsehen nur gefragt, wenn die Bilder und die O-Töne und die Geräusche es nicht allein schaffen, die Geschichte weiterzuerzählen. Dann muss der Text einspringen. Aber es muss eine ganz andere Art von Text sein als bei der Zeitung. Der Text hat im Fernsehen nur Hilfsfunktion, ist nichts Eigenständiges. Es müssen ganz unkomplizierte Satzkonstruktionen sein, ohne Selbstgefälligkeit, ohne Schnörkel, ohne Fremd- oder sonstwie ungewöhnliche Wörter. Man muss alle Autoreneitelkeit vergessen, der Text soll auf Anhieb verständlich sein und auch nur das Nötigste sagen. Und vor allem kurz soll er sein; denn die Passagen, die die Filmemacher beim Schnitt fürs Drübertexten gedacht haben, sind filmisch die ödesten. Unter diesen Einschränkungen dennoch pfiffige Texte abzuliefern, ist eine Kunst für sich.

Ich begann, regelmäßig Beiträge für den „Kulturspiegel" zu drehen. Das ging nur mit dem Wohlwollen meiner Hörfunkredaktion, denn für einen Beitrag von fünf oder sechs Minuten war man gut eine Woche lang beschäftigt, von der Recherche über den ein- bis zweitätigen Dreh, über den Schnitt, für den immer zwei Tage angesetzt wurden, übers Texten (ein Tag) bis zur Tonmischung im Synchronstudio.

Das Schöne beim Radiomachen war: Man hatte das Gelingen von Beiträgen weitgehend selber in der Hand. Man zog allein mit seinem Aufnahmegerät los und war Reporter und Techniker in einer Person.

Das Komplizierte beim Filmemachen waren die anderen. Man konnte es damals noch nicht allein. Beim Dreh war man angewiesen auf den

Kameramann und dessen Assistenten, den Tonmann und den Beleuchter. Im Hörfunk konnte man, ohne vorher große Dispositionen zu treffen, allein mit seinem Aufnahmegerät losziehen. Man verunsicherte die Interviewpartner nicht durch den Aufbau einer großen Apparatur, man konnte so viel Material aufnehmen, wie man wollte, und bevor man in den Schnitt ging, konnte man sich die Aufnahmen schon mal anhören.

Im Fernsehen konnte jeder der Beteiligten genau das oder noch Besseres, als du es dir ausgemalt hattest, aus dem Projekt herausholen, aber er konnte es dir auch verderben. Für den Reporter war es ein Roulette, wen er zugeteilt bekam. Und das Team hatte auch nicht dir Wahl, mit wem es zusammenzuarbeiten hatte. Der Reporter bestellte bei der Produktionsabteilung ein Team für einen bestimmten Termin, und dann war es immer wieder eine Überraschung, mit wem die Dispo ihn zusammengespannt hatte. Nicht alle hatten Lust auf dich als Realisator, auf dein Thema, auf die Arbeit überhaupt. Dann musste der Reporter, bevor es um Inhaltliches ging, erst einmal Seelenmassage betreiben. Er musste um den guten Willen beim Team werben, mit Anordnung und Befehl funktionierte es nicht. Die Hierarchiefrage zwischen dem Reporter und dem Team stellte man besser nicht. Wenn der Tontechniker als erstes die Frage stellte, wann und wo Mittagspause gemacht würde, und wenn der Kameramann dir mitteilte, man müsse zügig arbeiten, weil er um 17 Uhr einen Tennisplatz gebucht hatte, dann durfte man dadurch nicht die Zuversicht verlieren, dass es ein guter Arbeitstag werden würde.

Und wenn man das nötige Fingerspitzengefühl hatte, wurde es das meistens auch. Aber eines musste man von vornherein einkalkulieren: Bei so vielen Beteiligten – hinzu kam ja noch die Cutterin, der Techniker im Synchronstudio, die Sprecherin oder der Sprecher – konnte man im Fernsehen nie zu hundert Prozent seinen Plan umsetzen. Jeder aus dem Team machte etwas schlechter oder besser, als man es sich ausgedacht hatte, oder einfach anders. Wenn am Ende sechzig oder siebzig Prozent deines Konzepts umgesetzt waren, hattest du Erfolg gehabt. Es war am besten, nicht von einer Eins-zu-eins-Umsetzung seines Konzepts auszugehen, sondern einen flexiblen Rahmen zu setzen, der erst im Team endgültig ausgefüllt wurde.

Umzug

Während ich beim „Kulturspiegel" von Film zu Film dazulernte, war ich noch freier Mitarbeiter beim Hörfunk, bis ich eines Tages die Chance erhielt, dort als Redakteur fest angestellt zu werden. Und obwohl der Zeitpunkt mir gar nicht passte, weil ich als Mitarbeiter für Hörfunk und jetzt auch Fernsehen gerade so richtig ins Geschäft gekommen war, griff ich zu; denn ich zweifelte daran, ob ich jemals eine zweite Chance auf eine Festanstellung bekommen würde.

Als Hörfunkredakteur machte ich so gut wie keine Filme mehr. Bis nach vier Jahren im Fernsehen die Redakteursstelle beim „Kulturspiegel" ausgeschrieben war. Viele bewarben sich, im Sender galt die Faustregel, man müsse sich auf jede, egal welche freiwerdende Stelle im Haus bewerben, wenn man jemals eine Festanstellung bekommen wollte.

Ich kann mich noch erinnern, dass ich Kollegen ermuntert habe, sich auf die „Kulturspiegel"-Stelle zu bewerben, aber zwei Tage vor Ablauf der Frist kam mir, während ich morgens zu Hause unter der Dusche stand, unvermittelt der Gedanke: Warum bewerbe ich mich eigentlich nicht?

Ich bewarb mich, und ich bekam die Stelle. Nur, die Stelle, die ich bekommen sollte, gab es gar nicht. Weil sie eine Zeitlang nicht besetzt gewesen war, war sie abgewandert. Das war die Formulierung dafür, dass eine andere Abteilung sie sich unter den Nagel gerissen hatte. Im Gegenzug musste nun, um mich unterzubringen, anderswo im Haus eine unbesetzte Stelle gefunden werden.

Da es aber keine volle unbesetzte Stelle gab, wurde meine aus einer halben und zwei Vierteln zusammengeflickt. Im Stellenplan hat man nämlich kein eigenes Profil, ist kein Individuum, sondern durchaus teil- und neu zusammensetzbar. Bei Licht betrachtet, ist das eine sehr merkwürdige Vorstellung.

Aber damals empfand ich es als Skurrilität. Mich erheiterte die Vorstellung, dass Leute in Führungspositionen an ihren Schreibtischen

Stunden mit solchen Puzzlespielen verbrachten. Ich packte meine Sachen in Kisten, beauftragte den Hausdienst mit dem Umzug vom mittleren in den seitlichen Bau und verabschiedete mich von den Kolleginnen und Kollegen im Hörfunk mit der Versicherung, dass ich ja nicht aus der Welt sei. Welch ein Irrtum.

Hörfunk und Fernsehen waren zwei Welten. Sie hatten nichts miteinander zu tun, außer dass die Produkte jeweils einer „Schnitt" genannten Behandlung unterzogen und dann stumm und unsichtbar durch die Luft verschickt wurden, um schließlich bei den Kunden zu Hause in unterschiedlichen Kästen zu landen, die sie zurückverwandelten und wieder hör- und sichtbar werden ließen. Diese kleine technische Gemeinsamkeit von Hörfunk und Fernsehen genügte, ihre Herstellung und ihren Vertrieb von ein und demselben Betrieb erledigen zu lassen.

Da es, als das Fernsehen eingerichtet wurde, noch keine Menschen mit Fernseherfahrung im Saarland gab, bastelten die Techniker sich nach dem Prinzip von Versuch und Irrtum im ehemaligen Pferdestall auf dem Halberg ein Studio zurecht. Und man irritierte die Zuschauer, indem man auf Moderatoren aus dem Radio zurückgriff, von denen die Leute sich auf Grund ihrer imponierenden Stimmen ein ganz anderes Bild gemacht hatten.

Als ich ins Fernsehen überwechselte, hatten sich längst eigene Fernsehgewächse herausgebildet, Techniker mit Erfahrung im Herstellen und Senden, Moderatoren, die man gerne anschaute, und Journalisten, die mit Bildern erzählen konnten. Von denen waren allerdings immer noch die meisten nicht gleich ins Fernsehen eingestiegen, sondern hatten den Umweg über den Hörfunk genommen. Unausgesprochen, und ungerechterweise, galt die Arbeit fürs Fernsehen als Aufstieg.

Im März 1992 zog ich um ins Fernsehgebäude, auch hier in die Regionale Kultur. Ich war so stolz und beschwingt, dass es mich mehrere Wochen lang wie auf Flügeln durch das Haus trug. Eine Kollegin sprach mich in den ersten Tagen im Treppenhaus an und sagte: „Sie sehen so glücklich aus!" Im Lauf der Jahre ebbte die Euphorie ab, aber gern habe ich diese Arbeit bis zum Schluss gemacht.

Mein Zimmer lag auf der einen Seite neben dem Sekretariat, das des Abteilungsleiters auf der anderen Seite. Zwischen seinem Raum und dem der Sekretärin gab es eine Tür, die immer offenstand. Ich wollte mir auch so eine Tür in meine Wand brechen lassen, aber die Bauabteilung sagte mir, das sei aus statischen Gründen nicht möglich, es sei eine tragende Wand. Also saß ich allein und abgeschlossen in meinem Büro. Ich begriff, die Einsamkeit war ein Teil des Preises, den man als Inhaber eines Amtes zu zahlen hat. So oft es ging, verließ ich meinen Raum, ging, statt zu telefonieren, zu den Kolleginnen und Kollegen hin und redete von Angesicht zu Angesicht mit ihnen. Später, im Rahmen einer Neuaufteilung der Räume auf unserem Flur, bekam ich dann meine Tür zum Sekretariat.

Der „Kulturspiegel" gehörte zu den ältesten Fernsehformaten des Saarländischen Rundfunks, und auch wenn er in letzter Zeit seinem guten Ruf nicht immer gerecht geworden war, genoss er innerhalb und außerhalb des Hauses doch noch ein hohes Ansehen, es war geradezu ein Privileg, für die Sendung arbeiten zu dürfen, auch die Kameraleute waren motiviert, denn hier boten sich ihnen Gestaltungsmöglichkeiten, die sie anderswo nicht hatten.

So viel wusste ich: Man musste die Grausamkeiten am Anfang begehen. Und so trennte ich mich von ein paar Mitarbeitern, die mein Vorgänger noch mitgeschleppt hatte, weil sie alte Wegbegleiter waren.

Wenn ich daran dachte, wer als Realisator für die Sendung arbeitete, platzte ich vor Stolz, sie in meiner Redaktion zu haben. Alles junge Kolleginnen und Kollegen, die ich fachlich und menschlich sehr schätzte. Wolfgang Felk, der mit seinen pfiffigen Umsetzungsideen und pointierten Texten für viele ein Vorbild war. Katharina Fiedler, die Zugang zu Menschen aller Schichten fand, von der Arbeiterfrau aus Burbach bis zur Schlossbesitzern in Lothringen. Ingrid Hessedenz, die Vielseitige, ausgebildete Lehrerin, ausgebildete Schauspielerin, Regisseurin, Autorin. Helga Knich-Walter, die Architektur-Expertin, die leider später zur Regierung überwechselte, zuletzt als Leiterin der Kulturabteilung im Kultusministerium. Maria C. Schmitt, die einzige im ursprünglichen Team mit Doktortitel, Fachfrau für Literatur, die mit ihrer mädchenhaft strahlenden Art Licht in die Redaktionsstube brachte.

Das war die Mannschaft, die ich vorfand. Meine große Enttäuschung war: Weil sie alle so gut waren, haben sie sich nach und nach vom Magazinjournalismus entfernt und haben den Schritt zur größeren Form gemacht, zum Feature, überwiegend zu den kulturellen Reisefeatures. Sie standen mir also nur noch von Fall zu Fall für den „Kulturspiegel" zur Verfügung, in den Pausen zwischen den großen Produktionen, vornehmlich also im Winter. Von Teambildung konnte da keine Rede mehr sein.

Da man so keine Sendung machen kann, sah ich mich nach neuen Mitarbeiterinnen und Mitarbeitern um und konnte auch etliche sehr gute Leute gewinnen. Das waren nun „meine" Mitarbeiter.

Neben denen, die nur Filmbeiträge drehten, brauchte ich auch jemanden, der mir bei der redaktionellen Arbeit half. Peter Kruchten besaß die nötige Themen- und Filmkompetenz, und er hatte auch das Fingerspitzengefühl im Umgang mit den Kolleginnen und Kollegen. Leider dauerte die Zusammenarbeit nur ein paar Monate, denn Peter bekam die Chance, regelmäßig für die Reiseredaktion zu drehen und für seine Reportagen die halbe Welt kennenzulernen.

Und noch einmal hatte ich großes Glück, und diese Zusammenarbeit sollte dauern, bis ich in Rente ging und sie nach einer Übergangszeit meine Nachfolgerin wurde. Sabine Janowitz entschied sich, den „Aktuellen Bericht" zu verlassen und als feste freie Mitarbeiterin zu uns überzuwechseln. Solche Wechsel waren nicht einfach, sie mussten durchgesetzt werden, weil jede Redaktion die Freien als ihr Eigentum betrachtete. Sabine, gelernte Dolmetscherin, war für viele Themen einsetzbar. Vor allem aber ergänzten wir uns gut in der Redaktion. Es gab zwischen uns keine Rivalität, wir respektierten einander, ich wusste, sie hatte dort Stärken, wo ich Schwächen hatte, die sie ganz richtig erkannte. Zum Beispiel war sie im Haus viel besser vernetzt als ich; wenn ich sie an ihrem Schreibtisch sitzen und mit Kolleginnen und Kollegen telefonieren sah, kam sie mir vor wie eine Spinne, die an ihrem Netz webt. Und das Netz, das sie spann, kam immer wieder der Redaktion zugute.

Sabine war zu Hause die große Schwester gewesen, und sie nahm auch im Beruf immer wieder Leute unter ihre Fittiche. Zum Beispiel mich, ihren Chef. Ihr uneigennütziges Bestreben, mir Arbeit abzunehmen, war so groß, dass ich sie immer wieder ermahnen musste, sich nicht zu übernehmen. Als Sabine dann meine Nachnachfolgerin wurde, hatte sie es schwerer, als ich es gehabt hatte: Sie hatte keine Sabine an ihrer Seite.

Fred!

Das ist wieder mal typisch. Du meldest dich zu Wort, statt darauf zu warten, bis du vielleicht aufgerufen wirst, und bittest lautstark darum, jetzt endlich mal ordentlich hier eingeführt zu werden.

Aber du hast ja recht, du bist in diesem Text schon mehrmals erwähnt worden, aber ich habe dich noch gar nicht richtig vorgestellt. In meinem Buch „Bloß keine Einzelheiten!" kommst du zwar ausführlich vor, und du warst auch damit einverstanden, wie ich dich dort charakterisiert habe; aber wer erinnert sich daran?

Lieber Fred, wir mochten dich alle, aber ein bisschen leiser hättest du schon sein können. Du hast es einem nicht leicht gemacht, es dauerte eine Zeitlang, bis ich deine Bedeutung erkannte. Du hast zu den Leuten gehört, deren Größe nicht an ihrem hierarchischen Rang ablesbar ist. In deinem Hauptjob warst du einfacher Redakteur in der Literaturabteilung. Dein Chef Arnfrid Astel und du, ihr wart zu verschieden, als dass ihr euch hättet gegenseitig anerkennen können. Aber Astel ließ dich machen, nicht nur, weil es seinem Selbstbild widersprochen hätte, dich zu beaufsichtigen und zu gängeln, sondern weil er es aufgegeben hatte. Du warst einfach nicht einzufangen, weil du nicht nur für die Literatur, sondern auch für Reicherts Regionale Kultur unterwegs warst und im Fernsehen den „Kulturspiegel" moderiert und de facto auch die Redaktion gemacht hast.

Als ich 1971 beim Hörfunk auftauchte, hast du in mir sofort einen Gleichgesinnten erkannt, weil ich in meiner Zeitschrift „Einzelheiten" ein paar Erwähnungen Saarbrückens in der Literatur aufgeführt hattest, die du noch nicht kanntest. Während ich keinen Grund sah, mich zwischen Astel und dir zu entscheiden, hast du gleich versucht, mich auf deine Seite zu ziehen. Mit Buchbesprechungen konnte ich mir Geld verdienen, kam aber auch als Autor zu Wort. Eine kleine Hörfunkserie wurde zur Grundlage meines Buchs „Ein Kind der 50er Jahre". Nachdem Ludwig Harig abgesagt hatte, hast du mich zum Mitherausgeber der Anthologie „Ein saarländisches Lesebuch" gemacht, in der wir Texte von Saarländern und Nichtsaarländern übers Saarland versammelt haben.

Die Methode, topographische Spuren in der Literatur, literarische Spuren in der Landschaft zu verfolgen, nanntest du Literarische Topographie. Du bist der Nestor dieser Wissenschaft in Deutschland, die gar keine Wissenschaft ist. Du hast dir diesen Arbeitsbereich selbst erschaffen, in ihm warst du ein Privatgelehrter. Freilich keiner im Elfenbeinturm. Zwar, du warst äußerst akribisch in der stillen Arbeit der Recherche und der Formulierung. Aber du brauchtest auch die Bühne. Und wenn keine da war, hast du sie dir erschaffen, dann konnte jede Ansammlung von mehr als zwei Menschen deine Bühne werden.

Niemand konnte temperamentvoll, wissensgesättigt, assoziationsreich wie du die Magie der Bezüge von Ort und Wort heraufbeschwören. Ohne dich wird die Literarische Topographie leicht zur trockenen Faktenhuberei.

Du und die Bücher, das war mehr als Liebe, das war Verfallensein. Du musstest sie besitzen, sie um dich haben, sie anfassen, an ihrem Regalstandort besuchen können. Leihbibliotheken waren nichts für dich. Aber anders als andere Buchfetischisten warst du kein Anbeter des kostbaren Gegenstandes, dir kam es auf den Inhalt an. Du wusstest tatsächlich, was in den Büchern stand, und konntest dein Wissen dank deines phänomenalen Gedächtnisses auch jederzeit ins Gespräch einbringen.

Einen immensen Schatz von 16.000 Büchern hattest du zuletzt gehortet. Auf allen möglichen Wegen hast du den Strom der Bücher in den Keller deines Hauses geleitet. Manchmal war es mir unangenehm zu erleben, wie du dir Bücher ergattert hast. Auch wegen anderer Angewohnheiten warst du deinen Freunden, deiner Familie manchmal peinlich. Du warst oft zu laut. Hast dich in den Vordergrund gedrängelt, andere dominiert, dich auch mal in der Wortwahl vergriffen. Du konntest sehr streng sein, aber auch unglaublich sentimental. Bei der Beerdigung eines fremden Menschen, in die du zufällig geraten warst, hast du so geheult, dass man dich für einen nahen Angehörigen hielt und dir kondoliert hat. Von wem ich das weiß? Von dir. Du hast dich auch nicht geniert, Lob, das dir widerfahren war, brühwarm jedem, der in deine Nähe kam, weiterzuerzählen. Dieser kindliche Stolz hatte etwas Rührendes. Sind es denn die Perfekten, die wir lieben, oder nicht vielmehr die mit den menschlichen Schwächen?

Wenn man in kleiner Runde mit dir zu tun hatte, ohne Publikum, konntest du auch sehr leise und einfühlsam sein. Und niemand konnte so mitreißend von Literatur reden wie du, niemand sich so begeistern lassen von einer gelungenen Formulierung, einer klugen Erkenntnis. Den Hunger nach Kultur, den der Krieg und die Nazizeit dir bereitet hatten, konntest du nie mehr stillen, du holtest nach und holtest nach und wurdest doch nie satt.

Ich wäre gern dein Nachfolger in der Literaturabteilung geworden, aber das hat nicht geklappt, glücklicherweise, an Arnfrid hätte ich mich aufgerieben. So geriet ich ins Fahrwasser der Regionalen Kultur, und bin nicht mehr davon losgekommen. Du hast mir dann, bevor du den SR verlassen hast, noch schnell das Fernsehen beigebracht. Als du 1986 in Rente gingst, habe ich mich dort oben am Sender ein bisschen allein gefühlt. Auch als Rentner hattest du noch die Finger im Spiel, dass ich den Job beim „Kulturspiegel" bekam, lag sicher auch daran, dass du beim Hauptabteilungsleiter Peter Brugger ein gutes Wort für mich eingelegt hast.

Über deinen Tod hinaus hast du mir noch eine Aufgabe ans Bein gehängt, gegen die ich mich bis zuletzt gesträubt habe. Zu viert sollten wir dein lang gehegtes Projekt stemmen, nach deinen Büchern zu-

nächst für die Bundesrepublik, dann für Gesamtdeutschland, schließlich für den Schwarzwald und für Berlin wolltest du endlich auch einen literarischen Führer fürs Saarland herausbringen. Zunächst von dir
als Buch geplant, wurde dann eine Website daraus: literatur-
land-saar.de. Herausgeber: du, deine Frau Gabriele, dein Sohn Martin
und sozusagen als Ehren-Oberhauser ich. Wir waren noch nicht onli-
ne, da bist du gestorben. Bei deiner Beerdigung haben wir anderen uns
versprochen, dass wir das nun allein stemmen werden. Und weil wir
möglichst lange dranbleiben wollen, wird die literarische Topographie
auch mich bis ins hohe Alter begleiten. – Danke, Fred.

Kapitel zum Überspringen

Ich weiß, diese Buch ist speziell, aber besonders dieses Kapitel ist nur
für Betroffene von Interesse, alle anderen Leser können es überspringen. Mir ist es wichtig. Es geht um die Mitarbeiterinnen und Mitarbeiter, die ich im Lauf der Jahre für den „Kulturspiegel" neu gewinnen
konnte.

Beginnen wir mit Axel Fuhrmann (nicht zu verwechseln mit dem
gleichnamigen Fotografen, der sich jetzt Victor van der Saar nennt),
der vom Hörfunk kam, das Fernsehen aber aus dem Stand beherrschte
und der frischen Wind in die Musikberichterstattung brachte. Harriet
Weber-Schäfer, promovierte Kunsthistorikerin, mit der Begründung
„überqualifiziert" fürs SR-Volontariat abgelehnt, die aus Köln, später
aus München angereist kam und zeigte, dass Kunstberichterstattung
mehr sein konnte als das Abschwenken von Galeriewänden. Dietmar
Schellin, zwar schwierig im Umgang, aber ein Investigativjournalist,
wie ich ihn dringend brauchte. Philippe Fouché, der Südfranzose, der
früh begann, selber zu drehen und zu schneiden und dem unglaublich
einfühlsame Personenporträts gelangen. Katharina von Bormann, die

Unkonventionelle aus Köln, die erfrischenden Schwung mitbrachte. Uwe Loebens, nicht nur Maler, sondern auch begabter Journalist, der keine Angst hatte, sich mit bissigen Kommentaren unbeliebt zu machen. Sarah Moll, die als ausgebildete Mediengestalterin und Absolventin der Ludwigsburger Filmhochschule mit ihren Anforderungen die Redaktion oft an den Rand des Mach- und Vertretbaren brachte und die uns dafür mit Serien von einzigartiger Qualität belohnte. Sven Rech, der Hochbegabte, von dem ich nie verstand, warum er mit seiner verdammten saarländischen Bescheidenheit bei unserem Sender mit seinen kleinen Möglichkeiten und kleinen Honoraren hängenblieb, obwohl er auch bei den Großen spielend hätte mithalten können. Gabi Bollinger, die mit vierzig ihre Laufbahn als Sängerin beendete und sich erfolgreich in die Rundfunkarbeit einarbeitete, später schaffte sie sich auch noch das Fernsehmachen drauf und fand Themen, die von den anderen nicht beachtet worden waren. Zuletzt kam als redaktioneller Mitarbeiter Karsten Neuschwender dazu, der in Notsituationen immer zur Stelle war und mit seiner ruhigen Art half, Probleme zu lösen.

Dietmar Noss hätte es als Mitarbeiter des „Kulturspiegel" eigentlich nicht geben dürfen. Er hatte nicht studiert, nicht einmal das Abitur, und, was vielleicht noch schlimmer war: Er hatte nicht das Aussehen und das Auftreten eines Kulturfuzzis. Er hatte eine robuste Figur, ohne sportlich zu sein, wirkte eher etwas schwammig, er hatte einen runden Schädel und trug das Haar kurzgeschnitten. Es gab keine Uniform, keine Kleidervorschriften für Mitarbeiter in der Kultur- oder in anderen Redaktionen, aber Noss verstieß gegen die unausgesprochenen Regeln mit seiner Vorliebe für krachlederne Kleidung und Haferlschuhe. Außerdem war sein Händedruck zu fest und seine Stimme in unserer gedämpften Atmosphäre zu laut. Er passte nicht zu uns.

Eines Tages saß dieses Wesen aus einer anderen Welt vor meinem Schreibtisch und wollte mitarbeiten. Aus seiner Herkunft, seiner Vorbildung machte er keinen Hehl. Er war der Sohn eines Friseurs und hatte, aus Trotz, Metzger gelernt. Hatte dann aber irgendwo auf eigene Faust einen Fernsehkurs gemacht.

So wie Martin Buchhorn mit seiner Gefängniskarriere Eindruck machte, so setzte Noss seine Metzgerlehre gezielt ein. Er hatte die Erfahrung gemacht, dass Intellektuelle zunächst zusammenzuckten und dann sich und anderen beweisen wollten, wie vorurteilslos sie waren.

Er machte einen ersten Beitrag, der in Ordnung war, dann war er im Geschäft. Seine Filme waren originell, manchmal ein bisschen vordergründig, vor allem war er zuverlässig und unkompliziert.

Einmal dachten wir uns ein Bubenstück aus. Noss wollte an der Saarbrücker Kunsthochschule studieren, dazu brauchte man kein Abitur, und so ein akademisches Aushängeschild hätte ihm gefallen. Da er nicht malen, zeichnen, bildhauern, aber Filme machen konnte, lag es nahe, sich fürs Fach Videokunst zu bewerben. Das wurde betreut von Ulrike Rosenbach, die einen esoterisch-feministischen Kurs verfolgte und bei der fast nur Frauen studierten. Noss als Student ausgerechnet an diesem Lehrstuhl – das wäre ein Spaß! Er sollte seine Erlebnisse auf Video dokumentieren und später für den „Kulturspiegel" verarbeiten.

Und tatsächlich, Ulrike Rosenbach nahm ihn auf. Er hatte ihr einen Film gezeigt, den er für uns gedreht hatte, über das Brauchtum des Schlachtens in der Pfalz – selbstverständlich ein Thema für den „Kulturspiegel", nachdem die Pfälzer Verlagsanstalt darüber ein Buch veröffentlich hatte –, ein ziemlich blutiger Streifen, unterlegt mit Beethoven. Frau Rosenbach soll sehr angetan gewesen sein. Und Dietmar Noss begann tatsächlich bei ihr zu studieren. Allerdings nicht sehr, bald hatte er den Eindruck, dass ihm dieses Studium nichts brachte und dass er einen Hochschulabschluss auch nicht wirklich brauchte. Er brach das Studium ab, und aus dem Film wurde auch nichts:

Er machte nicht nur Beiträge, bald übertrug ich ihm auch regelmäßig die Aufgabe, die Moderation der Sendung, die an wöchentlich wechselnden Schauplätzen gedreht wurde, zu realisieren und die Sendung zusammenzubauen. Er machte das mit großem Eifer, und öfter sagte er zu mir, er wolle sein ganzes Leben lang nichts anderes machen. Ich widersprach ihm, weil ich wusste, dass mit dieser Arbeit sein Potenzial nicht ausgeschöpft war und dass er keine Chance hatte, beim SR mehr zu werden.

Nach ein paar Jahren und zahlreichen Beiträgen verließ er den Sender, machte sich selbständig und kehrte gelegentlich zurück, wenn er ein Feature für andere Redaktionen produzierte. Heute ist er Besitzer und Hauptakteur einer Filmproduktion mit Sitz in Frankenthal und einer Filiale in Südafrika, er hatte sehr früh schon Drohnen im Angebot und ist offenbar recht erfolgreich.

Eine Zeitlang habe ich auch mit Rüdiger Mörsdorf zusammengearbeitet, einem der wenigen Absolventen einer Filmhochschule an unsrem Sender. Er durchdrang die Themen sehr tief und fand Bilder auch für das schwer Erzählbare. Einmal, als eine Neustrukturierung des regionalen Vorabendprogramms anstand, haben er, der Wirtschaftsredakteur Hans Reinhard Barth und ich uns regelmäßig getroffen, um das Konzept für eine saarländische Heimwerkersendung zu erarbeiten, Barth hatte sogar schon Sponsoren aufgetan, und den Saarbrücker Schauspieler Willi Fries, der bis heute nichts davon weiß, hatten wir als Moderator ausgeguckt. Wir waren sehr stolz auf unsere Idee und auf das ausgefeilte Konzept zwischen Unterhaltung und Information, und wir haben nicht verstanden, warum der Programmdirektor Werner Zimmer es nicht begeistert aufgegriffen hat. Es war eines von mehreren gescheiterten Projekten, an denen ich in meinem Leben beteiligt war, und auch in diesem Fall hat es mir um die investierte Zeit nicht leidgetan, dafür hatte mir die Arbeit mit den Kollegen zu viel Spaß gemacht.

Es gab beim SR so viele gute Filmemacher, die fast alle beim kleinen Sender hängen blieben, wo sie viel weniger verdienten als bei den großen, unter ärmlichen Bedingungen arbeiten mussten und sich überregional niemals einen Namen machen würden. Obwohl ich sie gern behalten hätte, habe ich Einzelne immer wieder ermuntert, es doch mal bei anderen Sendern zu versuchen – aber sie blieben. War der SR, war unsere Redaktion so eine Wohlfühl-Oase, dass man nicht wegwollte? Hatten sie Angst vor den fremden Redaktionen, der vielleicht härteren Konkurrenz? Keine Lust, sich irgendwo anzubieten, wo man sie nicht kannte? Zweifelten sie an der eigenen Kompetenz? Dazu hatten sie keinen Grund.

Ich selber war den Verlockungen des saarländischen Biotops erlegen, wo es so leicht war, unter den freundlich gesinnten Menschen einen guten Platz zu finden. Nachdem ich mich immer mehr an den Saarländischen Rundfunk, oder er mich an sich, gebunden hatte, habe ich nie mehr die Fühler nach draußen gestreckt. Hatte nur im Kopf versucht, über den Tellerrand zu schauen, nicht provinziell zu werden – aber das kann, wenn man sich nicht in einer entsprechenden Umgebung bewegt, nur unvollständig gelingen.

Oft habe ich über einen Ausspruch des Schauspielers Gunter Cremer geschmunzelt. 1939 in Berlin geboren, ist er schon 1970 unter dem Intendanten Hermann Wedekind ans Saarbrücker Theater gekommen und bis zu seiner Rente im Jahre 2003 dort geblieben, hat den merkwürdigen Status eines Staatsschauspielers erhalten und ist schließlich Ehrenmitglied der Saarbrücker Bühne geworden. Einmal habe ich ihn gefragt, ob er denn nie das Bedürfnis nach Veränderung gehabt habe. Verschmitzt hatte er mir geantwortet: „Aber ich habe doch dauernd jede Menge Veränderung. Was meinen Sie, wie viele Kollegen, Regisseure, Dramaturgen ich schon kommen und gehen gesehen habe, während ich hier bin."

Eine pfiffige Einstellung: sich nicht von der Stelle bewegen, um Veränderung zu erleben. Darauf will ich mich gar nicht herausreden. Und das Schlimmste ist: Nach nichts anderem stand mir der Sinn, ich habe es nicht bereut.

Ein Unsichtbarer im Fernsehen

Im Fernsehen waren wir eine Abteilung aus drei Leuten: dem Abteilungsleiter, der Sekretärin und mir als einzigem Redakteur.

Alf Betz, meinen neuen Chef, schätzten alle, litten aber auch unter ihm. Er redete nicht mit einem. Wenn man einen Filmbeitrag fertig geschnitten hatte, rief man den Redakteur zur Abnahme. Er war der erste, der das Werk sah, und man erwartete ein bisschen aufgeregt Lob, Kritik, Änderungswünsche – irgendeine Reaktion. Aber Alf Betz kam in die Schneideräume, grüßte höflich, nahm Platz, nickte: die Cutterin konnte den Film starten. Am Ende, wenn man ihn erwartungsvoll ansah, nickte er wieder, fragte: „Wie lang ist der Film?", erhob sich, grüßte höflich und ging. Jede Abnahme war eine Enttäuschung.

Einmal, ein einziges Mal, ich war noch nicht Redakteur in seiner Abteilung, war ich so stolz auf mein Produkt, dass ich ihn geradeheraus fragte: „Und, Herr Betz, wie hat Ihnen der Film gefallen?" Und er antwortete: „Wirklich ein schöner Film." Dieses Lob war mir überaus kostbar, ich zehrte noch monatelang davon, hielt es mir warm, so lange es ging, ich wusste, es würde keine Wiederholung geben.

Und nun war er mein Chef. Er war einer, der nie den Vorgesetzten herauskehrte. Ich kann mich an keine Anweisung erinnern, ein Tadel aus seinem Munde war unvorstellbar. So versuchte ich wenigstens, mich mit ihm abzusprechen. Ihm war das peinlich, so hielt ich ihn wenigstens auf dem Laufenden über das, was ich machte und plante.

Damals war ich, jedenfalls für einen Kulturredakteur, schrecklich ungebildet, außer über Literatur hatte ich kein wirklich fundiertes Wissen, nicht über Musik, nicht über Bildende Kunst. Alf Betz hingegen war ein höchst gebildeter Mensch. Heute noch schäme ich mich, wenn ich daran denke, wie ich ihm von einem bekannten Maler oder einem Komponisten berichtete, als wäre er gerade entdeckt worden. Er ließ mich das nie spüren, es ist mir erst später klar geworden. Er hatte ziemlich viel Ahnung, aber er hatte auch große Angst, jemanden zu verletzen. Für mich wurde die Arbeit für den „Kulturspiegel" zu einer aufregenden Erkundungsreise in mir bis dahin unbekannte Gefilde.

Als Betz – Vor- und Nachname je eine Silbe, das Einsilbige passte zu ihm, mehr Silben zu beanspruchen, wäre ihm anmaßend erschienen. Den Mitarbeitern gegenüber blieb er, anders als die meisten Kollegen, immer beim Sie, mehr ein Zeichen des Respekts als ein Zeichen mangelnder Sympathie.

1933 geboren, war er von seinen Eltern, trotz Hitler, aus Familientradition Adolf genannt worden. Er stammte aus Bexbach, war Sohn eines Tierarztes, die Mutter war Lothringerin, der Sohn wurde auf den Namen Adolphe Henri Louis getauft. Daraus machte er später Alf, was nicht nur die Abkürzung von Adolf ist, sondern auch ein selbständiger Vorname, der auf das althochdeutsche Wort „alb" zurückgeht mit der Bedeutung „Elf" oder „gespenstisches Wesen".

Als ich ihn kennenlernte, war er schon lange auf dem Weg zur Körperlosigkeit. Er war von schmaler Statur, hatte dünnes weißes Haar, sprach mit leiser Stimme, schwebte eher im Raum, als dass er stand, man konnte fast durch ihn hindurchsehen. Den ganzen Tag über nahm er keine feste Nahrung zu sich, nur ein bisschen Flüssigkeit, bei feierlichen Anlässen auch etwas Weißbrot. Er hatte jahrelang den „Aktuellen Bericht" moderiert, die meistgesehene Sendung des SR-Fernsehens, mit dem Resultat, dass niemand ihn auf der Straße erkannte. Im Fernsehen sein, aber unsichtbar bleiben, das hat mir imponiert.

Durch feste Gewohnheiten, einen strikten Tagesablauf hatte er sich an den Lauf der Welt attachiert. Er war Kulturredakteur, ging jedoch nie zu kulturellen Veranstaltungen. Seinen Dienst machte er korrekt, aber er schenkte dem Sender auch keine überflüssige Zeit, keine überflüssige Energie. Er kam pünktlich, ging pünktlich. An Winternachmittagen machte er in seinem Büro kein Licht an, oft sah ich ihn im Dunkeln sitzen und auf den Feierabend warten. Er machte keine Mittagspause, so dass er freitags um halb zwei sein Stundensoll erfüllt hatte und sich verabschieden konnte. Anfang Januar baute er sorgfältig seinen Urlaubsplan, bezog Feier- und Brückentage geschickt ein, so dass er ein Maximum an zusammenhängenden freien Tagen herausholen konnte. Nur einmal in all den Jahren habe ich ihn zornig erlebt, und da war er wirklich sehr zornig und brüllte am Telefon einen Aufnahmeleiter zusammen, der den Termin für eine Filmabnahme so gelegt hatte, dass er seinen Urlaub einen Tag später hätte antreten müssen. Er leistete seinen Dienst so, dass man ihm nichts vorwerfen konnte, aber er war mit dem Sender durch.

Wenn man es partout darauf anlegte, ein Gespräch mit ihm anzufangen, bekam man immer eine freundliche Antwort, aber eben nur eine, eine knappe, es kam kein Gesprächsfluss zustande, man hätte ihn regelrecht verhören müssen, um mehr als einmal Frage und Antwort auszutauschen, und er schaffte es damit, einen Kreis der Unberührbarkeit und der Schonung um sich zu ziehen. Jeder nahm auf seine vermuteten Empfindlichkeiten Rücksicht, und auf diese Weise hat er doch Macht ausgeübt, anderen auch viel Arbeit und Verantwortung aufgebürdet, die man ihm ersparen wollte oder wo man sehenden Auges nicht hinnehmen konnte, dass etwas schieflief.

Und so hat er es immerhin zu etwas gebracht, wurde, worum andere Jahrzehnte sich vergeblich abmühten, Abteilungsleiter und kam in die höchste Gehaltsstufe, nur durch sein Dasein, Dasitzen am Schreibtisch, wo er in immer dergleichen Haltung über Zeitungen saß und, wenn man zur Tür hereinkam, immer von der gleichen Ecke her gerade umblätterte, so dass man hätte vermuten können, er habe eine Schnur von der Türklinke an sein Handgelenk befestigt, die diesen Mechanismus auslöste.

Aber es gab etwas, das einen stutzig machte bei diesem scheinbar so zarten Mann: der entschlossene Schritt, der ungewöhnlich feste Händedruck. Da war mal ein kräftiger Mensch angelegt gewesen. Dann hatte er die Entwicklung dorthin eingestellt, hatte sich auch aus der Kommunikation zurückgezogen. Etwas musste ihn verletzt haben, man spürte eine Tragik, die einem Respekt einflößte.

Dümmere, Vordergründigere, Rücksichtslosere zogen an ihm vorbei. Solche Karrieren stießen ihn ab. Der ganze Betrieb ekelte ihn an. Er verachtete die Spielregeln, nach denen Leute sich durchsetzten. Sowas konnte er gar nicht, er war zu sensibel für diesen Laden.

Man kann nicht sagen, dass er der ideale Fernsehredakteur war. Er hatte in Homburg und Saarbrücken studiert, zunächst Medizin, dann Germanistik, Kunstgeschichte und Philosophie. Schon während des Studiums war er Mitarbeiter bei der „Saarbrücker Zeitung", das wurde ihm als Volontariat angerechnet. 1962 bis 1963 war er Nachrichtenredakteur und Gestalter der Seite 3 („Zeitgeschehen"). Als 1964 der SR sein Fernsehprogramm aufbaute, wechselte Alf Betz zum Sender.

Aber auch beim Fernsehen blieb er ein Mann des geschriebenen Wortes, das Redigieren der Texte als Texte, nicht als Unterstützung der Bilder, war seine Stärke, mit kleiner Bleistiftschrift schrieb er seine immer stilsicheren Verbesserungen über die Zeilen, bevor die Sekretärin das Ganze noch einmal abtippte und an die Sprecher weitergab.

Sein größtes Manko als Redakteur war: Er konnte nicht nein sagen, jeder Themenvorschlag wurde angenommen, so dass sein großer Plan mit den bunten Pappstreifen zum Einstecken, der hinter seinem Schreibtisch an der Wand hing, sich rasch füllte und Themen immer weiter in die Zukunft rückten und oft bis zum Zeitpunkt der Sendung nicht mehr wirklich aktuell waren. Weil er in dieser Beziehung so hilflos war, war er darauf angewiesen, gute Mitarbeiter zu haben, die keine Spielchen mit ihm trieben. Er hatte sie, überwiegend. Sie achteten ihn, trotz seiner Schwächen. Sie rechneten ihm hoch an, dass er kein Karrierist war, sondern ein Unbestechlicher.

Denn eines war jedem klar: Sein Schweigen, sein Laissez-faire gegenüber den Mitarbeitern kam nicht von Inkompetenz. Er hatte sehr wohl die Fähigkeit zu Beurteilung, er konnte sie nur nicht ausspielen. Wer hinter der Sanftheit seines Auftretens einen weichen Geist vermutet hatte, wurde – wenn er es denn zur Kenntnis nahm – spätestens durch das Erscheinen seines Gedichtbandes „Landsässigkeit" Anfang der 80er Jahre eines Besseren belehrt. Darin stehen nicht nur Ansätze von Selbstporträts („mehr kann einer nicht / als Verwundbarkeit verbergen"), vor allem sind es politische Gedichte. Kaum verschlüsselt handeln sie von der Ohnmacht des Individuums, in einer Gesellschaft, die zur Gleichmacherei tendiert, von latenter Gewalt, dem Absterben der Phantasie, dem Fremdsein im eigenen Land.

Und in einem Almanach des saarländischen Schriftstellerverbands hat er einen wortspielerisch-satirischen Text über die Saar und die saarländische Mentalität veröffentlicht, der in seiner Schärfe Ludwig Harigs gleichzeitig erschienene „Saarländische Freude" aussehen lässt wie ein Märchenbuch. Über den Saarländer: „Er macht mit an der Saar. Macht viel mit. Macht fast alles mit. Lässt fast alles mit sich machen. […] Der Saarländer hockt an der Saar auf seinem Land und beschmutzt kein Nest. Sichergehend hockt er da an der Saar, oft sein Leben lang, und meint nur. Vor allem wenn er meint, es gehe um ihn. Das meint er oft und hofft, dass es ihn nicht direkt etwas angeht."

So unerbittlich also sah dieser milde Mensch seine Umwelt. Bei seiner Beerdigung im September 2004 flüsterte Arnfrid Astel mir zu, er habe immer gedacht: Wenn eines Tages der Sendemast beim SR gesprengt wird, dann war es Alf Betz.

Der fürchterliche Dr. B.

Ich war für den „Kulturspiegel" zuständig, Alf Betz für die Features. Als er in Rente ging, wurde ich sein Nachfolger als Abteilungsleiter. Meine alte Stelle wurde nicht mehr besetzt. Das heißt, die Abteilung bestand nur noch aus zwei Angestellten, einem Leiter, der keinen Redakteur unter sich hatte, und der Redaktionsassistentin.

Dr. Brugger, der Hauptabteilungsleiter, war einer der unbeliebtesten Menschen im ganzen Haus. Der Intendant konnte sowieso niemanden leiden, der genau so schlau war wie er, der Fernsehdirektor hegte eine grundsätzliche Abneigung gegen Intellektuelle, die anderen Hauptabteilungsleiter hielten Brugger für arrogant, seine Abteilungsleiter murrten und mieden ihn, die Redakteure waren in Abwehrhaltung, die Sekretärinnen hatten Angst vor ihm, die freien Mitarbeiter fühlten sich missachtet. Es gehörte zum guten Ton, schlecht über ihn zu reden.

Seine Bewegungen waren eckig, seine Handschrift war verkrampft, die Buchstaben nicht fließend, sondern hart ins Papier gedrückt. Als Person zeigte er nichts, wofür man ihn hätte ins Herz schließen wollen. Er war kein Vorgesetzter zum Anfassen. Er hatte das Aussehen eines Klassenstrebers, der Lehrer geworden war. Bewegte sich mit eiligen, weit ausholenden Schritten über die Flure, hielt nirgends an, um ein bisschen zu plaudern, das Wort Muße konnte man mit ihm nicht in Verbindung bringen. Der unüberhörbare dialektale Anklang seiner Sprache, den man für schwäbisch hielt, war nicht geeignet, im Saarland Sympathie zu erwecken.

Zum Lachen, sagte Fred Oberhauser, gehe Brugger in den Keller. Und Fred war mit ihm befreundet, durfte in den späteren Jahren Peter zu ihm sagen, er war Bruggers einziger Freund im Umkreis des Senders, und das auch nicht im Sinne eines privaten Umgangs, sondern eines angeregten intellektuellen Austauschs. Verheiratet war Brugger mit einer ehemaligen Mitarbeiterin. Kollegen, die schon länger dabei waren, berichteten, wie er eines Tages die Redakteure seiner Hauptabteilung zusammengerufen und ihnen sachlich und kurz mitgeteilt hatte, Fräulein Soundso und er hätten sich verlobt. Alle waren völlig überrascht, niemand hatte etwas mitbekommen, und die Kollegin tauchte von da an als Mitarbeiterin nicht mehr auf.

Brugger nahm sich nur selten die Zeit, zum Mittagessen hinüber in die Kantine zu gehen, und wenn er es tat, war er mit dem Essen schon fertig, bevor andere ihre Tischnachbarn begrüßt hatten. Er war sehr ungesellig, an Bürofeten nahm er nie teil, wurde gar nicht mehr eingeladen. Wenn er mit Fernsehteams auf Reise war, entzog er sich den obligatorischen abendlichen Runden in der Kneipe, er sah auch nicht ein, warum er der guten Stimmung willen dem Team innerhalb dieser zwei oder drei Wochen des Beisammenseins auch nur einmal hätte einen ausgeben sollen. Er scheute sich nicht, die Leute auch bei schlechtem Wetter raus an die Arbeit zu schicken, er hatte die entsprechende Kleidung dabei und sagte von sich: „Ich kenne kein Wetter." Beziehungen funktionierten für ihn rein rational, auf der Arbeitsebene. Er war als geizig verschrien, Laster waren nicht bekannt, das Bedürfnis nach Luxus schien ihm fremd. Kenner stellten allerdings fest, dass er, in aller Diskretion, sehr teure Cashmere-Pullover trug.

Ich wusste nichts über ihn, und durch sein Verhalten schnitt er auch jedes Interesse an seiner Person von vornherein ab. Erst als ich dieses Buch schrieb, habe ich ein paar Daten nachgeschaut. Brugger war Jahrgang 1935, stammte aus Freiburg, der Vater war Rundfunkstudioleiter. Brugger hatte in Freiburg und München deutsche und romanische Philologie, Philosophie und Geschichte studiert und 1961 das Staatsexamen in Deutsch und Französisch abgelegt, war aber nicht Lehrer geworden, sondern arbeitete als freier Journalist für Zeitungen und Rundfunk. 1964 wurde er Fernsehredakteur beim Studienprogramm des Bayerischen Rundfunks, 1969 kam er zum SR-Fernsehen. Er schaffte etwas, was viele Journalisten sich vornehmen, aber nicht zuwege bringen: In Saarbrücken arbeitete er an seiner Dissertation, die er 1972 an der Uni in München vorlegte, eine erstaunliche Leistung, neben dem Job im Fernsehen auch noch wissenschaftlich zu arbeiten. „Graziöse Gebärde" ist der Titel der dem Dichter Christoph Martin Wieland (1733-1813) gewidmeten Arbeit, aber ein von Grazie geprägtes Verhalten zur Welt, wie es der Doktorand dem Dichter bescheinigt, war etwas, was man Brugger bestimmt nicht nachsagen konnte.

Unter den Hauptabteilungsleitern war Brugger eine Ausnahme, denn er bewies, dass diese Position nicht überflüssig war. Er setzte seinen Mitarbeitern Maßstäbe, war eine Art Coach, die Filmabnahmen eine Art Kolleg, und er drückte sich nicht vor Entscheidungen.

Bruggers HA Kunst und Wissenschaft war groß, verfügte über relativ viele Mitarbeiter und einen großzügigen Etat, mit ihren Sendungen war sie in der ARD, im Südwest-Programm und auf Arte gut vertreten. Dr. Alfons Dlugosch, Leiter der Spielfilm-Abteilung, war auf seinem Gebiet ein anerkannter Fachmann, er war federführend für das Spielfilmprogramm der Südwest-Sender. Er war reiner Theoretiker, hat nie selber einen Film realisiert. Nur wenig selber realisiert hat auch Günther Halkenhäuser, der Leiter der Aktuellen, sprich überregionalen Kultur, er zehrte von einem großen Feature über Gustav Regler, das er Anfang der 70er Jahre zusammen mit Georg Bense produziert hatte. Aber er war ein sehr guter Betreuer der Filme seiner Mitarbeiter, arbeitete sich intensiv in die Materien ein. Für seine Abteilung arbeitete die kunstgeschichtlich versierte Dr. Marlene Franz, als zweite Frau die Französin Eva Bense, Frau des Filmemachers Georg Bense, die unter anderem Japanologie studiert hatte und die als Rentnerin unter dem Pseudonym Eva Bernier Krimis zu schreiben begonnen hat. Fritz Kremser, ein früher Spezialist für Umweltthemen, war zum SR ausgewichen, nachdem er sich beim Hessischen Rundfunk mit dem Fernsehchefredakteur Dr. Manfred Buchwald überworfen hatte; doch bald darauf folgte Buchwald ihm nach Saarbrücken, wurde Intendant des Saarländischen Rundfunks, ließ Kremser aber unbehelligt seine Arbeit machen.

Oder war Kremser Redakteur im Familienprogramm? Ich bin mir nicht sicher. Leiter des Familienprogramms war Dr. Michael Meyer. Hier wurden Kinder- und Jugendsendungen für die ARD produziert, Meyer war zum Beispiel eingebunden in die Planung der „Sendung mit der Maus", aber er war auch verantwortlich für die anspruchsvolle regionale Diskussionssendung „Streit im Schloss".

Wo Stefan Fischer angesiedelt war, weiß ich nicht. Gebürtiger Ungar, aufgewachsen in St. Petersburg, war er gelernter Kameramann. Brugger brauchte ihn vor allem für seine Produktionen im Ostblock, da Fischer clever war und wusste, wie man in diesen Ländern zu Kontakten und Drehgenehmigungen kam. Ein Porträt des Schriftstellers Jurij Trifonow anlässlich seines Romans „Das Haus an der Moskwa" (1976) brachte es übrigens mit sich, dass der Name Brugger Eingang in nächsten Roman „Zeit und Ort" des russischen Schriftstellers fand.

Das geringste Prestige bei all diesen Hochkarätern hatten wir von der Regionalen Kultur, weil wir uns mit kulturellen Lokalgrößen befassten und kleinteilig und mit Tempo arbeiteten.

Umgeben waren die Angestellten der Hauptabteilung jeweils von einem Kranz von freien Mitarbeitern. Das waren bei den anderen Abteilungen oft sehr gebildete, zum Teil etwas weltfremde ältere Herren mit guten Kontakten ins nationale oder internationale Kulturleben.

Mit seinen Redakteuren konnte Brugger außerhalb der dienstlichen Ebene wenig anfangen. Menschen wie der gut geerdete Michael Meyer, der Fußball spielte und zu Weihnachtsfeiern in seinem Büro einlud, oder wie Halkenhäuser, der an der Börse spekulierte und unter den Kollegen Wahlwetten veranstaltete, waren ihm verdächtig.

Brugger griff hoch. Für die Features, vor allem die eigenen, scheute er keinen Aufwand. Er ließ die besten deutschen Sprecher zum Halberg kommen, suchte die besten Kameraleute aus und vergab Aufträge an renommierte Autoren wie Egon Günther aus der DDR oder den genialen Michael Mrakitsch aus der Schweiz, aber er gab auch jungen Leuten eine Chance, die er als Talent erkannt zu haben glaubte. Bei der Auswahl der Mitarbeiter und der Themen war er erstaunlich tabufrei. In Bruggers Ägide entstanden Produktionen, die zum Besten gehören, was man im Medium Fernsehen machen kann.

Die Filmabnahmen durch den Hauptabteilungsleiter waren gefürchtet. Es war erwünscht, dass alle an einer Produktion Beteiligten – Realisator, Redakteur, Cutterin, Aufnahmeleiter –, die anderen Redakteure der HA und gern auch Gäste aus anderen Bereichen sich in dem kleinen Kinosaal mit der schief hängenden Gardine neben dem großen Monitor versammelten. Während der Aufführung lauschten die Macher bange, ob es vom Chef schon irgendwelche deutbaren Äußerungen gab.

Wenn das Licht im Saal wieder anging, forderte Brugger zunächst die Anwesenden auf, ihr Urteil abzugeben. Als Kollege äußerte man sich erst einmal freundlich, Einwände wurde höflich verpackt. Dann kam Brugger an die Reihe, und er nahm keine falschen Rücksichten. Er kritisierte nicht um jeden Preis, fand viele Produktionen gut, aber wo er etwas auszusetzen hatte, sagte er es unverblümt. Sein Urteil war scharf, sein Blick unbestechlich, und für die Macher war es besonders schmerzlich, wenn er genau den Punkt traf, den sie selber insgeheim als Schwachpunkt des eigenen Werks erkannt hatten. Niemand musste allerdings befürchten, persönlich angegriffen zu werden, Brugger achtete darauf, nicht von Fehlern einer Person, sondern von Schwächen eines Produktes zu reden. Nach Brugger wagten sich dann auch die anderen aus der Deckung, widersprachen ihm, stimmten ihm zu, fanden neue Gesichtspunkte.

Wenn er ein unzutreffendes Wort, eine falsche Zuschreibung, eine unkorrekte Aussprache aufgespürt hatte, scheute er sich nicht, den bereits veröffentlichten Sendetermin abzusagen und den teuren Sprecher noch einmal nach Saarbrücken kommen zu lassen, damit er einen bestimmten Satz noch einmal einsprach. Das war ungewöhnlich, ja schockierend in einem Haus, in dem man sich angewöhnt hatte, alles nicht so genau zu nehmen und dem Zuschauer kein kritisches Vermögen zuzutrauen, Motto: Das versendet sich. Nicht so bei Brugger. Der hatte Übung darin, den Spielverderber zu spielen.

Abnahmen dieser Art waren in anderen Redaktionen nicht üblich. Aber sie waren für uns eine gute Schule. Indem auf meist hohem Niveau über inhaltliche und formale Aspekte von Fernsehproduktionen diskutiert wurde, bildeten sich Maßstäbe für das heraus, was von Filmen aus dem Bereich Kultur zu erwarten war. Nach Brugger verfiel diese Tradition, Abnahmen waren nicht mehr die Hohe Schule der Fernsehschaffenden, Chefs achteten nur noch darauf, dass die Filme nichts Anstößiges enthielten, das ihnen Schwierigkeiten einbringen konnte.

In mancher Hinsicht war der gestrenge Dr. Brugger ein Chef von geradezu liberalen Umgangsformen. Anders als die Magazine aus anderen Bereichen, wurde der „Kulturspiegel" von Brugger nicht vor der Sendung von ihm abgenommen. Er vertraute mir, die Kritik gab es hinterher. Und da diese Kritik meist sachlich fundiert und nie persönlich kränkend war, konnte ich gut damit leben.

Brugger konnte sein Regiment auch deshalb ausüben, weil wir alle zu selten aufbegehrten. Dabei wäre es möglich und im Einzelfall auch erfolgversprechend gewesen. Eines Tages ordnete er an, dass Zuschauerpost, die an die Redaktion gerichtet war, zuerst über seinen Schreibtisch gehen sollte; er hatte nämlich den – unbegründeten – Verdacht, wir enthielten ihm Kritik vor, die von außen kam. Ich widersprach, ich sagte ihm, für mich sei das ein unzulässiger Eingriff. Daraufhin berief er eine Sitzung ein. Niemand kritisierte die Maßnahme, ein Kollege unterstützte sie sogar. Ich blieb bei meiner Ablehnung, ich sagte, zu Hause lese ich nicht einmal die Post meiner 15-jährigen Tochter, und ich betrachte seine Anordnung als persönlich kränkend. Hätte ich rein rational argumentiert, wäre Brugger mit schlagenden Gegenargumenten gekommen; gegen ein emotionales

Argument aber war er wehrlos. „Also gut", sagte er und rettete sich in Ironie, „um den Seelenfrieden von Herrn Petto nicht zu stören, nehme ich meine Anordnung zurück." Ich triumphierte innerlich, fragte mich aber, warum wir nicht öfter widersprachen.

In einem anderen Fall setzte er sich durch. Ich hatte Christina Merziger als Moderatorin für den „Kulturspiegel" engagiert. Brugger gefiel sie nicht, seine Bewertung gipfelte in dem Satz, sie sei für eine Kultursendung zu sportlich. Ich widersprach, mir gefiel sie. Da schlug Brugger vor, wir sollten einen Kollegen als Schiedsrichter einsetzen, der sich alle Kultursendungen in allen Programmen anzuschauen pflegte. Damit war ich umso lieber einverstanden, weil eben jener Kollege mich kurz zuvor begeistert auf meine neue Moderatorin angesprochen und gefragt hatte, ob er sie demnächst auch einmal einsetzen könne.

Nachdem der Mann sich zwei weitere Sendungen mit Christina Merziger angeschaut hatte, traf man sich in Bruggers Büro, um sich sein Votum anzuhören. Und siehe da, der Kollege hatte einen Zettel mitgebracht, auf dem er in elf Punkten notiert hatte, warum sie keine gute Moderatorin sei. Da ich mich diesem Verfahren unterworfen hatte, blieb mir nun die unangenehme Aufgabe, der Moderatorin entgegen meiner Überzeugung die Zusammenarbeit aufzukündigen.

Die Furcht, die Brugger verbreitete, kam nicht von seiner hierarchischen Macht, sondern von seiner Furchtlosigkeit. Was selbst Gleichrangige und Höhergestellte beeindruckte, war die Unerschrockenheit, mit der er seine mit scharfem Verstand begründeten Positionen vertrat. Er war ein völlig unabhängiger Geist, der ohne Paten im Hintergrund, ohne Diplomatie auskam. Sein Naturell verbot es ihm, 5 auch mal gerade sein zu lassen. Er schuldete keinem etwas, war kein Kumpel von irgendjemandem, war nicht der frère et cochon. Beliebt machte das nicht, aber mächtig.

Die Mitarbeiter litten unter Bruggers Stärke, aber sie profitierten auch von ihr. Nie war die Kultur so stark wie unter ihm, hinter seinem Rücken konnte man sich einigermaßen sicher fühlen. So wehrte er beispielsweise Bestrebungen ab, immer mehr Aufgaben von der Verwaltung auf die Redaktionen zu übertragen. Bruggers Gegenargument:

„Meine Redakteure brauchen Zeit zum Denken." Dies war ein Bekenntnis zu Reflexion der eigenen Arbeit und zu unserem Job als Kreativarbeit, während anderswo Nachdenklichkeit als anderes Wort für Bummelei galt und der Wille zur Kreativität als Verirrung.

Im ganzen Haus war der Name Brugger ein rotes Tuch, an vielen Stellen wurden die Messer gewetzt. Viele, deren Macht er getrotzt, deren Stolz er gekränkt hatte, wetzten die Messer für die Zeit danach.

Kameraleute

Die Kameraleute waren meistens Kameramänner. Zu meiner Zeit gab es zunächst nur eine Kamerafrau, nur eine Tontechnikerin außerhalb des Studios, keine Beleuchterin. Die Kameramänner waren Buben mit großem Ego, man konnte man bei den Mädels ja auch Eindruck schinden, wenn man sagte: „Ich bin Kameramann beim SR." Und wo sie hinkamen, wurden sie von den Leuten hofiert, die Politiker und die anderen wichtigen Leute wussten sehr gut, dass ein Kameramann sie als sympathischen, gutaussehenden Kumpel ins Bild setzen konnte, aber genauso gut auch als wenig vertrauenerweckenden, auf die Leute herabsehenden Fiesling.

Das Schwierige im Umgang mit den Kameraleuten war, dass sie von ihrem Selbstverständnis her eigentlich nach Hollywood gehörten, es aber vorgezogen hatten, den unspektakulären, aber krisensicheren Job beim SR zu übernehmen. Dieser Widerspruch machte ihnen zu schaffen, er machte sie empfindlich für alle Anzeichen mangelnder Wertschätzung. Vorbeugend waren sie schon mal schlechtgelaunt und warteten auf Besänftigung.

Für den Realisator war es enorm wichtig, sich mit seinem Kameramann zu verstehen – zu verstehen im wörtlichen Sinn. Der Journalist kann sich die tollsten Bilder ausdenken, aber wenn er hinter der Kamera jemanden hat, der nicht mitziehen will oder kann, ist sein Plan Makulatur.

Erzwingen kannst du gar nichts, es geht nur mit Goodwill. Denn der Kameramann, das gesamte Team hat zahllose Möglichkeiten, dich zu boykottieren, ohne dass du ihnen böse Absichten nachweisen kannst. Ohnehin ordnest du ja nicht an, sondern du machst einen Vorschlag. Und dann können sie dich gleich schon ausbremsen, indem sie dir erklären, dass das technisch nicht machbar ist. Und man müsste dann schon, was die meisten Journalisten nicht sind, technisch sehr versiert sein, um ihnen das Gegenteil zu beweisen. Sie haben aber auch die Möglichkeit, scheinbar das auszuführen, was du wünschst, es dann aber doch ein bisschen anders zu machen und dir hinterher zu sagen, du hättest dich nicht klar ausgedrückt.

Es ist also völlig sinnlos, sich auf einen Machtkampf mit den Leuten hinter der Kamera einzulassen, du musst dich mit ihnen arrangieren. Wenig erfolgversprechend ist es auch, sich hinterher bei ihrem Vorgesetzten zu beschweren. Ihr Vorgesetzter ist Chef einer ganz anderen Hauptabteilung und wird sich von dir nicht reinreden lassen. Die Techniker im Studio gehören sogar zu einer anderen Direktion, sind also ganz außer Reichweite.

Das alles klingt, als wäre es ein Horror, als Journalist einen Filmauftrag zu bekommen und dann einem Fernsehteam ausgeliefert zu sein. Mir hat diese ungeklärte Machtsituation Spaß gemacht, sie war viel spannender, als einer hierarchischen Ordnung entlang zu agieren. Es war ein Seiltanz; Interessen, Befindlichkeiten mussten ausbalanciert werden. Und die beste Möglichkeit, die Leute zu gewinnen, war immer ein gutes Konzept für den Film, und natürlich eine stimmige Logistik. Wenn es damit anfing, dass man stundenlang umherirrte, um überhaupt den ersten Drehort zu finden, war die Stimmung schon im Keller. Man musste einen funktionierenden Plan haben, und natürlich gehörten zu dem Plan auch die Pausen und idealerweise auch der Vorschlag für eine Kneipe, in der man essen gehen konnte.

Jeder Dreh war eine Herausforderung an die soziale Kompetenz des Reporters. Du musst auch wissen, dass das Team, wenn du nicht schon öfter mit ihm zusammengearbeitet hast, zunächst mal keine hohe Meinung von dir hat. Du musst erst mal beweisen, dass du mit deinem Hochschulstudium, mit deinem Hochdeutsch, deiner Kopfarbeit kein arroganter Schnösel bist, den man auf den Boden runterholen muss. Oft habe ich bei der Begegnung mit Teams, aber auch mit Leuten, von denen ich Informationen haben wollte, gedacht: Wie gut, dass man in meinem Elternhaus Mundart gesprochen hat, dass es die erste Sprache war, die ich gelernt habe, und dass wir es auch heute zu Hause sprechen. Der Lehrerhaushalt meiner Eltern gehörte wohl zum Bildungsbürgertum, es wurde viel gelesen und es war selbstverständlich, dass man das Hochdeutsche beherrschte, dass man Kirche anders aussprach als Kirsche, und dass man das Hochdeutsche dort benutzen konnte, wo es angebracht war; aber genauso selbstverständlich war, dass wir untereinander Saarbrücken Platt redeten. Das hat mir später oft geholfen, Kontakt zu Leuten herzustellen.

Die Kameraleute hatten es ja auch nicht leicht. Sie hatten schon als Jugendliche Spaß am Medium Film, an der Technik, der Ästhetik, dem Umgang mit interessanten Menschen, vielleicht auch dem Glamour der Filmbranche gehabt, hatten eine jahrelange Ausbildung hinter sich gebracht, waren vom Assistenten zum Kameramann aufgestiegen – und dann gingen sie am Morgen zu ihrem Fach im Flur vor dem Zimmer der Disponentin und fanden die Aufträge für diesen Tag, um halb zehn Landespressekonferenz mit dem Finanzminister, um eins Einweihung der neuen Schalterhalle der Sparkasse in Bexbach, danach Bereitschaft. Themen mit null Gestaltungsmöglichkeiten, Draufhalten auf den Redner, ein paar Schnittbilder („Schnibis") von den zuhörenden und sich Notizen machenden Journalistenkollegen, eine Totale vom Saal. Dazu ein routinierter Reporter, der auch keine Ideen mehr hatte.

Nicht alle Kameraleute sahen ihre Aufträge erst am Vorabend oder am Morgen des Drehtages. Bei größeren Features, die vielleicht auch mit einer längeren Reise verbunden waren, mussten teils aufwändige Vorbereitungen getroffen werden, und die Redaktionen mischten sich auch in die Zusammenstellung des Technikteams ein, es gab zum Teil zähe Verhandlungen. Bisweilen bestanden unüberbrückbare Abneigungen zwischen verschiedenen Mitarbeitern, das musste berücksichtigt werden, es machte keinen Sinn, verfeindete Leute für viele Tage oder Wochen auf einen gemeinsamen Dreh zu schicken.

Es gab auch nur bestimmte Männer und Frauen, die auf Grund ihrer besonderen Qualifikation das Privileg hatten, an größeren, prestigeträchtigen Produktionen mitzuwirken, darauf achtete die Disposition schon von sich aus. Diese Hochkaräter unter den Kameraleuten standen den aktuell arbeitenden Redaktionen auch in der Zeit zwischen zwei größeren Produktionen nur ausnahmsweise zur Verfügung, da sie nach ihren Produktionsreisen zunächst einmal jede Menge Überstunden abzufeiern hatten. Manche nahmen sich auch beim Sender unbezahlten Urlaub, um anderswo gut dotierte Kamerajobs zu übernehmen.

Daneben gab es Kameraleute, die nur für die Tagesaktualität, sprich den „Aktuellen Bericht", eingesetzt wurden. Und eine mittlere Kategorie, die für die Magazine, zum Beispiel für den „Kulturspiegel", arbeiteten. Aber auch für die Magazine war die Zusammenstellung der Teams ein Lotteriespiel. Um die Arbeitskräfte optimal nutzen zu können, wartete die Dispo bis zum Nachmittag ab, wenn alle Aufträge der Redaktionen eingegangen waren. Dann erst wurde für den folgenden Tag besetzt. Außer den Personalanforderungen hatten die Redaktionen manchmal auch Sonderwünsche in Bezug auf das technische Equipment, das konnte von dem Einsatz besonderer Filter bis zu Schienen (samt Helfer) oder später Kamerakran (und nach meiner Zeit: Drohne) reichen. Die Produktionsleiter, immer auf der Suche nach den billigsten Lösungen, versuchten dann, die Redaktion runterzuhandeln.

Als ich als Realisator beim Fernsehen anfing, wurde noch auf Film gedreht. Für die unterschiedlichen Kategorien von Filmen gab es unterschiedliche Zuteilungen des teuren Filmmaterials, das Mengenverhältnis zwischen zu verbrauchendem Material und Länge des fertigen Beitrags schwankte zwischen 1:12 bei großen Features und 1:3 in der Aktualität. Und es war der Kameramann, der für die Einhaltung des so genannten Drehverhältnisses verantwortlich war. Allein das gab ihm gegenüber dem Realisator eine gewisse Machtposition. Clevere Kameraleute horteten in ihrem Spind übriggebliebenes Material und konnten, wenn sie dem Realisator wohlwollten, notfalls auf diesen Vorrat zurückgreifen.

Ein Team bestand aus Kameramann bzw. -frau, Kameraassistent, Tonmann und Beleuchter. Für den Journalisten war es wichtig, die Hierarchie innerhalb des Teams zu beachten. So ungeklärt die Machtfrage zwischen Realisator und Kameramann war, die Rangfolge innerhalb des Teams war klar, der Kameramann bzw. die Kamerafrau war Chef. Also bei der Begrüßung bloß nicht als erstes auf den Tontechniker oder gar den Praktikanden zugehen, so selbstbewusst er auch aussehen mochte, erster Ansprechpartner war immer die Frau oder der Mann hinter der Kamera. Der Assistent, der auch mal Kameramann werden wollte, war je nachdem der Knecht oder der jüngere Kumpel des Kameramanns. Der Tonmann, der Beleuchter hatten sich nach den Vorgaben des Kameramanns zu richten.

Der Ton wurde bei den aktuellen Produktionen von den Realisatoren gern unterschätzt. Der Ton war das, was bei den Filmaufnahmen einfach so mitlief, oft übers Kameramikrofon. In vielen Situationen galt das Aufstellen eines oder gar mehrerer Mikrofone und das Aussteuern der einzelnen Kanäle als Umstandskrämerei, beim Angeln geriet das Mikrofon gern ins Bild und störte. Als ich anfing mit Teams, bei denen die Funktion des Kameraassistenten und des Tonmanns noch getrennt war, wurde zu jeder Situation ein paar Minuten Atmo aufgenommen, das Zwitschern der Vögel im Wald, das Rauschen der Autobahn, das Gemurmel und Geschirrklappern im Lokal. Das Team und die anderen Mitwirkenden mussten dafür ein paar Momente ganz still sein, aber es war nicht leicht, diese Stille herzustellen, denn beim Fernsehen quasselten alle gern, manche waren dafür geradezu berüchtigt.

Ein Beleuchter gehörte früher zur Standardbesetzung. Das Einleuchten auch für ein stinknormales Interview in einem Innenraum war es, was die Aufnahmen so sehr in die Länge zog. Abgesehen von den einfachsten Anforderungen, dass die Scheinwerfer nicht ins Bild kommen, dass ihr Licht sich nicht in einem Fenster oder der Verglasung eines Gemäldes widerspiegeln sollte, war das Licht ein wichtiges Gestaltungselement. Und es war eine Kunst für sich, die geeignete Sorte

Licht und seine Stärke zu wählen, die zwei oder mehr Scheinwerfer aufeinander abzustimmen, unerwünschte Schatten zu vermeiden. Ungeduldige Kameraleute griffen gern in die Arbeit des Beleuchters ein, was die Stimmung im Team nicht hob. Später, als die lichtstärkeren elektronischen Kameras kamen und der Spargedanke alle Produktionen beherrschte, wurden Stellen bei den Beleuchtern gestrichen und die Redaktionen mussten mit der Produktion um jeden Einsatz eines Beleuchters kämpfen.

Die Hierarchie im Team drückte sich auch in der Bezahlung aus. Das konnte zu peinlichen Situationen führen. Während Reporter und Kameramann oder -frau bei der Mittagspause im Restaurant ordentlich zulangten, behaupteten der schlechter bezahlte Ton- und Lichtmann oft, sie hätten keinen Hunger, und bestellten nur ein Getränk, oder sie zogen es vor, ihre Pause an der frischen Luft zu verbringen und aßen dann ihr Butterbrot.

Oft kam auch nur der Kameramann vom SR, der Rest des Teams kam von der Telefilm. Die Leute von der Telefilm, einem privatwirtschaftlichen Tochterunternehmen des öffentlich-rechtlichen Senders und hauptsächlich von diesem mit Aufträgen versehen, brachte dann auch die technische Ausrüstung mit. Die Kameraleute beklagten sich immer wieder über die Qualität des Equipments, von der Kamera übers Stativ bis zu den Videokassetten, bei ihnen hatte die Firma den Spottnamen Tesafilm. Überhaupt stand die Epoche der Betacam-Magnetbänder, als nicht mehr auf Film und noch nicht auf digitalen Bildspeichern aufgezeichnet wurde, für einen Niedergang der Filmarbeit. Das Material war nicht gut, und da die Bänder vielfach wieder bespielt werden konnten, wurde weniger achtsam gedreht, sondern oft einfach draufgehalten, beim Schnitt würde man dann die brauchbaren Einstellungen heraussuchen. Und während das auf Film gedrehte Material quasi ewig hielt, lösten sich die Magnetschichten der im Archiv gelagerten Videokassetten langsam auf, man musste sie schließlich in einem Spezialofen noch einmal aufbacken und auf ein anderes Medium überspielen, anderenfalls wären ganze Jahrzehnte des Zeitgeschehens in Bewegtbildern nicht mehr dokumentiert.

Auf allen Positionen des Teams gab es die unterschiedlichsten Typen, vor allem aber auch die unterschiedlichsten Fähigkeiten. Es gab Journalisten, die technisch sehr versiert waren, ein gutes Auge, ein gutes Gehör, eine gute optische Vorstellungskraft hatten; es gab am anderen Ende der Skala auch welche, denen das alles wurscht war, die den Kameramann machen ließen und dabei nicht mal richtig hinguckten. Es gab den Tonmann, der die Störgeräusche, die dir später beim Schnitt übel auffielen, über seine Kopfhörer gar nicht gehört hatte, und es gab den Kollegen, der das Können besaß, auch in ganz schwierigen Situationen einen guten Ton abzuliefern. Es gab den Beleuchter, der mit dem Licht geradezu zauberte, weil er sich mit den Gesetzmäßigkeiten des Lichts auskannte, und den anderen, der sich ungern der Mühe unterzog, die Lampen und Stative aus dem Fahrzeug herbeizuschleppen.

Was soll's. Unbegabte, Unwillige, Widerwillige gibt es in jedem Beruf. Manchmal sind auch welche darunter, die bei besonders günstigen Bedingungen über sich selbst hinauswachsen, und andere sind zwar unbegabt, aber nett und tragen wenigstens zur guten Stimmung im Team bei.

Beim Nachdenken über die Kameraleute wird mir immer klarer, was einer alles können muss, um in diesem Job wirklich gut zu sein. Für einen guten Kameramann, eine gute Kamerafrau genügt es nicht, sein Gerät zu beherrschen und saubere Bilder zu drehen. Ich habe Kameraleute erlebt, die ich mutlos an einen Drehort führte, der trostlos war, und die dann Bilder von geradezu magischer Kraft zauberten, und es war mir ein Rätsel, wie sie das machten. Ich durfte noch mit Vertretern der Generation von Gentleman-Kameraleuten drehen, die du überallhin mitnehmen konntest, ohne dich hinterher entschuldigen zu müssen. Es gab Kameraleute, die Umsetzungsideen einbrachten, die weit über das hinausgingen, was ich mir am Schreibtisch ausgedacht hatte. Und noch wichtiger: die mit dem sozialen Talent, die halfen, Gesprächspartnern ihre Nervosität zu nehmen und die die Schönheit auch in den einfachsten Gesichtern entdeckten.

Paris, Ruth Salzman

Unter JoHo, dem Ministerpräsidenten der Nachkriegszeit, war für die Saarländer Paris der Mittelpunkt der Welt, auch oder gerade kulturell. Künstler aus Paris wurden an die Saar geholt, um den hiesigen zu zeigen, was moderne Kunst ist. Saarländische Künstler wurden nach Paris geschickt, um dort zu lernen, um sich dort zu präsentieren. Und natürlich waren Radio Saarbrücken und die Kino-Wochenschau immer dabei. Das Votum der Saarländer, die Eingliederung ihres Landes in die Bundesrepublik Mitte der 50er Jahre dämpfte das gegenseitige Interesse.

Es dauerte bis in die 70er Jahre, bis man sich im Saarland, auf der Suche nach den Besonderheiten des Landes, der geographischen Nähe zu Frankreich und der Phasen gemeinsamer Geschichte allmählich wieder zu besinnen begann. Und da der Saarländische Rundfunk jetzt auch Fernsehen machte und die Kultur noch wichtig war, fuhren immer wieder Fernsehteams Richtung Paris. Diejenigen, die das Privileg hatten, mitmachen zu dürfen, hatten bald ihre festen Autobahnraststätten, an denen sie pausierten, und in Paris kannten sie sich aus, schalteten an der Stadtgrenze einen bestimmten Radiosender ein, kamen immer in den gleichen bewährten Hotels unter, hatten ihre Lieblingsrestaurants.

Als ich zum Fernsehen kam, war der große Paris-Hype beim SR schon wieder abgeflaut, und als Mann fürs Regionale hatte ich sowieso wenig Chancen, über die Grenzen von Saar-Lor-Lux und Pfalz hinauszukommen. Und trotzdem hatte ich das Glück, als Fernsehredakteur zwei Filme in Paris drehen zu können. Denn es gab über einzelne Personen immer noch Verbindungen von der Saar an die Seine.

Ruth Salzman habe ich durch den Lebacher Lehrer Thomas Rückher kennengelernt. Er hat mit seinen Schülern die Geschichte der Lebacher Juden erforscht und mit ihnen eine Publikation erstellt, und ich habe darüber berichtet. Im Frühjahr 1993 rief er mich an und machte mich darauf aufmerksam, dass eine in Paris lebende ehemalige Lebacherin, eine Malerin, in den nächsten Tagen in ihre Heimatstadt kom-

men werde, und dass das doch eine einmalige Gelegenheit zu Filmaufnahmen wäre.

So begegne ich im Mai 93 Ruth Salzman. Als ich sie frage, ob wir sie
ein bisschen mit der Kamera beobachten dürfen, sagt sie ohne Umschweife ja und macht dann ganz unbefangen mit. Wir drehen mit ihr
ein paar gestellte Szenen in der Lebacher City, Gehen an Häuserfron-
ten entlang, Überqueren einer Straße, Stehenbleiben und Angelegent-
lich-etwas-Betrachten, das Übliche an Bildern, was man so braucht,
um darüber zu texten.

Die fast 85jährige ist auf Einladung des Lehrers zum ersten Mal seit
über sechzig Jahren wieder in ihre Heimatstadt gekommen. Während
des Drehs erfahren wir, dass an diesem Nachmittag ein Treffen von
Ruth Salzmanns Schuljahrgang stattfindet. Da müssen wir hin. Zum
Glück habe ich mit Norbert Bandel einen Kameramann, der alles kann
und alles mitmacht. Wir rasen zu dem Café, in dem das Klassentreffen
stattfindet, Bandel geht als erster rein, Kamera auf der Schulter, er hat
unsere Hauptdarstellerin im Bild, wie sie den Raum, betritt. Sie geht
auf eine Gruppe älterer Damen zu, die zusammen an einem Tisch sitzen, und fragt: „Sind Sie '8 geboren?", und gibt sich unter allgemeinen Staunens- und Entzückensrufen als die ehemalige Mitschülerin
Ruth Stern zu erkennen.

Nun habe ich nicht nur die wenig sagenden Straßenbilder, sondern eine richtig lebhafte, nicht gestellte Szene. Das ruft nach mehr. Ich
nehme mir vor, die Malerin in Paris zu besuchen und dort mit ihr zu
drehen.

Im September rufe ich sie an, um mit ihr, wie sie es gewünscht hat,
einen Besuch zunächst ohne Kamerateam zu vereinbaren. Auf meine
Frage, wie es ihr gehe, antwortete sie: Gut; sie habe drei Rippen ge-
brochen, nicht durch einen Unfall, sondern einfach so. Wir machen
auch schon einen Termin für den Dreh aus. Als ich sie frage, ob es
Ende des Monats möglich sei, ob sie da nichts anderes vorhabe, sagt
sie, sie sei eine freie Frau, sie könne sich ihre Zeit einteilen, wie sie
wolle; wenn wir den Film machen wollten, gehe das klar.

Aber am Abend ruft sie bei mir zu Hause an, sie ist sehr verlegen, zu meiner Überraschung, denn Thomas Rückher hat mir gesagt, sie sei die härteste Frau, die er je kennen gelernt habe. Sie sagt, sie wisse nicht, wie sie es sagen solle, aber sie wolle nicht, dass wir umsonst Spesen und dergleichen ausgeben, sie habe gerade noch einmal einen Film über Klaus Barbie gesehen – ob ich wisse, wer Barbie sei? – und habe die ganze Nacht nicht schlafen können, es sei nicht gegen mich persönlich gerichtet, aber ich wolle den Film über sie doch machen, weil sie aus Lebach stamme und Jüdin sei, ihr Bruder sei im KZ umgekommen, ich wolle den Film über sie ja nicht machen, weil sie Picasso sei, sie könne ihre Bilder sehr gut selber einschätzen, der Besuch in Lebach habe ihr gar nichts gegeben, sie erkenne dort nichts wieder. Ihre Mutter sei anders gewesen, der habe das nichts ausgemacht, sie sei vor die Kamera getreten, aber sie sei nicht so, es sei nicht persönlich gemeint, die Rückhers und ich, wir seien nette Leute. Ich solle sie doch mit meiner Frau besuchen kommen, aber ihr 13jähriger Enkel habe zu ihr gesagt: „Oma, du wirst doch nicht zu einer Propagandafrau werden!", und sie liebe ihren Enkel sehr und wolle ihm gern in die Augen schauen können.

Ich gebe zu, dass das mit dem regionalen Bezug und ihr Schicksal als Jüdin der Ausgangspunkt gewesen ist, aber ich respektiere ihre Haltung, wolle gar keinen ideologischen Film machen. Wir vereinbaren, dass ich sie auf jeden Fall besuchen werde.

Ein Tag im September 1993. Am frühen Nachmittag komme ich an der Gare de l'Est an und nehme, wie Ruth Salzman es mir empfohlen hat, die Metro 4 bis Saint Placide. Von dort aus gehe ich zu Fuß zur rue de Fleurus. Die Wohnung liegt in einer ziemlich guten Gegend, 6. Arrondissement, ganz in der Nähe des Jardin du Luxembourg. Am Haus gegenüber sehe ich eine Plakette, die darauf aufmerksam macht, dass hier in der Nr. 27 vor dem Ersten Weltkrieg die berühmte amerikanische Kunstsammlerin und Autorin Gertrude Stein gewohnt hat. Ich weiß ein bisschen etwas über sie, kenne nicht nur ihren immer wieder zitierten und interpretierten Satz: „Rose is a rose is a rose is a rose". Hier also bekam Hemingway von der Gastgeberin erklärt, wie er zu schreiben habe, hierher kam der junge Picasso mit seiner Geliebten Fernande Olivier zum Abendessen, hier hing das Porträt, das er von der amerikanischen Schriftstellerin und Kunstsammlerin Gertrude Stein gemalt hatte, hier hingen Bilder von Matisse, Cézanne, Renoir, Gauguin, Toulouse-Lautrec, Manguin, Daumier, Delacroix. Ich will ein Foto durch das vergitterte Hoftor machen und kann gerade noch auf den Auslöser drücken, bevor ein erboster Hausbewohner es mir verwehrt.

Die Leute hier sind sehr diskret, oder sehr ängstlich. Am Haus von Ruth Salzman stehen keine Namen, durchs Tor komme ich nur, weil sie mir den Code gesagt hat, den ich auf der Tastatur in der gut polierten Messingplatte eingeben muss. Im Aufzug drücke ich die 5, oberstes Stockwerk.

Sie fragt mich als erstes, ob ich was essen will, sie habe etwas vorbereitet, aber ich komme ja so spät. Kein Vorwurf, nur eine Feststellung. Sie ist nicht der Mutti-Typ, der die Männer zum Essen nötigt. Als ich dankend nein sage, weil ich im Zugrestaurant zu Mittag gegessen habe, einigen wir uns schnell darauf, dass wir die Sachen eben am Abend zu uns nehmen.

Es ist keine Altfrauenwohnung, es liegen keine Häkeldeckchen auf und es gibt keine dunkle Kommode mit Schwarz-weiß-Fotos in Silberrähmchen, die Räume sind nicht vollgestopft. Die Zimmer sind hell, die Luft ist frisch, die Möbel sind sachlich, und wie in der Wohnung sieht es wohl auch in ihrem Kopf aus. Ruth Salzman, geboren am 13. August 1908, ist hell gekleidet, ihre Haut ist glatt, ihr Blick sehr wach.

Ins Gespräch kommen wir schnell, ich habe zunächst gar keine Zeit, mich weiter umzusehen, auf den Balkon zu treten, nehme erst später die Bilder an den Wänden wahr, den Picasso, die kleinen Giacometti-Skulpturen, die von der Lampe baumeln und an denen sie ihren Schmuck aufhängt. Gleich sitze ich ihr gegenüber an dem kleinen Tisch am Fenster und werde mich in den nächsten Stunden nicht von dort wegbewegen.

Ich spreche sie auf die Gedenktafel am Haus gegenüber an, und sie überrascht mich mit der Feststellung, dass sie Gertrude Stein gekannt hat, allerdings nicht als Nachbarin, denn sie ist erst vor ein paar Jahren hierher in diese Straße gezogen, als die Stein schon lange tot war.

Ich weiß nicht, wie ich das Gespräch von solchen Themen auf mein eigentliches Anliegen lenken soll, ich habe keine Strategie, wie ich sie überreden könnte, doch noch an meinem Filmbeitrag mitzuwirken. Aber bald wird mir klar, dass ich gar nicht kämpfen muss, sie geht jetzt einfach davon aus, dass wir das machen.

Zu verdanke habe ich das, so sagt sie es, dem Regisseur Bertrand Tavernier, mit dem sie befreundet ist. Ihm hat sie die Bitte, sie zurückzurufen, auf dem Anrufbeantworter hinterlassen, und als er zurückkam vom Filmfestival in Toronto, hat er sich gleich gemeldet, und als sie ihn fragte, ob sie mitmachen soll bei meinem Film, hat er gesagt: Auf jeden Fall!

Danke, Herr Tavernier!

Beinahe wären wir einander begegnet, der große Regisseur aus Paris und der kleine Redakteur aus Saarbrücken. Aber der Redakteur war zu schüchtern. Als Ruth Salzman mich fragt: „Wollen Sie ihn kennenlernen? Sollen wir gleich zu ihm fahren?", trifft mich das völlig unvorbereitet, und ich sage, wir sollten das lieber lassen, ich kenne keinen Film von Tavernier, und das sei keine gute Voraussetzung für ein Gespräch mit einem Regisseur. Ich erinnerte mich an einen Satz aus Max Frischs „Gantenbein"-Roman: „Was soll ein Schauspieler reden mit jemand, der ihn nie gesehen hat?", und was für Schauspieler gilt, gilt sicher auch für Regisseure.

Woher kennt Ruth Salzmann den Regisseur? Sie war eng befreundet mit dem Szenaristen Jean Aurenche, der, Jahrgang 1904, in seinen späten Jahren mit Tavernier zusammengearbeitet hat. Aurenche, das war offenbar die wichtigste Person im Leben von Ruth Salzman. Als sie den Namen erstmals am Telefon erwähnt hat, wusste ich nicht einmal, wie er geschrieben wird. Ich habe dann schnell nachgeschlagen und gelernt, dass er, meist in Zusammenarbeit mit Pierre Bost, der Autor zahlreicher französischer Filmklassiker der 30er bis 50er Jahre gewesen ist. „Sein geschliffener, aber konventioneller Erzählstil und seine konsumgerechte Anpassung an die französische Filmtradition", las ich im Lexikon, „machten ihn zu einem der Hauptangriffsziele der Nouvelle Vague." Namentlich François Truffaut hat 1954 in einem dann legendären „Cahiers du Cinéma"-Aufsatz scharf gegen das Tandem Aurenche/Bost polemisiert.

Als ich mein frisch erworbenes Wissen bei Ruth Salzmann anbringe, winkt sie ab: „Was würden Sie machen, wenn Sie jung sind und wollen auf sich aufmerksam machen? Sie müssen erst mal die Alten vernichten." Sie sieht also in so einer Kontroverse keine geistige Auseinandersetzung, sondern eine Marktstrategie. Aurenche sei danach für ein paar Jahre aus dem Geschäft gewesen.

Und es war dann der fast vierzig Jahre jüngere Bertrand Tavernier, der das Duo Aurenche/Bost wieder ins Spiel brachte. Als der Filmkritiker seinen ersten eigenen Film machte, „Der Uhrmacher von St. Paul", griff er fürs Drehbuch auf die bewährten Kollegen zurück, und von da an haben er und dann auch andere Regisseure Aurenche wieder häufig beschäftigt.

Auf dem Tisch hat Ruth Salzmann ein Buch liegen, das im Mai, nach seinem Tod im Vorjahr, herausgekommen ist: Gespräche mit Jean Aurenche. An zwei Stellen kommt sie darin vor, und sie ist nicht mit allem einverstanden, was da steht. So erzählt Aurenche, wie er drei Jahre lang, bis 1934, kurze Reklamefilme gedreht hat. Dann hat er „eine junge Saarländerin" kennengelernt, die ihm das Startkapital geliehen hat, um eine kleine Produktion zu gründen. „Die Gesellschaft bestand aus einem Direktor – das war ich, einem Drehbuchautor – ich, einem Regisseur – auch ich, einem Klinkenputzer – alles ich…" Ruth Salzman ist nicht gekränkt, sie lamentiert nicht, aber das hält sie doch für übertrieben. Die Verhandlungen mit den Geschäftspartnern, die habe in der Regel nicht er geführt, sondern sie.

An anderer Stelle wird Aurenche darauf angesprochen, dass die Freundschaft, die Liebe in seinem Leben und seinen Filmen wohl eine große Rolle gespielt haben. Ja, antwortet er und erzählt, wie er nach dem Krieg zusammen mit Jean Gabin, Claude Autant-Lara, Pierre Bost und – jetzt nennt er ihren Namen – Ruth Salzman noch einmal eine Filmproduktion gegründet hat, die „Films de Mai". Während er zuvor von der anonymen „jeune Sarroise" (jungen Saarländerin) trocken festgestellt hat: „elle est restée une amie" (sie ist eine Freundin geblieben), nennt er Ruth Salzman jetzt - sie liest es mir ohne Anzeichen von Ergriffenheit vor - „une amie très chère, un de mes grands amours" (eine sehr teure Freundin, eine meiner großen Lieben).

Dass sie mit ihm gegangen sei, nachdem er gekommen war, um bei ihr ein gutes Wort für einen verliebten Freund einzulegen, sei Quatsch, sagt sie. Aber wahr sei, dass sie Jean Gabin einen Finanzier vorstellen wollte und in diesem Moment seinen Namen vergessen hatte – und dass der Schauspieler ihr das nie verziehen habe. Neu ist ihr, was Aurenche in diesem Gespräch offen ausspricht: Er ist aus der gemeinsamen Firma ausgestiegen, weil er nicht nein sagen konnte, als man ihm plötzlich viel Geld bot für seine Drehbücher. Sie wusste gar nicht, sagt Ruth Salzman, dass er jemals Geld gehabt hat, „mir gegenüber war er immer arm".

Zuerst sitzen wir auf den beiden Lehnstühlen am Fenster zur Straße. Dann, nachdem sie mir ihre Bilder gezeigt hat, wechseln wir über zum Sofa, wo auf der Ablage unterm Tisch etliche Postkarten von Jean Aurenche liegen, der ihr eine Zeitlang mindestens eine am Tag geschickt hat.

Bevor die Geschäfte schließen, gehen wir zur FNAC, weil ich mir das Aurenche-Buch kaufen will. Die Buchabteilung im zweiten Stock ist gut sortiert, wir finden den doch ziemlich speziellen Titel auf Anhieb. Als der junge Mann an der Kasse sich das Buch etwas länger anschaut, fragt Ruth ihn, ob er sich für Film interessiert, und als er es knapp bejaht, fasst sie nach, ob er Jean Aurenche kennt, und als er dies nicht verneint, kann sie es sich nicht verkneifen, ihm zuzuraunen: „J'étais sa femme." (Ich war seine Frau). Der Schnösel lässt sich nicht anmerken, dass er beeindruckt ist.

Wir fahren dann mit dem Bus ein Stück um den Jardin du Luxembourg herum bis zur Place Edmond Rostand, schlendern durch den Park, vorbei an der Baumschule, die sie einmal besichtigt hat, und an alten Bäumen, die sie noch malen will, zurück in ihre Wohnung. Es ist dunkel geworden. Im Wohnzimmer geht das Licht nicht mehr. Offenbar ist die Sicherung herausgesprungen, als sie am Nachmittag einen alten Toaster als Heizöfchen benutzen wollte. Im Sicherungskasten sieht einiges arg verschmurgelt aus, es gelingt uns nicht, den Schaden zu reparieren. Also nutzen wir den Schein einer hohen Kerze, die sie in eine kleine Badoit-Flasche aus Plastik steckt. Wir setzen uns wieder an den Tisch am Fenster, wir essen geräucherten Lachs, den ich, ihrem Vorbild folgend, auf mit Käse bestrichene Plini lege, und führen unser seit vielen Stunden nicht unterbrochenes Gespräch fort.

Ich glaube, es gefällt ihr sehr, hier im Schummerlicht mit einem Mann zu sitzen. Sie spricht viel von der Liebe, von den Männern. Jetzt erlebt sie es bei ihrem Enkel wieder, der mit ihr alles bespricht, wovon er seinen Eltern nicht reden darf. Er hat ihr erzählt, ihn ekelt die Vorstellung, seine Zunge in den Mund einer Frau zu stecken. Er hat jetzt eine Freundin, aber er ist nicht zufrieden, sie ist vorn zu flach. Stellen Sie sich vor, sagt die Großmutter zu mir, dabei habe sie auch nie viel Busen gehabt. Aber immer Chancen bei den Männern. Warum? Weil sie hübsch war, sagt sie, und – weil sie nie auf das Geld der Männer angewiesen war.

Ihr Materialismus ist manchmal verblüffend, erinnert mich an Brecht. Mit dem hatte sie übrigens auch Kontakt, indirekt, über Helene Weigel. Der Weigel hat Ruth, als das Berliner Ensemble im Sommer 1954 mit „Mutter Courage" in Paris gastierte, Moritaten vorgesungen, die sie als Kind in Lebach den Dienstmädchen abgelauscht hatte. Helene Weigel hat die Lieder dann Brecht vorgesungen, dem sollen sie gefallen haben.

Es waren Lieder von Herz und Schmerz, von Frauen, die sich von Brücken stürzen. Ruth Salzman belustigt so etwas, ich glaube nicht, dass sie jemals daran gedacht hat, sich von einer Brücke zu stürzen, schon gar nicht wegen einem Mann. Das Geheimnis der Liebe ist für sie wahrscheinlich keins, obwohl sich auch für sie nicht alles auf die Frage des selbst bezahlten Kaffees reduziert. Sie hatte eine Freundin, die hatte immer die tollsten Männer. Einmal fragte Ruth diese Germaine nach ihrem Erfolgsrezept. Es war: Sie erzählte jedem Mann nach der ersten Nacht, sie habe noch nie einen richtigen Orgasmus gehabt, erst bei ihm. Und auch die intelligentesten Männer, sagt Ruth Salzman, haben das geglaubt.

Was das für ein Verhältnis war zwischen Ruth Salzmann und Jean Aurenche, da bin ich aus ihr nicht ganz schlau geworden. Dass sie seine Frau gewesen ist – das klingt ziemlich eindeutig. Verheiratet waren sie nicht, aber da war etwas zwischen ihnen, und dann war auf einmal nichts mehr, obwohl sie noch Kontakt miteinander hatten, und ich verstehe nicht, warum es sie wundert, dass Herr Salzman und Aurenche sich nicht leiden konnten. Sexuell sei zwischen ihr und Aurenche nichts gelaufen, sagt sie, und als er alt geworden war und hinfällig, da habe er behauptet, sie sei seine einzige wahre Liebe gewesen und habe zu ihr zurück gewollt, aber da habe sie genau gewusst, ihm ging es nur darum, gepflegt zu werden, und sie sagte nein.

In ihrem Schlafzimmer zeigt sie mir ein Bild, das sie über die ganze mit Leinen tapezierte Wand gemalt hat. Eine Szene aus dem Jardin du Luxembourg. Auf einem breiten Weg ein Junge und ein Mädchen, sie haben Interesse aneinander, sind aber weit voneinander entfernt. Rechts im Gebüsch ein Liebespaar, eng umschlungen, aus Marmor. „Wissen Sie, warum ich das Bild gemalt habe?" Sie zeigt auf eine Stelle an der Wand. „Hier hat Aurenche immer mit dem Kopf gelegen, wenn er bei mir schlief. Und weil er immer ungepflegte Haare hatte, war an dieser Stelle nachher ein Fettfleck. Den habe ich dann zu übermalen begonnen, ich wusste noch nicht, auf was es hinauslief, aber dann ist im Lauf des Tages dieses Bild entstanden." Die Chronologie gerät mir durcheinander: Hat sie mir nicht vorhin erzählt, sie habe diese Wohnung erst vor vier Jahren gekauft? Und sie hatte doch zuletzt gar keinen näheren Kontakt mehr mit Jean Aurenche, der im Vorjahr gestorben ist?

1932 ist sie nach Paris gekommen. Sie hatte an der von Fritz Grewenig geleiteten Staatlichen Schule für Kunst und Kunstgewerbe in Saarbrücken studiert. Ihr Professor Oskar Trepte habe sie sehr gefördert und ihr ein Empfehlungsschreiben mitgegeben an den Pariser Kunsthändler Daniel Henri Kahnweiler. Der sah sich ihre Zeichnungen an, sagte, sie seien recht gut, aber die von Matisse seien besser. Sie wollte, dass er ihr wenigstens einen Lehrer vermittle, bei ihm seien doch Braque, Léger, Picasso unter Vertrag. Braque und Picasso nähmen keine Schüler, sagte er, und vermittelte sie an Léger. Der hat sich aber nicht viel um seine Schüler gekümmert. Immerhin, sie durfte mit anderen Mädchen zusammen das riesige Wandbild ausmalen, das er für die Weltausstellung 1935 in Brüssel entworfen hatte. Es gab unter seinen Schülern junge Männer, die konnten viel besser malen als ich, sagt Ruth Salzman, aber darauf kam es Léger nicht an, er wollte junge Mädchen um sich haben und suchte sich für diese Arbeit die hübschesten aus.

Es hört sich in der Erinnerung von Ruth Salzman so an, als sei der Start in Paris ganz leicht gewesen. Wenn man ins richtige Café ging, wenn man ein junges Mädchen war und seinen Kaffee selbst bezahlte, hatte man schnell Kontakt mit der Kunstszene. Alle verkehrten im Café de Flore, man war mit ihnen mehr zusammen als mit der eigenen Familie, manche kamen dreimal am Tag dorthin. Woher Ruth Salzman schon nach zwei Jahren genug Geld hatte, um Aurenche ein Startkapital für seine Filmproduktion zur Verfügung zu stellen, weiß ich nicht. Vielleicht war sie doch eher eine Geschäftsfrau als eine Künstlerin.

Sie macht nichts daher mit ihrer Malerei. Sie geheimnisst nichts hinein, macht sich nicht wichtig damit, sagt nie: „Ich als Künstlerin…" Sie sagt, sie kann den Wert ihrer Bilder sehr gut einschätzen. Was andere Künstler nie tun würden: Sie schlägt mir vor, doch auch mit der Malerei anzufangen. Das sei etwas so Schönes, auch später im Alter. Mit ihren fertigen Bildern sei sie nie zufrieden, aber während des Malens sei sie vollkommen glücklich, da gebe es nichts als die Zeichen auf dem Papier und die eigenen Gedanken, und alles sei möglich.

In ihrer Wohnung hängen eigene Bilder neben denen ihrer Mutter, Emma Stern. Nachdem ihr Mann 1919 an den Folgen eines Kriegsleidens gestorben war, hatte die Mutter das Textilgeschäft in Lebach weitergeführt. Weil sie Jüdin war, emigrierte sie nach dem Anschluss des Saarlandes ans Dritte Reich 1935 zunächst nach Metz, dann nach Paris zu ihrer Tochter. Als Saarländerin durfte sie ihre Vermögenswerte nach Frankreich transferieren und konnte – so lese ich es in einem Katalog – bis zum Kriegsausbruch ein verhältnismäßig sorgenloses und unbehelligtes Leben führen. Nach der Besetzung Frankreichs musste sie mit falschen Papieren „untertauchen", um sich dem Zugriff durch die Gestapo zu entziehen. Einer ihrer ebenfalls nach Frankreich emigrierten Söhne wurde verhaftet und nach Auschwitz deportiert, von wo er nicht mehr zurückgekehrt ist. Ihre Tochter Ruth wurde von einem russischen Geschäftsmann namens Salzman geschützt, den sie später aus Dankbarkeit heiratete; er starb in den 50er Jahren.

Nach dem Krieg, bei einem Sommerurlaub mit der Tochter in Jouen-les-Pins, griff Emma Stern, die bis dahin nur gestickte Kissen und Decken gestaltet hatte, zu Ruths Malsachen, und als die Familie vom Strand zurückkam, waren alle sehr angetan von dem, was die alte Frau da gemalt hatte. So begann für die Siebzigjährige eine Karriere als naive Malerin, Galerien zeigten bald ihre Bilder, Museen kauften Werke an.

Ruth Salzman, die ihre eigenen Bilder nicht verkauft, kümmert sich um den Nachlass ihrer Mutter. Sie zeigt mir das erste Bild, das Emma Stern gemalt hat: Kieselsteine auf grünem Grund. Auf dem Sofa liegt ein Kissen, dass sie gestickt hat, bevor sie malte. Erinnert es nicht an Bilder von Klee?, fragt die Tochter. Ich finde es tragisch, dass die Mutter als Amateurin die Tochter, die sich von Jugend an der Kunst gewidmet hat, an künstlerischem Erfolg überholte. Aber Ruth spricht voller Anerkennung von den Bildern der Mutter, von Rivalität ist nichts zu spüren.

Was sie aber öfter wiederholt, ist, dass ihre Mutter sich um sie als Kind nie gekümmert hat, sie hatte nie Zeit. Das Mädchen hätte gern im Haushalt und im Geschäft mitgeholfen, aber sie durfte nichts tun. Sie wusste früh, dass sie ein nicht gewünschtes Kind war, auch ihr Bruder hatte sich kein Geschwister gewünscht. Immer wieder musste sie hören, dass ihre verstorbene Schwester viel schöner und lieber gewesen ist als sie. Sie war nicht lieb. Sie war früh auf sich selbst gestellt. Aber dadurch ist sie eine selbständige Frau geworden. Das Verhältnis zur Mutter hat sich erst gebessert, als sie diejenige war, die sich um die Mutter kümmern musste.

Ruth sitzt jeden Tag am Fenster des Zimmers, in dem ihre Staffelei steht und das man nicht als Atelier bezeichnen kann, und malt. Bis zum Sommer ist sie zweimal die Woche zu einem Aktzeichenkurs in den Louvre gegangen. Im August war sie mit einer Gruppe jüngerer und älterer malender Frauen in der Bretagne, in der Villa einer gewissen Maud, die sie vorher gar nicht gekannt hat und die sich später als die steinreiche Comtesse de C. herausgestellt hat. Sie zeigt mir die dort entstandenen Zeichnungen mit Strandszenen. Die weniger gelungenen Zeichnungen, erklärt sie mir, übermalt sie farbig und setzt gelegentlich, wenn das Bild zu öd ist, Figuren hinein. Den gezeichneten Nackten aus dem Aktzeichenkurs malt sie Kleider auf den Leib, nicht aus Prüderie. Jetzt überlegt sie, wieder vom Gegenständlichen wegzukommen; denn sie hat seit kurzem etwas an den Augen, sie sieht manches doppelt, bei abstrakter Malerei sei das nicht so schlimm.

Mit der aktuellen Kunst hat sie es nicht mehr. Aber für die Kunst ihrer frühen Pariser Jahre glaubt sie ein ganz sicheres Gespür zu haben. Sie hat sich im Kunsthandel betätigt, war Geschäftspartnerin von Kahnweiler. Damals hat sie wohl recht günstig Bilder bei den Malern gekauft, sie nennt Braque, Max Ernst. Einige dieser Gemälde besitzt sie noch, sie bewahrt sie in einem Koffer im Banktresor auf. Ich frage, ob es denn nicht schade ist, dass die Öffentlichkeit diese Werke nicht sehen kann, und ob sie sie denn nicht wenigstens als Leihgaben Museen oder Galerien zur Verfügung stellen könne. Ruth Salzmann wehrt ab: Wenn die Leute sie ständig sehen können, verlieren die Bilder doch an Wert!

Desungeachtet hält sie die Spitzenkunst für überbewertet. Sie vergleicht die Preise nicht mit denen nicht arrivierter Künstler, sondern mit dem Wert ihrer Eigentumswohnung. Die hat sie für einen Bruchteil des Geldes erworben, das manche Bilder kosten – dabei ist der Nutzwert einer Wohnung doch viel höher als der eines einzigen Bildes, das in so einer Wohnung an der Wand hängt!

Ruth Salzman hat nicht nur das Buch über Aurenche auf dem Tisch liegen. Sie liest einen Report von Anne Grynberg über die „Lager der Schande“, die Juden in französischen Internierungslagern während des Vichy-Regimes. Sie selber war in Gurs, aber das erwähnt sie nur in einem Satz; weil sie am besten Französisch sprach, wurde sie zur Sprecherin der internierten Frauen. Ein bisschen amüsiert erzählt sie, dass sie das Buch einer Freundin empfohlen hat, die eher eine Linke ist, aber die habe pikiert abgelehnt: Sie kenne das Problem.

Man kann sicher nicht sagen, dass Ruth Salzman gleichen Abstand zu Frankreich und zu Deutschland hat. Aber sie hat nicht die Angewohnheit, sich immer mit einer Gruppe identifizieren zu müssen. Deutschland ist ihr fremd geblieben, auch nach ihrem Besuch in Lebach. Sie hätte gar nicht dorthin gehen sollen, meint sie. Die heutige Stadt habe mit ihrer Erinnerung nichts mehr zu tun, die Häuser, die sie kannte, stehen nicht mehr. Sie befürchtet, dass das Erlebte ihr die Erinnerung beschädigen wird. Da hat sie auch eine Frau wieder getroffen, die hatten sie als Au-pair-Mädchen in die Famiulie aufgenommen. Jetzt, in Lebach, hat sie ihr gestanden, dass sie beim BDM war und dort offenbar eine höhere Position gehabt hat. Sie hätte es ihr doch nicht erzählen sollen, meint Ruth Salzman, sie hat es gar nicht wissen wollen. Aber jetzt, wo sie es weiß, ist sie sehr enttäuscht.

In ihrer Jugend hat es keine Rolle gespielt, dass sie Jüdin war. Ihre Freundinnen waren meistens katholisch, und sie wollte es auch sein. Viermal habe der Pastor sie im Spiel getauft. Und dass sie in der katholischen Kirche putzte, durfte ihre Mutter um Gottes willen nicht erfahren.

Wie so viele andere, hat erst Hitler sie gezwungen, sich als Jüdin zu begreifen. Und eigentlich, sagt sie, verdankt sie ihm auch, dass sie nach Paris gekommen ist und so ein interessantes Leben führen konnte. Einem ihrer Brüder hat die Familie es übelgenommen, dass er nach dem Krieg nach Lebach zurückgegangen ist. Für sie wäre es undenkbar; aber sie versteht ihn, wenn auch mit ein bisschen Herablassung: In Lebach war er jemand, anderswo kannte ihn kein Mensch.

Nazis sieht Ruth Salzman nicht nur in Deutschland. Sie sieht die Kollaboration der Pétain-Anhänger. Sie bezeichnet fundamentalistische Israelis als Nazis. Und sie erzählt von den Spatzen, die sich im Schacht ihrer Speisekammer ein Nest gebaut haben und um die dann bedrohlich die Schwalben kreisen: „Sind doch richtige Nazis, die Schwalben, was?"

Wir unterhalten uns, und die Zeit vergeht. Um zehn Uhr klingelt das Telefon. Es ist ein junger Mann, der für sie Bilder rahmt. Er soll nächste Woche wieder kommen. Seine Firma, ein traditionsreiches Unternehmen, ist eingegangen; sie sagt ihm unumwunden, dass sie erwartet, dass er jetzt billiger ist, wo er auf eigene Rechnung arbeitet. Aber sie bleibt sehr charmant im Ton, fragt nach dem Privatleben, nach der Freundin. Schließlich macht sie – und sie zwinkert mir dabei zu – ihr Elektrizitätsproblem zu seinem. Ob er nicht mal nach den Sicherungen schauen könne? Er hat keine Ahnung von Elektrizität? Aber er kennt doch sicher einen anderen jungen Mann, der das erledigen kann? Nein? Ach, sie ist sicher, er wird einen finden, sie verlässt sich darauf. Das alles sagt sie in leicht schäkerndem Ton zu dem fünfzig Jahre jüngeren Mann, ihre Stimmlage ist dabei etwas tiefer. Am Telefon könnte man glatt auf sie hereinfallen, aber der junge Mann kennt sie ja, er war schon öfter in ihrer Wohnung, doch sie hat ihn am Haken, er will den Auftrag.

Um halb zwölf beschließen wir, dass es vernünftig ist, allmählich schlafen zu gehen. Ich brauche mir kein Hotelzimmer zu suchen, sie hat mir ein Bett in ihrem Atelier angeboten.

Nachdem Ruth Salzman sich einmal dazu entschlossen hat mitzumachen, bleibt sie dabei. Drei Wochen nach meinem Besuch bin ich mit dem Fernsehteam in Paris. Ruth hält den Dreh durch, obwohl die zweieinhalb Tage für sie sehr anstrengend sind und es für sie unmöglich ist zu durchschauen, wie das Produkt aussehen wird, das wir aus den vielen Bild- und Tonaufnahmen zusammensetzen werden.

Weil die Wetterlage unsicher ist, beginnen wir, als der Montag sich trocken und klar zeigt, mit Außenaufnahmen. Wir gehen in den Jardin du Luxembourg, Ruth setzt sich für die Kamera vor die alten, absterbenden Bäume, die sie so beschäftigen, und skizziert einen davon mit Bleistift aufs Zeichenpapier. Da werden wir von einem Parkwächter unterbrochen, der nach unserer Drehgenehmigung fragt. Wir haben keine. Ich folge ihm zum Sitz des Senats, dem der Park gehört. Er sitzt in einem Gebäude am Rande des Gartens, selten habe ich so schicke Büros gesehen, noch nie so viele gutaussehende Sekretärinnen wie bei meinem Weg durch die Vorzimmer. Schließlich wirkt der Name ARD Wunder, ich bekomme die Drehgenehmigung, wir können unsere Arbeit fortsetzen.

Wir filmen Ruth beim Gang durch den Park, sie zeigt uns Ansichten, die sie immer wieder gemalt hat, wir drehen noch ein paar sonstige Impressionen. Danach ist sie sehr erschöpft.

Am Nachmittag sind wir bei ihr in der Wohnung. Wir hätten gern, dass Tavernier mitmacht, zu ihr nach Hause kommt oder ins berühmte Café de Flore, und sich vor laufender Kamera mit unserer Protagonistin unterhält. Aber Tavernier ruft nicht zurück, und der Geschäftsführer des Flore ist am Telefon sehr abweisend: Die Genehmigung könne nur der Chef geben (der aber nie da ist, wenn wir anrufen), er glaube aber nicht, dass der Chef einverstanden sein werde, da die Kundschaft nicht gefilmt werden möchte. Ruth hat eine Erklärung für diese Zurückhaltung: Sie hat gehört, das Café sei neuerdings ein Treffpunkt für Schwule, und die wollten sich natürlich nicht im Fernsehen geoutet sehen.

Also drehen wir zunächst einmal mit ihr allein in ihrer Wohnung. Wir haben uns folgenden Plan zurechtgelegt: Sie soll an ihren rings im Zimmer an der Wand aufgestellten Bildern entlanggehen und erzählen, welche Erinnerungen sie damit verbindet. Aber das klappt nicht, sie müsste zu viel beachten, um uns die richtigen Einstellungen für Bild und Ton zu ermöglichen – man kann so eine alte Frau nicht mediengerecht dressieren. Wir ändern unser Konzept, zerlegen alles in lauter kleine Teilchen, von denen ich nur hoffen kann, dass ich sie am Schneidetisch einigermaßen zusammenkriege.

Am nächsten Morgen drehen wir bei Ruth im Atelierzimmer. Sie sitzt vor ihrer Staffelei am Fenster und zeichnet mit bunter Kreide das Haus gegenüber, in dem Jehudi Menuhin eine Wohnung hat, und zum Schluss verwischt sie die Farben mit der Hand und macht ein Gesicht daraus.

Und dann klappt es doch noch mit dem Café de Flore. Wir haben nicht mehr angerufen, sondern sind einfach hingegangen zum Boulevard Saint-Germain 172, und jetzt ist die Tochter des neuen Besitzers da, Carole Chrétiennot, eine Frau von vielleicht fünfundzwanzig Jahren, die sich sehr interessiert zeigt an der Geschichte des Cafés und froh ist, Ruth Salzman kennenzulernen. Und wir bekommen die Drehgenehmigung.

Bertrand Tavernier hat sich immer noch nicht gemeldet, und so zeigen wir Ruth im Gespräch mit Carole Chrétiennot, und zum Schluss sagt Ruth, sie habe soeben in der jungen Frau eine neue Freundin gewonnen. Und als wir uns verabschieden und das Flore verlassen, bleibt Ruth noch dort sitzen, wo sie in den dreißiger Jahren und dann wieder in den fünfziger Jahren ihr zweites Zuhause gehabt hat.

Als wir weg sind, überkommt, mich die Melancholie, die ich immer empfinde, wenn ich mich von den Darstellern unserer Bildschirmwelt trenne. Ich habe dann den Verdacht, dass dies wieder einmal ein großes gegenseitiges Missverständnis gewesen ist, wenn nicht ein Betrug.

Immerhin, im Juni 94 hat Ruth Salzman durch meine Vermittlung eine Ausstellung im Saarländischen Künstlerhaus in Saarbrücken. Sie macht es unter dem Namen Ruth Stern. Ich glaube, es ist ihre erste Ausstellung überhaupt. Zuvor ist im „Kulturspiegel" der Film über sie gelaufen. Es ist eine schöne Ausstellung, gut ausgewählt von Monika Schrickel, der Geschäftsführerin des Künstlerhauses. Aber Ruth hat durchschaut, dass der Ausstellungsort keine erste Adresse ist. Sie will mir ein Bild schenken, und ich habe gesagt, wir kommen nach Paris, es uns abholen.

Wir telefonieren gelegentlich miteinander. Jedes Mal lädt sie mich ein, sie mit der Familie in Paris zu besuchen, lange kommt es nicht dazu. Im Juli 95 ist es so weit. Mit unseren beiden Töchtern und unserer lettischen Austauchschülerin fahren wir zum Urlaub in die Bretagne und wollen Zwischenstation in Paris machen, um uns mit Ruth zu treffen. Sie bucht für uns ein Hotel ganz in der Nähe ihrer Wohnung. Am Telefon sagt sie immer wieder sehr herzlich, dass sie sich freut.

Am Sonntagmorgen vor unserem Besuch ruft sie noch einmal an, um sich wegen des Hotelzimmers zu vergewissern, und erzählt ein bisschen von ihrem zurückliegenden Urlaub. Am Abend vor unserer Abreise, am Donnerstag, kommt ein Anruf von Thomas Rückher, dem Lehrer aus Lebach, er sagt mir, dass Ruth gestorben ist. Ich kann es gar nicht fassen. Ich weiß, sie war alt, sie hat auch immer wieder darauf angespielt, dass sie nicht mehr so lange leben würde, aber sie war so voller Leben, und ich war mit ihr doch für den kommenden Tag verabredet. Sie hat noch davon gesprochen, dass sie uns mit ihrem Enkel für eine Woche in der Bretagne besuchen wollte. Soviel Thomas Rückher von der Schwiegertochter weiß, ist sie in der Nacht von Dienstag auf Mittwoch gestorben, wenige Wochen vor ihrem 87. Geburtstag, und zwar an einer Salmonellenvergiftung, die sie sich im Urlaub zugezogen hat.

Am Freitag kommen wir in Paris an, quartieren uns ein im Hotel Perreyre, an der Ecke zur rue de Fleurus, also nahe beim Haus von Ruth, wohnen beklommen in Zimmern, die die Tote für uns bestellt hat.

Sekretärinnen

Aus meinem Soziologie-Studiums wusste ich: In Unternehmen gibt es eine formale und eine informelle Struktur. Im Organigramm wird jedem Mitarbeiter eine bestimmte Stellung, eine bestimmte Funktion zugewiesen. Überlagert wird diese formale Struktur davon, wie es tatsächlich abläuft im Betrieb. Schon als freier Mitarbeiter merkte ich: Sekretärinnen stehen in der Hierarchie weit unten, aber in der Realität können sie ziemlich mächtig sein. Die Redakteure, die Abteilungsleiter, die Chefs kommen und gehen, die Sekretärinnen bleiben. Sie wissen, wie der Laden läuft, an welchen Stellschrauben man drehen muss. Ohne sie wäre mancher Chef aufgeschmissen. Das war schon so, als es ausschließlich Frauen waren und sie vor allem Steno und Maschinenschreiben beherrschen mussten. Später, als Redaktionsassistentinnen, hatten sie viel mehr Kompetenzen.

Die Sekretärinnen üben ihre Macht auf sehr unterschiedliche Art aus. Sie machen sich unentbehrlich. Sie gleichen die Defizite ihrer Chefs aus. Eine korrigierte seinerzeit, als handschriftliche Texte noch von der Sekretärin in die Maschine abgetippt wurden, die Rechtschreibfehler des Abteilungsleiters. Eine erledigte für ihren Chef alle Telefongespräche, die auf Französisch geführt werden mussten. Eine übernahm den Mailverkehr des Hauptabteilungsleiters, weil der nicht einsah, dass er sich zehn Jahre vor der Rente noch mit diesem neumodischen Zeugs herumschlagen sollte. Eine wimmelte für den Chef die Anrufe seiner Frau ab. Eine machte dem Direktor die Steuererklärung und kümmerte sich um seinen Versicherungskram. Eine heiratete ihren Chef und trieb ihn mit ihrem Ehrgeiz in eine hierarchische Position, in der er sichtbar litt.

Eine hielt mit ihrer groben Art dem viel zu sensiblen Chef die unerwünschten Besucher vom Hals. Eine hatte ein Herz für arme Mitarbeiter und bereitete vor schwierigen Gesprächen die Atmosphäre bei ihrem Chef vor. Eine meldete sich am Telefon mit so breitem Platt, das man kaum glaubte, mit einer Kulturredaktion verbunden zu sein. Eine veredelte mit ihrem Aussehen und ihren guten Manieren das Klima im Büro ihres Chefs. Eine erzählte den Mitarbeitern alles weiter, was ihr verhasster Chef geheim halten wollte.

Eine Selbstbewusste setzte sich in der Kantine immer zu den Redakteuren, nie zu den Kolleginnen. Eine machte am Telefon nebenbei Versicherungsgeschäfte. Eine richtete sich im Büro eine Amateurfunkstation ein. Eine hatte Getränkekästen einschließlich Bier in der Ecke ihres Zimmers gestapelt. Eine bestimmte selber, wann sie Feierabend machte, und legte ihre Arzttermine immer in die Dienstzeit.

Eine musste nach der Scheidung arbeiten, lernte aber nie richtig Steno und Maschineschreiben. Eine, Ehefrau eines hochgestellten Mitarbeiters in einer Privatfirma, suchte nach einer Beschäftigung und war so gut in ihrem Job, dass sie rasend schnell Karriere machte.

Ich hatte Glück mit allen Sekretärinnen, die für mich arbeiteten. Neulich meldete ich mich mal wieder bei einer von ihnen und verabredete mich mit ihr zu einem Plausch in einem Saarbrücker Café. Da musste ich doch schmunzeln über die Keuschheit der 75jährigen, die sagte, sie sei so froh, dass meine Frau nie etwas dagegen gehabt habe, dass wir beide uns so gut verstanden. Sofort waren mir die alten Zeiten wieder nah.

Damals hatten wir in der Hörfunkredaktion zwei Sekretärinnen, wie sie unterschiedlicher kaum hätten sein können. Die Jüngere war sehr tüchtig, verstand schnell, arbeitete zügig, hatte alles im Griff. Es machte ihr Spaß, Aufgaben zu erledigen. Man hätte sie für einen rationalen Typ halten können, aber wenn man länger mit ihr zu tun hatte, merkte man, dass unter der sachlichen Fassade großes Gefühl, große Leidenschaftlichkeit, die zu unerwarteten Ausbrüchen von Irrationalität führen konnten. Sie konnte Menschen sehr eng und unerschütterlich in ihr Herz schließen, aber sie konnte auch hassen. Auf Fotos aus ihrer Tanzstundenzeit sah sie mit dem Schnitt ihrer Augen und ihres Munds und mit ihren blitzenden Augen aus wie Sophia Loren; in ihrem mittleren Alter ging es ihr wohl nicht so gut, mit dem Herannahen des Alters wurde sie dann wieder eine Schönheit.

Ihr gegenüber am anderen Schreibtisch saß die Ältere, von der ich nicht sagen will, dass sie untüchtig war. Sie kam aus einer anderen Welt, hatte ebenfalls ein sehr schönes Gesicht, aber bei ihr ging es mehr ins Feine, Abgeklärte. Sekretärin hatte sie nie werden wollen, das war für sie ein Notanker, als sie nach ihrer Ehescheidung Geld verdienen musste. Sie hatte früher Kleider genäht und kleine Modeschauen veranstaltet, sie hatte einen guten Geschmack und verband jetzt ihren Sinn für Ästhetik mit einer Neigung zur Esoterik. Sie las Rudolf Steiner, machte sich über grundsätzliche Fragen des Lebens Gedanken und ging in klassische Konzerte. Für den Beruf einer Sekretärin in einer aktuellen Redaktion war sie viel zu zurückhaltend. Ich erinnere mich an eine Szene, als sie einem Kollegen mitteilte, dass in seiner Abwesenheit jemand für ihn angerufen hatte. Auf die Frage, wer es gewesen sei, antwortete sie, sie habe den Namen nicht richtig verstanden. Was der Anrufer denn gewollt habe? – Das habe er nicht gesagt. – Wie denn seine Telefonnummer sei? – „Aber ich konnte den Mann doch nicht einfach nach seiner Telefonnummer fragen!"

Das Erstaunliche war, dass die beiden Sekretärinnen gut miteinander klarkamen, in einem gewissen Sinn sogar miteinander befreundet waren. Vielleicht war es auch gar nicht erstaunlich, sie rivalisierten ja nicht miteinander, kamen sich gegenseitig nicht ins Gehege. Und beide hatten einen Vorzug, den nicht viele Kolleginnen mit ihnen teilten: Sie waren diskret und loyal, trugen Interna der Redaktion nicht nach außen. Was mir auch gut an ihnen gefiel, und was bei späteren Sekretärinnen bzw. Redaktionsassistentinnen genauso war: Wenn es um die Höhe von Honoraren ging, die sie ausschreiben mussten, legten sie, selber schlecht bezahlt, immer ein gutes Wort für die freien Mitarbeiter ein.

Beide haben später Karriere gemacht. Die Jüngere rückte auf ins Büro des Wellenchefs und Hörfunkdirektors und imponierte ihm so mit ihrer Tüchtigkeit, dass er, der kühle Hannoveraner, bei ihrer Verabschiedung überraschend persönliche, herzliche Worte fand. Die Ältere holte sich der Hauptabteilungsleiter in sein Vorzimmer, und er war hoch zufrieden mit ihr. Sie war – und das meine ich nicht abschätzig – wie geschaffen dafür, mit ihrer Sprache, ihrem Aussehen, ihren Manieren, am Telefon und im direkten Kontakt einen guten Eindruck zu machen; viel zu arbeiten gab es im Sekretariat eines Hauptabteilungsleiters nicht. Der Mann war glücklich, und sie war es auch.

Im Fernsehen hatte ich das Glück, dass im Büro seit vielen Jahren eine Mitarbeiterin saß, die den Betrieb, der für mich als Neuling gar nicht leicht zu durchschauen war, in- und auswendig kannte. Anita Löwe kannte viele Leute im Haus und war beliebt, so dass sie viele Probleme auf dem kleinen Dienstweg erledigen konnte. Auch zu unseren freien Mitarbeitern hatte sie ein gutes Verhältnis, gern saßen sie vor ihrem Schreibtisch und plauderten ein bisschen mit ihr, der Arbeit hat das nicht geschadet.

Ihre Arbeitszeit disponierte Anita Löwe weitgehend selbst. Selbstverständlich richtete sie sich nach den Erfordernissen unserer Redaktion. Aber ein Arzttermin am Morgen war ein fraglos anerkannter Grund fürs Späterkommen. Wenn sie beschloss, ihr Büro am Nachmittag früher als gewöhnlich zu schließen, sagte sie gern zu mir: „Herr Petto, Sie müssen jetzt sehr tapfer sein, ich lasse Sie jetzt allein." Aber der Betrieb funktionierte.

Zu Recht wurden die Sekretärinnen, die längst keine Diktate mehr entgegennahmen und schon gar nicht für den Chef Kaffee kochten, dann Redaktionsassistentinnen genannt. Als Anita Löwe später vor dem Arbeitsgericht um eine höhere Rente stritt und ich zu ihren Gunsten aussagte, zählte ich alle Aufgaben auf, die sie selbständig, ohne direkte Anweisung erledigte. Plötzlich dachte ich, dass der Richter sich wahrscheinlich fragte, was ich eigentlich so gemacht habe.

Zu Anfang meiner Fernsehzeit mussten die Sekretärinnen noch die Filmtexte abschreiben. Nach dem Schnitt ihrer Beiträge notierten die Realisatoren sich die Stellen im Timecode des Films, an die sie ihre Texte setzen wollten. Dann fuhren sie nach Hause, dichteten ihre Texte, kamen, teils mit handschriftlichen Manuskripten, wieder auf den Halberg. Der Redakteur redigierte, indem er in dem Manuskript herumstrich und andere Formulierungen über die Zeilen schrieb. Die Sekretärin schrieb das Ganze noch einmal sauber ab. Im Synchronstudio stellte sich oft heraus, dass die Textpassagen zwischen den O-Tönen und freistehenden Geräuschen zu lang waren, die Texte mussten angepasst werden. Danach stellte die Sekretärin noch einmal eine Version der gesendeten Fassung her, fürs Archiv.

Als die Faxgeräte aufkamen, brachte das insofern eine Erleichterung, als die Realisatoren sich einen Weg sparen konnten, indem sie den Text von zu Hause in die Redaktion schickten; für die Sekretärin blieb die Arbeit gleich. Erst als Texte direkt in den PC geschrieben und per Mail zum Halberg gesandt wurden, wo der Redakteur die Verbesserungen selbst in den Text einarbeiten konnte, waren die Sekretärinnen entlastet.

Wenn eine Sekretärin ausschied, war das für die Kolleginnen immer eine Chance, zu einem sympathischeren Chef zu wechseln oder zu einer besser bezahlten Stelle. Und die Chefs konnten sich mal nach einer Neuen umsehen. Ziemlichen Wirbel machte bei so einer Gelegenheit die unter den Kolleginnen kolportierte Äußerung eines Hauptabteilungsleiters: „Ich hätte auch mal gern was Knackiges."

Ich war bei der Nachfolgerin von Anita Löwe mal wieder auf der Sonnenseite. Christina Jenal, die Neue, war nicht nur überaus tüchtig, engagiert, loyal, sie brachte auch jeden Tag so viel gute Laune mit ins Büro, dass es eine Freude war, mit ihr zusammenzuarbeiten.

Marietta Schröder hat nie für mich gearbeitet, glücklicherweise, es hätte unsere Freundschaft sicher auf eine harte Probe gestellt. Sie kannte ich als Autorin.

Eines Tages tauchte sie als Sekretärin beim SR auf. Ihr Lachen war so eruptiv, dass ihr Vorgesetzter sie ermahnte, sich doch bitte zu mäßigen. Es war kein hysterisches, kein nervöses, auch kein kindisches Lachen, sondern die vitale Lebensäußerung einer erwachsenen Frau. So wie ihr Lachen die gedämpfte Atmosphäre einer Hörfunkredaktion aufsprengte, so sprengte Marietta alle bürgerlichen Konventionen. Dabei wollte sie gar nicht provozieren, nicht die Lebensweise anderer in Frage stellen. Sie war einfach so.

Als Schriftstellerin schrieb sie meistens Autobiografisches, und ihr Leben gab weißgott viel her. 1957 in Erlangen geboren, aufgewachsen unter schwierigen Verhältnissen in der Oberpfalz. Versuch, mit dem Vater ihres Sohnes in dessen afrikanischer Heimat zu leben. Alleinerziehende Mutter. Kam mit unglaublich wenig materiellen Gütern aus, ohne unglücklich zu sein. War mutig, ließ sich nicht unterkriegen, probierte viel aus. Doch was immer sie machte, sie bewahrte sich eine schöne Portion Unschuld, manche würden sagen: Naivität. Lebte ein paar Jahre in einem Wohnwagen, wurde am Ende Hausbesitzerin in Saarbrücken. Aber was für ein Haus! Ein richtiges Marietta-Haus. Verborgen, verwinkelt, schwer heizbar, aber innen total freundlich in den Marietta-Farben.

Marietta schrieb, wie sie war. Sie war die „Nitribitt von Tremmersdorf" (ein Buchtitel von ihr, 1993), und sie war, zum größten Teil jedenfalls, all die Frauen in ihren Hörspielen und Anthologiebeiträgen. Sie hatte ein Diplom als Übersetzerin für Englisch und Russisch, schlug sich in den letzten Jahren durch mit der Übersetzung englischer Liebesromane. Für den Saarbrücker Kulturkalender „kakadu" betreute sie die Literaturrubrik und gab dort vielen Autoren eine Chance.

Als sie es nicht mehr ertrug, sich ihren Lebensunterhalt als Sekretärin in einem Büro zu verdienen, baute sie sich eine neue Existenz auf, als Reiki-Meisterin, am Ende sogar als Reiki-Lehrerin. Das passte gut zu ihr: Kontakt mit Menschen, anderen helfen. Mit Handauflegen. Sie glaubte fest daran, dass sie die Kraft hatte, ihre positiven Schwingungen auf andere zu übertragen. Ich legte mich auf ihre Pritsche, glaubte, heilsame Wirkungen zu spüren; aber als sie behauptete, sie könne ihre Schwingungen auch per Telefon übertragen, endete mein Verständnis,

Man könnte viele Dinge aufzählen, die sie gemacht hat, aber das beschreibt sie nur unvollkommen. Sie war nicht, was sie machte, sie war, was sie war, sie war eine Persönlichkeit.

Wenn man mit ihr irgendwo hinging, drehten sich die Köpfe nach ihr um: wegen ihres flammend roten Haarschopfs, ihrer bunten weiten Gewänder, und, wie gesagt, wegen ihres Lachens. Sie fiel auf, ohne es auch nur zu merken. Malern war sie ein begehrtes Modell. Dabei war sie nicht schrill, sondern eine sehr ernsthafte Frau, die viel verstand vom Seelenleben der Menschen. Sie war darin geschult, hatte Gestalttherapie gemacht, bei der Telefonseelsorge gearbeitet; vor allem aber hatte sie keine Vorurteile im Kopf und besaß ein weites Herz.

Dass eine Blutung im Gehirn sie von einem Tag auf den anderen aus dem Leben riss, war unfassbar. Sie war der Inbegriff von Lebendigkeit, nichts in Mariettas Gegenwart war ferner als der Gedanke an den Tod.

Monsieur Claus

Neulich erzählte mir ein Kollege von einem Paris-Dreh, den er dieser Tage gemacht hat: zu zweit, er und ein Kameramann, morgens im TGV hin, abends zurück. Wir drehen noch auf Film und sind mit zwei Autos unterwegs. In einem ist die Kameratechnik untergebracht, das andere ist der Wagen des Beleuchters. Wir sind zu fünft: der Kameramann mit seinem Assistenten, die Tontechnikerin und der Beleuchter, und ich. Handys und Navis haben wir noch nicht, wir müssen aufpassen, dass wir uns in Paris nicht verlieren. Mir ist das später in

Luxemburg tatsächlich passiert, als wir die Moderation für den „Kulturspiegel" drehten. Auf der Fahrt von einem Drehort in der Stadt zum nächsten verloren wir unseren Beleuchter, er kam nie am zweiten Drehort an, von einer Telefonzelle aus riefen wir die Dispo in Saarbrücken an, aber bei der hatte sich der Kollege nicht gemeldet. Wir brachen den Dreh in Luxemburg ab und filmten die ausstehenden Moderationen in Saarbrücken – im Freien, wo wir nicht unbedingt einen Beleuchter brauchten, und so dicht am Moderator Stefan Miller, dass man die Umgebung nicht erkennen konnte.

Als wir in Paris ankommen, geht im Grand Palais gerade die Ausstellung des „Miserere"-Zyklus von Georges Rouault zu Ende. Ein paar Wochen zuvor war Rouault für mich nur ein unbestimmter Name, irgendein Künstler. Inzwischen habe ich mich schlau gemacht, das ist ja das Schöne an diesem Beruf, man lernt ständig dazu. Ein Mann hatte sich mir vorgestellt und mir erzählt, dass er diese Ausstellung organisiert hat, weil er die Tochter von Rouault kennt. Ein Saarländer, der die Ausstellung eines bedeutenden französischen Künstlers im Grand Palais in Paris organisiert? Und der überhaupt in der Pariser Kunstszene zu Hause ist. Kein studierter Kunstfachmann, sondern ein Elektriker. Der Mann war natürlich ein Thema für den „Kulturspiegel".

Claus Zöllner lebt in Wallerfangen, dort führt der damals 43jährige einen kleinen Handwerksbetrieb samt Ladenlokal, in dem Glühbirnen, Rasierapparate, Waschmaschinen verkauft werden. Er hat zwei Mädchen im Geschäft und zwei Gesellen, die die Reparatur- und Installationsaufträge ausführen. Manchmal hilft er selber noch mit, aber Schlitze klopft er nicht mehr. Er hat das Einjährige gemacht, danach haben die Eltern ihn von der Schule genommen und ins Geschäft gesteckt. Seinen Kunden gegenüber ist er in einer Weise gefällig, wie man das in der Stadt nicht kennt, er will ja niemanden verlieren. Die Hilfsbereitschaft ist ihm zur zweiten Natur geworden. Doch das Handwerk, der Handel füllen ihn nicht aus. Er hat die Kunst für sich entdeckt, und deshalb vertraut er manchmal den Betrieb für ein paar Tage seinen Angestellten an und macht sich auf nach Paris.

Als ich mit Claus Zöllner darüber sprach, einen Film über ihn zu machen, hat er sich sofort hineingedacht in die Erfordernisse des Mediums, das von der arrangierten Wirklichkeit lebt. Er hat vorgeschlagen, mit ihm nach Paris zu fahren und ihn beim Besuch zweier hochrangiger Künstler zu begleiten, und er hat sich auch einen dramaturgischen Höhepunkt unseres Paris-Besuchs ausgedacht. Und so machen wir es dann auch. Drumherum werden wir routiniert den üblichen Gang durch die Straßen drehen, das Interview im Bistrot, die Autofahrt durchs nächtliche Paris, unterschnitten mit Off-Tönen aus Äußerungen von ihm, und – später in Wallerfangen nachzustellen – den Aufbruch aus dem heimatlichen Laden zu dieser Paris-Fahrt.

Als erstes fahren wir mit „Monsieur Claus" (sprich: Kloos), wie ihn seine französischen Freunde nennen, zu den Ateliers und der Wohnung von André Hambourg in der Rue Boissonade, zwischen Boulevard Raspail und Boulevard du Montmartre. Ich glaube nicht, dass der Mann bei uns bekannt ist. In Frankreich hat er ein großes Renommee. Zöllner erzählt uns respektvoll, dass wir uns zwischen Gemälden mit einem Marktwert von teilweise einer halben Million bewegen – nicht Francs, sondern Mark. Das französische Marine-Museum besitze ein paar Hundert seiner Bilder. André Hambourg trägt seit 1951 den Titel „Peintre Honoraire de l'Armée", gleichzeitig wurde er „Chevalier de la Légion d'Honneur", ein Jahr darauf „Peintre Officiel de la Marine", 1960 von André Malraux erhoben in den Stand eines „Officier de la Légion d'Honneur", 1986 befördert zum „Commandeur". Was der französische Staat so alles an Ehrungen für seine Künstler bereithält!

Hambourg malt also quasi amtlich, und zwar trotz seiner Festlandsherkunft – er ist 1909 in Paris geboren – vor allem Meeresmotive, mit und ohne Kriegsschiffe, darunter auch ganz zivile Strandszenen aus Honfleur an der Mündung der Seine in den Ärmelkanal, wo er seine zweite Heimat gefunden hat.

Auf alten Fotos ist Hambourg ein gutaussehender Mann mit kühnem Gesicht, jetzt strahlt er eine gewisse Gutmütigkeit aus, die er auch braucht gegenüber seiner nervigen Gattin Nicole, die er immer wieder gemalt hat, als sie noch rote Pausbacken hatte. Er führt uns durchs Labyrinth seiner Ateliers in dem alten Haus, hat auch keine Scheu, uns den Raum zu zeigen, in dem das Fabrikmäßige seiner heutigen Arbeit deutlich wird. Auf den Tischen liegt das immer gleiche Strandbild, in unterschiedlichen Formaten gemalt. Wie wir später von einer Malerkollegin hören, ist er Großabnehmer bei einer Rahmenschnitzerei, wo es für kleinere Kunden schwierig ist, überhaupt noch etwas zu beziehen, weil der Chevalier die Rahmen angeblich zu Hunderten auf seinem Speicher hortet. Hambourg, erläutert uns Claus Zöllner, hat Festpreise, sie variieren nach der Größe der Leinwand.

Unser Hauptdarsteller hat sich das Fernsehmachen dann doch nicht so kompliziert vorgestellt. Er dachte, er kommt bei Hambourg ins Atelier, man schüttelt sich die Hand, der Maler zeigt ihm kurz seine neuesten Bilder, sie setzen sich an den Tisch und plaudern ein bisschen – die Kamera läuft mit, und wir haben im Nu unsere Aufnahmen im Kasten. Nicht mit uns! Wir drehen ja für den „Kulturspiegel", und Norbert Bandel ist nicht irgendein Kameramann, alles muss szenisch aufgelöst werden.

Wir wollen das Eintreten teils von hinten, teils von vorn aufnehmen, teils von der gleichen Ebene, teils von der ersten Etage aus gesehen, und so weiter. Und da wir nur mit einer Kamera drehen, heißt das für die Beteiligten, dass sie zu Darstellern ihrer selbst werden müssen. Sie müssen die Schritte, die Positionen, die Wortwechsel für jede Einstellung wiederholen, und dafür muss der Beleuchter Thomas Meyer immer wieder die Lampen umstellen und Tonfrau Angelika Sutor ihr Mikrofon anders halten. Zwischendurch kontrolliert Assistent Konstantin Ehmke, ob keine Fusseln ins Objektiv geraten sind. Erschwerend hinzu kommen natürlich die Fehler, die unsere Laiendarsteller machen, indem sie zu früh starten, sich falsch hinstellen, in die Kamera schauen statt auf den Gesprächspartner – kurz, es ist nicht ganz verschieden von dem, was Loriot in seiner legendären Szene um den Lottogewinner Erwin Lindemann persifliert hat. Aber der zweifellos gestresste 84jährige Maler lässt sich nichts anmerken, bleibt ganz Chevalier. Ob er ahnt, dass er in dem fertigen Beitrag nur einen Auftritt von knapp einer Minute haben wird?

Gleich danach sind wir mit einem zweiten Künstler verabredet. Mario Avati ist jünger als Hambourg, 1921 geboren, in Monaco. Claus Zöllner macht uns auch hier klar, dass er nicht zu viel versprochen hat: Werke von Avati hängen in rund sechzig Museen und öffentlichen Sammlungen in der ganzen Welt, darunter das MoMa in New York, das Victoria and Albert Museum in London, das Museum of Tokyo und, nicht zu vergessen, der Louvre in Paris.

Herr Avati ist ein gepflegter Gentleman, der es mit seiner Kunst zu einigem Wohlstand gebracht hat. Er wohnt im 7. Arrondissement in der Cité Vaneau, einer Gegend, in der es immer von Polizisten wimmelt, weil hier viele Politiker ihr Domizil haben. Seine Wohnung muss riesig sein, wir sehen nur ein paar Räume, Avati erwähnt seine vier Toiletten.

Er ist schon ein wenig angefressen, als wir eintreffen. Denn wir sind zu spät, und ein Mensch wie Avati liebt die Präzision. Das sieht man seiner Wohnung wie seiner Kunst an. In den riesigen, mit Parkett ausgelegten Räumen gibt es nichts Überflüssiges, nichts Persönliches, den Stuck an den Decken hat er abschlagen lassen, es gibt nur wenige Möbel, und alles hat seinen bestimmten Platz. Ein verschobener Lampenschirm veranlasst ihn zum sofortigen Geraderücken. Die unübersichtliche Situation mit unserem Team, mit unseren Gerätschaften, mit dem unvermeidlichen Betatschen seines Mobiliars muss ihm ein Gräuel sein. Er bleibt aber, auf seine distanzierte Art, höflich, bietet uns zwar nicht einen Schluck Wasser an in den Stunden, die wir bei ihm sind, macht aber alles mit, was wir ihm vorschlagen – Monsieur Claus zuliebe.

Avati hat sich einen Namen gemacht mit seiner Kunst der Schabetechnik. Es war der in Paris lebende Japaner Yozu Hamaguchi, der fürs 20. Jahrhundert das aus dem Barock stammende Tiefdruckverfahren des Mezzotinto wiederentdeckt und zum Farbdruck weiterentwickelt hat. Avati, mittlerweile der Welt zweitbekanntester Meister dieser Technik, bevorzugt wie Hamaguchi Stillleben, stellt Zitronen, Blumensträuße, Flaschen, präparierte Schmetterlinge dar. Es ist eine Arbeit, die viel Geduld und große Genauigkeit erfordert. Zuerst malt Avati das Motiv in Aquarell. Dann raut er in Handarbeit eine Kupferplatte auf, mit der er eine rein schwarze Fläche drucken könnte. Durch Glätten von Teilflächen können nun alle Schattierungen bis zum Weiß erreicht werden. Avati aber bringt Farbe in seine Bilder, indem er mit mehreren Druckplatten arbeitet, er stellt seine ein- oder mehrfarbigen Motive in eine unräumliche schwarze Umgebung. Die oft bonbonfarbenen schattenlosen Gegenstände wirken wahrhaft wie „nature morte", tote Natur, was ja das französische Wort für Stillleben ist. Sie sind absolut kühl und dennoch ein bisschen kitschig – vielleicht die Voraussetzung für Avatis Erfolg.

Wir nehmen den Mann gut vier Stunden lang in Anspruch, eigentlich unbezahlbar. In einer der Umbaupausen erzählt er mir nebenbei, das japanische Fernsehen habe auch schon einen Film über ihn gemacht, das dauerte auch vier Stunden – aber für einen Film von fünfundvierzig Minuten Länge. Wie die Kollegen das geschafft haben? Sie haben Avati nach Tokio einfliegen lassen, haben im Studio sein Atelier nachgebaut und dann mit vier oder fünf Kameras gedreht.

Avati und Hambourg, zwei hochrangige, vielbeschäftigte Künstler haben sich die Zeit genommen, mit unserem Wallerfanger Elektrohändler zu plaudern, haben geduldig gewartet, bis das Fernsehteam eines kleinen deutschen Regionalsenders sein Licht aufgebaut, ihnen ihre Position zugewiesen, ihnen das Kommando, jetzt ihren Pinsel oder ihren Granierstahl anzusetzen, gegeben und sie dann das Ganze noch ein-, zwei-, dreimal hat wiederholen lassen. Mir ist nicht ganz klar, wieso das alles funktioniert.

Eines konnte ich beobachten: Claus Zöllner hat sehr gut gelernt, wie man in Paris durchkommt. Findet er keinen Parkplatz, dann parkt er im Parkverbot und legt hinter der Windschutzscheibe einen Zettel mit der Aufschrift „Livraisons" (Lieferungen) aus. Er bekommt kein Protokoll. Ins Museum verschafft er sich kostenlosen Zutritt, indem er den abgelaufenen (!) Behindertenausweis (!) seiner Mutter (!) vorlegt und auf die Frage der Kassiererin, wo da denn etwas von Presseausweis stehe, beharrlich auf eine bestimmte Stelle im deutschen Text zeigt. Aber diese Cleverness im Kleinen kann es ja nicht gewesen sein.

Wie ist er überhaupt zur Kunst gekommen? Es war ein älterer Freund, der ihn Anfang der siebziger Jahre eingeführt hat. Für den Film erzählt er es uns so:

„Beim Herumstöbern auf verschiedenen Flohmärkten lernte ich einen Kunsthändler kennen, der mich einlud, auch mal zu ihm nach Hause zu kommen, und da zeigte er mir Gemälde der Barbizon-Schule. Ich selbst fand Gefallen daran, und er lud mich auch mal ein, mit ihm nach Paris zu fahren, denn früher besaß er in Paris auf dem Flohmarkt in Saint Ouen eine Bude. Ich begleitete ihn auf mehreren Reisen nach Paris, und dort lernte ich auch verschiedene Händler, Bildhauer, Maler kennen. So kam ich auch durch diesen Herrn zu meinem ersten Ankauf, zu einem Gemälde der Barbizon-Schule."

Das war Anfang der Siebzigerjahre. Barbizon war damals in Deutschland noch kein Begriff. Als Zöllner über hundert Bilder beisammenhatte und deren Marktwert stark angestiegen war, verkaufte er sie bis auf wenige Stücke. Nun war er endgültig auf den Geschmack gekommen, und er ging dazu über, zeitgenössische Kunst zu kaufen. Das war preiswerter, und es machte ihm noch mehr Freude, denn die Maler lebten noch, er konnte sie in Paris besuchen. Jetzt war er nicht mehr nur ein anonymer Sammler und Spekulant, sondern er wurde zum geschätzten Freund und Förderer.

Sogar zum Kunstkritiker wurde er. Sein Französisch war schauderhaft, aber er hatte keine Scheu, es zu sprechen, und er wurde verstanden. Ob er seine Texte wirklich selber verfasste, und wer sie ins Französische übersetzte, weiß ich nicht, jedenfalls erschienen mit seinem Namen gezeichnete, stets wohlwollende Texte in der Zeitschrift „Arts Actualités", einem Blättchen, in dem Sammler die Gelegenheit erhielten, Künstler hochzuschreiben, von denen sie Werke besaßen.

Zöllner hat verstanden, wie die Kunstszene funktioniert. Während unseres Aufenthalts in Paris lerne ich durch Zöllner den mit ihm befreundeten Bildhauer Alex Berdal kennen. Ein paar Monate später, im November 1993, wird ihm der „Internationale Dillinger Kunstpreis" verliehen, und zwar im Restaurant Villa Fayence von Zöllners Wallerfanger Freund Bernhard M. Bettler. Eine Posse im Grunde, inszeniert von Zöllner, der sich vor der Preisverleihung extra noch einmal mit Skulpturen des Künstlers eingedeckt hat. Der Preis ist, wenn ich es recht sehe, danach nie mehr verliehen worden. In biografischen

Angaben zu Berdal werden verschiedene Preise und Auszeichnungen erwähnt, dieser nicht.

Bald erfahre ich sozusagen am eigenen Leib mehr über Zöllners Methode. Als krönenden Abschluss unseres Films hat er sich eine Künstlerparty ausgedacht, draußen im Wald von Fontainebleau im Haus seines Freundes Christian Germak. Germak, der sich Kunstkritiker nennt, aber wohl auch mit Kunst handelt, wohnt im Haus seiner ersten Frau. Sie war die Tochter des 1969 verstorbenen Malers Édouard Goerg, über den im französischen Wikipédia zu lesen ist, er sei unter mysteriösen Umständen 1969 gestorben, gerade als er im Begriff war, seine Frau zu verlassen, und seitdem seien auch die schriftlichen Erinnerungen verschwunden, die er seit 1912 verfasst hat. Unter Goergs Schülern ist in diesem Artikel übrigens genannt: Mario Avati.

Der kleine Ort heißt Cély-en-Bière, aber das Bier, das an diesem Donnerstagnachmittag hier gezapft wird, stammt aus einer saarländischen Brauerei, der Wein stammt vom Weingut Petgen in Perl, und die Petits Fours kommen aus der Küche der Wallerfanger Villa Fayence. Bernhard M. Bettler ist angereist, um sie persönlich zu kredenzen, zur höheren Ehre seines Freundes Claus (und um ins Fernsehen zu kommen).

Zu Beginn dieser Gartenparty geht es ziemlich steif zu. Die Gäste wissen nicht so recht, was sie erwartet, sind nur ein bisschen irritiert, dass wir zunächst in der Küche drehen und ihre Kunstwerke nicht beachten. Denn die Petits Fours werden nur einmal aus dem Ofen geholt, die Weinflaschen nur einmal entkorkt, während die Kunst bleibt. Dann endlich können wir uns ihr widmen. Aber es geht auch hier nicht, ohne dass die Künstler mitspielen. Was sie bereitwillig tun. Wir müssen nämlich die Ankunftsszene wiederholen.

Als ersten bitten wir den Maler Jouenne, wieder mit nach draußen zu kommen und ein Bild ins Haus zu tragen. Er schlägt vor, aus seinem Wagen eine noch größere „toile" (alle sagen „toile", Leinwand, zu ihren Bildern) aus seinem Kombi zu holen als die, die er ursprünglich hatte. Wir sind einverstanden. Der Maler verschwindet fast ganz hinter dem großen Bild, das er nun über die Straße ins Haus trägt, glücklicherweise weht kein Wind, sonst wäre die Leinwand zum Segel geworden.

Dann ist Roger Lescure so freundlich, mit einer Holzskulptur im Arm aufs Haus zuzugehen, schließlich noch Jean-Pierre Alaux mit einer „toile". Alles Pariser Künstler, die nicht schlecht im Geschäft sind. Dreißig bis vierzig an der Zahl, haben sie ihre Werke ins Auto geladen und sind die fünfzig Kilometer hierher gefahren, nur um als Komparsen in einem Film mitzuwirken, in dem es nicht um sie, sondern um Monsieur Claus geht. Wir staunen. Offenbar sind die Pariser Künstler nicht so von den Medien verwöhnt wie die Künstler bei uns zu Hause, es gibt zu viele; ein Pariser Künstler hat weniger Chancen, ins französische Fernsehen zu kommen, als ein saarländischer ins saarländische, versuchen wir uns die Sache zu erklären. Da ist es für die Franzosen sehr verlockend, dann wenigstens einmal im deutschen Fernsehen präsent zu sein, und dass wir von einem kleinen Regionalsender sind, wissen sie nicht, man hat sie mit dem Zauberwort ARD gelockt. Ob all den Gästen wohl klar ist, welche Rolle sie hier spielen?

Wir drehen noch ein bisschen Gartenfest-Atmosphäre: Patrice de la Perrière, der Chefredakteur von „Arts Actualités", im Gespräch mit einem Künstler; einen Maler vor einer Staffelei mit seinem Bild; eine schöne Künstlergattin, an ihrem Glas nippend; den Hund des Gastgebers, wie er aufgeregt herumrennt; und mittenmang unseren saarländischen Kunstfreund.

Als wir alles im Kasten haben, würden wir auch gerne mal von Speis und Trank kosten. Aufgeregt kommt Germak zu mir: Was los sei, wir hätten noch nicht alle anwesenden Künstler aufgenommen. Ich sage zu ihm, dass wir haben, was wir brauchen. Ich sehe, wie er zu Zöllner geht, mit ihm disputiert. Der kommt daraufhin zu mir, erzählt mir vom Problem des Hausherrn. Ich antworte, dass mich das nichts angeht; ich bin für diese Party nicht verantwortlich, wir drehen hier nur ein paar Bilder, und ich habe von vornherein ganz klar gesagt, worum es uns geht. Aber in mir kommt der Verdacht auf, dass hier irgendwer irgendjemandem die Information nicht ganz richtig weitergegeben hat. Offenbar erwartet jeder dieser Künstler, dass er nun im deutschen Fernsehen mehrere Minuten lang gewürdigt wird.

Schlagartig verstehe ich, was hier läuft. Wir sind Teil einer Inszenierung, aus der wir nicht mehr ausbrechen können. Wir sind hier, weil ich gedacht habe, wir drehen eine Künstlerparty, die auch ohne uns stattgefunden hätte. Wie naiv! In Wahrheit findet sie nur deshalb statt, weil wir da sind. Die Künstler sind da, weil man ihnen gesagt hat, das Deutsche Fernsehen kommt, um einen Film über sie zu machen. Dadurch, dass die Fête bei Germak stattfindet, wird er aufgewertet. Bettler ist von Wallerfangen nach Paris gereist, weil er auf diesem Umweg als international präsenter, in Kunstkreisen beliebter Gastronom ins saarländische Fernsehen kommt. Und Zöllner – er ist der eigentliche Gewinner. Er macht sich bei Germak, bei de la Perrière, bei den Pariser Künstlern, bei seinem Spezi Bettler noch wichtiger, als er schon ist, und zeigt sich für unseren Film in einer optimalen Kulisse.

Die Stimmung auf der Party ist nicht gut. Einige wenige Künstler, die ein sonniges Naturell haben, widmen sich ganz den angebotenen Genüssen und lassen die Kunst Kunst und das Fernsehen Fernsehen sein. Die anderen aber stehen in irritiert tuschelnden Gruppen beisammen, werfen verstohlene Blicke auf uns, während der Gastgeber aufgeregt von einem zum andern läuft. Schließlich ist Germak wieder bei mir. Er zeigt auf einen Künstler, der sich schon zum Aufbruch rüstet, ohne dass er von uns gefilmt worden ist – das ist unmöglich!, findet Germak. Ich will ihm gerade wieder die Unabänderlichkeit unseres Entschlusses mitteilen, da nimmt der Kameramann mich beiseite. Er habe, flüstert Norbert Bandel mir zu, noch ein paar Meter Film auf seiner Kassette, und an ihm solle es nicht liegen, die noch zu verdrehen. Germak ist erleichtert, als ich ihm sage, dass wir weitermachen.

Unter einer Überdachung steht eine große alte Staffelei. Davor bauen wir die Kamera auf, richten das Licht ein. Jeder Künstler, der noch nicht berücksichtigt wurde, darf ein oder zwei Bilder auf die Staffelei stellen, und wir filmen sie ab, ohne den Vorsatz, das jemals zu senden. Vor der Staffelei bildet sich eine Schlange. Es kommt heitere Stimmung auf. Plötzlich gibt Bandel mir zu verstehen, dass das Filmmaterial zu Ende ist. Aber ein Aufhören ist nicht mehr möglich. Wir machen weiter, ohne Film in der Kamera, „Kaiserfilm" nennt der Fachmann das.

Schließlich sind wir durch. Alle sind zufrieden: die Künstler, der Gastgeber, Zöllner. Nur wir fühlen uns nicht gut. Wir haben die guten Leute an der Nase herumgeführt. Aber sind wir nicht selber an der Nase herumgeführt worden? Es ist uns, wie die Lage war, gar nichts anderes übriggeblieben. Im Grunde haben wir das deutsch-französische Verhältnis gerettet.

Nachtrag:

Noch eine Zeitlang habe ich das weitere Wirken von Claus Zöllner staunend in der „Saarbrücker Zeitung" verfolgt. Bis zu zehn Mal im Jahr wurde im Saarlouiser Lokalteil über ihn berichtet. Die Redaktion dort ist ihm sehr gewogen, er weiß eben, wie man mit Journalisten umzugehen hat.

In jenem Jahr 1993, in dem ich den Filmbeitrag über ihn gemacht habe, hat Claus Zöllner richtig losgelegt. Schon Anfang des Jahres war in der Zeitung zu lesen: „Unter dem Sponsoring von Bernhard-Michael Bettler von der Villa Fayence und Claus Zöllner von ,Auserlesene Kunst', beide aus Wallerfangen, war es möglich, den weltweit bedeutenden und anerkannten Künstler Mario Avati persönlich zur Vernissage nach Saarlouis zu holen und seine Bilder der Öffentlichkeit zugänglich zu machen."

Vor allem die Ausstellungen im Museum Haus Ludwig, zu denen er einmal im Jahr französische Künstler nach Saarlouis holt, fanden große Resonanz. Er dreht ein immer größeres Rad. „Nie fehlen bei der Eröffnung im Museum Haus Ludwig saarländische Regierungsmitglieder, Repräsentanten des französischen Staates…", stellt die Zeitung fest. Auch immer unter den Gästen: der „bekannte Pariser Kunsthistoriker Christian Germak"; auch Germaks Schwiegervater Edouard Goerg wird von Zöllner ausgestellt. Als 1996 in Trier wieder der Heilige Rock 1996 gezeigt wird, ist Zöllner „mit einer Christus bezogenen Ausstellung auf Wunsch des Trierer Bischofs dabei".

„Die Ausstellungen im Haus Ludwig sind stets auch gesellschaftliche Ereignisse in Saarlouis", schreibt die „Saarbrücker Zeitung". Und berichtet anlässlich der Fußball-WM 2006: „Claus Zöllner aus Wallerfangen hat Tickets für alle Spiele, was darauf hindeutet, dass man auch und vielleicht gerade über die Kunstszene viel bewegen kann."

Dabei ist die Zeitung sich nicht sicher, wie sie Zöllners Wirken einordnen soll. Sie nennt sich ihn abwechselnd Kunstliebhaber, Kunstfreund, Kunstexperte, Kunstsammler, Kunstförderer, Kunstmäzen, nur einmal: Kunsthändler.

Was seinen Kunstgeschmack angeht, wird Zöllner mit dem Satz zitiert: „Ich wollte etwas haben, was ich erkennen kann und nicht erst an der Signatur sehe, wo oben und unten ist." Einmal lässt die Zeitung statt eines Lokaljournalisten die Kunstkritikerin Sabine Graf über Zöllner schreiben, und sie urteilt: „Er zeigt vor allem handwerklich solide Gemachtes, das als Kunsthandwerk und Dekoration wohl seinen Reiz hat." Daraufhin wird ein Leserbrief abgedruckt, der der SZ-Mitarbeiterin „Dilettantismus, Arroganz und Missgunst" vorwirft.

Dass Frankreich nicht nur seine Künstler zu ehren weiß, verrät ein Blick auf Zöllners Homepage, wo folgende Ehrungen aufgezählt werden:

2000: Chevalier de l'ordre des arts et des lettres

2001: Grand Prix humanitaire de France

2001: Conseiller artistique de l'observatoire des Relations Franco-Allmandes pour la Construction Européenne – ORFACE

2002 Grand croix devouement artistique et musical

2004 Chevalier de l'ordre nationale du Mérite

2006 hat sich auch Deutschland angeschlossen mit dem Verdienstkreuz am Bande des Verdienstordens der Bundesrepublik Deutschland.

Ein Skelett vor der Kamera

Ich war nicht der Typ, den es vor die Kamera drängte. Wenn es doch einmal unvermeidlich war, guckte ich mir hinterher die Sendung nicht an. Ich konnte mich nicht sehen.

In meiner Zeit als Fernsehredakteur passierte es dann doch einmal, dass ich unsere Magazinsendung moderieren musste. Die Moderatorin war ausgefallen, ein Ersatz nicht in Sicht. Es führte kein Weg daran vorbei, ich musste einspringen. Bei meinen bisherigen Fernsehauftritten war ich irgendwo draußen von einem Reporter zu irgendeinem Thema, in dem ich mich auskannte, befragt worden. Eine Aufzeichnung im Studio war etwas ganz anderes.

Glücklicherweise hatte sich die Situation so kurzfristig ergeben, dass nur noch eine Nacht vor meinem Auftritt lag. In dieser Nacht konnte ich kaum schlafen, ich malte mir immer wieder aus, dass ich im Studio keinen Ton herausbringen, dass ich meinen Kopf vor Aufregung nicht ruhig halten könnte, dass mir der Schweiß von der Stirn, aus den Achseln in Strömen am ganzen Körper hinab laufen und vor meinen Füßen eine Pfütze bilden würde.

Als es so weit war, überkam mich eine große äußerliche Ruhe. Die Studiobesatzung erkannte nicht, dass es für mich eine mit großen Ängsten verbundene Premiere war, sie gingen routiniert ihren Vorbereitungen nach. Ich stellte mich an dem mir zugewiesenen Punkt in dem großen Studio auf. Von den hundert Scheinwerfern an der Decke suchte der lichtsetzende Kameramann diejenigen aus, die auf mich gerichtet werden sollten, der Beleuchter schaltete sie ein, richtete sie aus, bewegte mit einer langen Stange die schwarzen Torblenden. Der Tontechniker ließ mich probeweise ansprechen; es funktionierte. Der für mich unsichtbare Regisseur sagte mir über die Lautsprecher Guten Tag und fragte mich, ob ich bereit wäre. Unvorsichtigerweise sagte ich ja.

Die große Kamera hatte mich im Blick. Ich sah mein Bild auf dem Monitor. Jetzt begann ich die Hitze des Scheinwerferlichts zu spüren. Unbehagliche Wärme breitete sich in meinem Körper aus. Ich hoffte, dass ich mich jetzt nicht auflöste und es herauskam, dass ich aus Wachs war.

Unmittelbar nachdem der Aufnahmeleiter „Ruhe bitte!" gerufen und auf der Kamera das rote Lichtchen aufgeleuchtet hatte, geschah es. Ich spürte, wie die Kamera mein Fleisch durchdrang und das Skelett sichtbar wurde. Egal, ich musste funktionieren.

Ich hörte, wie das Skelett sprach. Das Skelett sagte, in der nun folgenden Sendung werde man endlich alles erfahren, alles über mich, die ganze Wahrheit über dieses Haus, für das ich arbeite. Als erstes kündigte ich einen Beitrag an, in dem mein Innerstes entblößt werde.

Zu sehen waren die Aufnahmen einer beweglichen Kamera, die in das Innere einer Höhle eindrang. Glitschige Wände, Ausstülpungen und Einbuchtungen, schwarze, braune, gelbliche, rote Farbtöne. Ich erkannte das Video der Darmspiegelung, der ich mich wenige Tage zuvor unterzogen hatte. Ekelhaft.

Als nächstes sagte ich einen Beitrag über einen Fernsehgewaltigen an, der das Wort „Problem" nicht mehr dulden wurde. Er hieß Dr. Murke, und auf seine Anweisung hin wurde das anstößige Wort aus allen Sitzungsprotokollen, Tätigkeitsberichten und sonstigen schriftlichen Dokumenten, aber auch aus allen Hörfunkbeiträgen und aus allen Filmen herausgeschnitten. Der Aufwand war so groß, dass bald der ganze Sender mit dieser Arbeit beschäftigt war und deshalb kein Programm mehr machen konnte. Sehr indiskret, dieser Beitrag.

Aber ich machte wacker weiter. Jetzt ging es um ein ganz zentrales Thema, die Quote. Alle redeten von ihr, sie hatte enormen Einfluss, aber niemand hatte sie zu Gesicht bekommen. Bisher. Uns war es endlich gelungen, die Dame vor die Kamera zu bekommen. Es war eine sehr gepflegte Erscheinung, die sich bei näherer Betrachtung als ziemlich undifferenziert in ihren Äußerungen, wankelmütig im Urteil und in Sachen Qualität als äußerst anspruchslos erwies. Eine glatte Enttäuschung.

Zur Abrundung der Sendung gab es dann noch ein Interview. Ich im Gespräch mit mir. Nur peinlich.

Dann hörte ich den Regisseur „Danke" rufen, sah wieder das rote Licht auf der Kamera, das gerade erlosch, und stand, wieder mit Fleisch auf dem Skelett und von korrekter Kleidung bedeckt, am zugewiesenen Punkt im Studio.

Die Sendung habe ich mir am Abend, als sie ausgestrahlt wurde, nicht angesehen. Es soll eine ganz normale Sendung gewesen sein.

Teamarbeit

Es war eine große Freude und erfüllte mich mit Stolz, verantwortlich für den „Kulturspiegel" zu sein. Es war eine der ältesten und angesehensten Sendungen des SR-Fernsehens. Ich hatte einen Abteilungsleiter, der mich machen ließ, und einen Hauptabteilungsleiter, der die Kultur stark machte. Vom sportlichen Fernsehdirektor Werner Zimmer sagte Fred Oberhauser zwar: „Dem geht das Messer im Sack auf, wenn er nur das Wort Kultur hört", aber das bedeutete für uns nur eine leichte atmosphärische Eintrübung.

Es gab Situationen, wo ich die Arbeit an diesem Sender ganz besonders geliebt habe. Das war, wenn sich die Situation so zugespitzt hatte, dass es fraglich war, ob die Sendung überhaupt zustande kommen würde, weil es beispielsweise bei der Produktion eine technische Panne gab oder ein wichtiger Mitarbeiter, eine wichtige Mitarbeiterin plötzlich ausgefallen war. Wenn man dann Kolleginnen und Kollegen aus der Produktion, aus der Redaktion, aus dem Sekretariat um Hilfe bat, streiften alle die Routine des Normalbetriebs ab und halfen bei der Lösung des Problems. Plötzlich war klar, dass nicht die Einhaltung des Dienstwegs, die Zuständigkeit nach Stellenplan, das Ausspielen von Rivalitäten, das übliche Vorgehen, das rechtzeitige Erreichen des Feierabends das Entscheidende war, sondern das, was den alleinigen Zweck dieses großen Apparates darstellte: das Programm. Und dieses glückliche Zusammenwirken von Leuten am unteren Ende der Hierarchie hat dazu geführt, dass ich es all den Jahren trotz mancher Krisensituation kein einziges Mal erlebt habe, dass eine Sendung ausfallen musste.

Es gibt ein Gedicht von Bertolt Brecht, in dem er die Legende von der Entstehung des Buches „Taoteking" von Laotse erzählt. Der chinesische Philosoph Laotse ist auf dem Weg ins Exil. An der Grenze fängt der Zöllner ihn ab und nötigt ihn, die Gedanken, die er im Kopf hat, zu Papier zu bringen, damit seine Weisheit im Lande bleibt und überliefert wird. Und Brecht fordert den Leser dazu auf, nicht nur den Philosophen für seine Weisheit zu rühmen, sondern auch den Zöllner: „Denn man muss dem Weisen seine Weisheit erst entreißen. / Darum sei der Zöllner auch bedankt: / Er hat sie ihm abverlangt."

Dieser Zöllner war für mich immer der Inbegriff des Redakteurs, der ich gern sein wollte. Die Mitarbeiter waren selbständige, kreative Individuen, die etwas zu sagen hatten. Man musste es ihnen nur abverlangen und ihnen die Möglichkeit der Gestaltung und der Veröffentlichung bieten. Der Redakteur als Ermöglicher, Öffner der Tür zum Medium, Helfer. Natürlich war das teilweise ein Konstrukt, eine bloße Hypothese. Viele Redakteurskollegen sahen in ihren Mitarbeiterinnen und Mitarbeiter Kinder, denen sie die strenge Mutter, der strenge Vater sein mussten. So hätte ich nicht arbeiten können. Es widerstrebte meinem Wesen, der Vorschreiber, Gängeler, Kontrolleur von Leuten zu sein, die nicht dümmer, schlechter ausgebildet, unmotivierter waren als ich.

Es gibt Themen für Filmbeiträge, die erwachsen nicht aus den Vorlieben, der Kreativität, der Entdeckerfreude der Journalisten, sondern die müssen einfach gemacht werden. Ein wichtiger Künstler hat eine Ausstellung an einem wichtigen Ort. Wir haben schon zig Beiträge über ihn gemacht, aber wir können das jetzt nicht ignorieren.

Ich rufe Harriet in Köln an, unsere Expertin für Bildende Kunst. Ich kenne sie, seit sie als Praktikantin in die Redaktion kam. Sie hat eine Doktorarbeit geschrieben über „Die Kontroverse um Abstraktion und Figuration in der französischen Malerei nach 1945". Die ersten Filme, die sie für uns machte, waren schon gut, aber noch recht konventionell, die Texte ein bisschen akademisch. Aber schon bald ist bei ihr der Knoten geplatzt, sie hat eine gute Methode gefunden, auf eine verständliche, menschlich berührende Art Kunst im Massenmedium Fernsehen zu vermitteln, ohne dabei die Kunst zu verraten. Und sie hat eine ganz eigene, moderne Art entwickelt, Kunst und Künstler ins Bild zu setzen.

Ich war ihr Fan. Der Redakteur schließt die Mitarbeiterinnen und Mitarbeiter besonders ins Herz, die nicht schon da waren, als er kam, sondern die sich mit ihm entwickelt haben. Weil Harriet so gut war, habe ich auch bei ihr nie verstanden, warum sie noch für diese schlecht bezahlende Redaktion eines kleinen Senders am Rande der Republik arbeitete, ja, warum sie ausschließlich für diese Redaktion arbeitete, statt anderswo ein üppigeres Honorar zu bekommen, sich mehr Renommee zu erwerben, attraktivere Themen zu bekommen.

Harriet sagt, sie sieht keinen Ansatzpunkt, zu der aktuellen Ausstellung irgendetwas Neues, Originelles zu machen. Wir gestehen uns unsere Ratlosigkeit ein. Aber sie sieht ein, dass wir irgendwas machen müssen. Wir beginnen rumzublödeln. Auf einmal erwischen wir den Zipfel einer Möglichkeit. Wir sind uns einig. Wir bauen den Ansatz aus. Wir sind beschwingt. Finden eine Lösung. Sind glücklich. Anderthalb Stunden Telefongespräch, und hinterher könnte keiner sagen, wer welche Idee gehabt hat, ein gemeinsames Projekt ist entstanden. Man könnte sich in den Armen liegen. Harriet macht den Film. Er wird gut, wird noch ein bisschen besser als gedacht, sie hat den gemeinsamen Ansatz nach der Begegnung mit der Künstlerin und ihrer Kunst noch ein gutes Stück weiterentwickelt.

Auch so ein Daheim- bzw. Beim-SR-Bleiber war der vielseitige Sven Rech, den ich für fast genial hielt. Er hatte einen sehr guten Sinn für Ästhetik, verstand die Technik und erkannte die Brisanz, die Absurdität, die verborgene Komik von Situationen. Während meiner letzten Jahre auf dem Halberg machte er seine Filme komplett selber, drehte wie ein Profi, schnitt selber, textete sehr pointiert, nur gesprochen hat er die Texte nicht. Ich fuhr dann zu ihm nach Hause ins Saarbrücker Nauwieser Viertel, um die Filme abzunehmen.

Aber etwas fehlte ihm. Woran lag es, dass er sich nicht stärker nach draußen, zu anderen Sendern wagte, nicht die große Karriere machte? Vielleicht nur das nötige Selbstbewusstsein, die Frechheit, das Auftreten. Saarländer eben. Ich litt regelrecht darunter, dass er auch bei Redaktionen im Haus, für die er gelegentlich arbeitete, nicht die Anerkennung bekam, die er verdient hätte. Manche Redaktionen hielten es für schlau, Mitarbeitern immer wieder Dämpfer zu versetzen, damit sie nur nicht übermütig wurden. Dabei war Sven während der Produktion sehr anspruchsvoll, setzte sich schwierigen Situationen aus, mutete seinen Mitwirkenden viel zu, zeigte sich durchsetzungsfähig.

Ein bisschen anders die Zusammenarbeit mit Sarah Moll. Sie hat beim SR eine Ausbildung zur Mediengestalterin absolviert, in dieser Zeit ein ziemlich gutes Porträt des Saarbrücker Klezmer-Musikers Helmut Eisel vorgelegt. Hat sich dann bei zwei Filmhochschulen beworben, ist bei beiden angenommen worden und hat sich für den Studiengang Regie Dokumentarfilm an der Filmakademie Baden-Württemberg in Ludwigsburg entschieden.

Sarah hat dann mehrere Serien für den „Kulturspiegel" gedreht. In der ersten ging es ums Rotlichtmilieu in Saarbrücken, aktuelle Porträts von Akteuren der Szene, illustriert mit sehr schönen Funden aus dem Fernseharchiv des SR. Das Rotlicht-Milieu – ein Kulturthema? Kommt immer drauf an, wie man so ein Thema angeht. Im Grunde kannst du alles aus dem kulturellen Blickwinkel heraus betrachten. Aus Sarahs Serie konnte man, ohne dass das ausdrücklich formuliert wurde, eine Menge lernen über den Wandel der Sexualmoral in den zurückliegenden Jahrzehnten und über die Veränderung der Stadt. Sie hat auch, um noch ein Beispiel zu nennen, eine Serie gemacht über Orte im Saarland, zu denen die Öffentlichkeit keinen Zutritt hat (einen Bunker, in dem die Etagenbetten und die Lebensmittelvorräte bereitstehen für den Fall der Fälle, oder die Clubräume von Motorradrockern). Oder sie hat Gedichte regionaler Autoren ins Bild gesetzt. Unabhängig von ihrem Inhalt waren Sarahs Filme so gut, dass sie selber ein Stück Kultur waren, über das dann andere hätten berichten können.

Wer beim SR großgeworden ist, hat gelernt, in seinen Ansprüchen bescheiden zu sein. Ein Filmemacher weiß, dass er nur ein bestimmtes konventionelles Equipment bekommt, mit minimaler Drehzeit auskommen muss, kaum Einfluss auf die Auswahl des Kameramanns oder der Cutterin hat. Sonderwünsche sind extrem schwer durchzusetzen. Das führt bei den Fernsehjournalisten zu einer gewissen Wurstigkeit, die nicht gut ist für die Qualität. Wer hingegen eine Filmakademie durchlaufen hat, erhebt ganz andere Ansprüche, strebt immer das maximal Mögliche an, achtet auf das, was sie ihrem Ruf als Filmemacherin schuldig ist.

Sarahs Kalkulationen überschritten bei weitem den Rahmen, der „eigentlich" vorgegeben war, sie wünschte sich spezielle Objektive, brauchte mehr Drehtage als üblich, verwendete urheberechtlich schwieriges Archivmaterial, wollte ihren eigenen Kameramann mitbringen und möglichst außerhalb des Senders schneiden. Aber ihre Kalkulationen waren nachvollziehbar, sie versuchte durchaus, es für den Sender so günstig wie möglich zu machen. Es gab dann ein zähes Ringen, zunächst zwischen ihr und mir, bei dem ich die undankbare Rolle des Geizigen spielen musste, und dann zwischen mir und der Produktionsabteilung, die ganz auf billig getrimmt war. Ich kratzte meine Etatmittel zusammen, versuchte an anderer Stelle zu sparen und sagte mir, dass Sarahs Produktionen nur im Moment so teuer erschienen, dass sie aber, wenn man die bei ihr stets zu erwartenden Wiederholungen einrechnete, eigentlich den Rahmen nicht überschritten. Und wenn ich hinterher das Produkt sah, wusste ich, der Aufwand hat sich gelohnt.

Die Sendung, in den 70er Jahren mit der Entstehung eines eigenen SR-Fernsehprogramms ins Leben gerufen, trug noch immer der altmodischen Namen „Kulturspiegel", der aber längst zur Marke geworden war. Und es gehörte ja auch zu unseren Aufgaben, den laufenden Kulturbetreib widerzuspiegeln, kritisch widerzuspiegeln. Damit halfen wir den Kulturschaffenden, in die breite Öffentlichkeit zu kommen, und wir gaben den Zuschauern eine Orientierung.

Noch mehr Spaß als die Berichterstattung und Kritik des regionalen Kulturgeschehens machten Themen und Aktionen, die man selber setzte. Hier hatten wir freiere Gestaltungsmöglichkeiten. Einmal klaute und variierte ich eine Idee aus dem Magazin der „Süddeutschen Zeitung". Was würde passieren, wenn man Leuten, die nicht von vornherein kunstaffin waren und die sich kein Original eines saarländischen Künstlers zulegen würden, leihweise ein Gemälde in die Wohnung hängen würde? Wir suchten fünf Haushalte aus und überredeten fünf Künstlerinnen und Künstler, ein Werk für einen Monat auszuleihen.

Für die Umsetzung war Wolfgang Felk der richtige Mann, weil er große Erfahrung als Fernsehmacher hatte, etwas von Kunst verstand, mit Leuten umgehen konnte und Spaß an solchen Aktionen hatte. Am Ende der vierwöchigen Ausleihzeit luden wir die Künstler zu den Leuten nach Hause ein, die ihre Bilder aufgehängt hatten. Alle diese Leute waren gar nicht umhingekommen, sich mit den Bildern auseinanderzusetzen, mit denen sie ein paar Wochen lang konfrontiert gewesen waren, und es kam zu interessanten Gesprächen mit den Künstlern. Die Kamera war natürlich immer dabei. Nur eine Studenten-WG zeigte wenig Respekt vor der Kunst und hatte in das Bild hineingekritzelt – gut, dass wir vorher eine Versicherung abgeschlossen hatten. Eine Familie hatte das geliehene Bild, ein Gemälde von Jacqueline Wachall, so liebgewonnen, dass sie es gern behalten wollte, aber sie hatte das Geld nicht, um es zu erwerben. Wir fanden einen Sponsor, der das Bild kaufte und es der Familie schenkte.

In einigen Fällen konnte man Künstler auch fördern, indem man ihnen Aufträge gab. Alfred Guldens Verdienst war es, dass er mit seinen Texten im Saarlouis-Rodener Dialekt im Saarland die Mundart literaturfähig gemacht hat, auch wenn er das nicht gern hörte, denn er war genau so stolz auf seine in Hochdeutsch geschriebenen Bücher. Beim SR hatte Gulden sich mit seinen Filmen den Status eines festen freien Mitarbeiters erworben und besaß dadurch den Anspruch auf regelmäßige Beschäftigung und sogar auf Rente. Gulden hatte das große Glück, mit einer Frau verheiratet zu sein, die ihn managte. Sie war es, die sonntags bei mir zu Hause anrief und sagte: „Du, der Alfred bringt demnächst wieder ein neues Buch raus", oder: „Der Alfred hat eine Idee für eine Feature-Serie, vielleicht könnt ihr ja mal einen Termin ausmachen".

Gulden hatte gute Ideen, und so konnte er für den „Kulturspiegel" mehrere Serien drehen. Die einzelnen Folgen wurden später jeweils zu einem großen Film zusammengeschnitten, und mit diesen Filmen gestaltet Gulden heute noch Veranstaltungen. Auch sie sind typische Beispiele dafür, wie allein durch die Art des Zugriffs ein Gegenstand zu einem Kulturthema wird. So gestaltete er, jeweils mit einem von ihm selbst gesprochenen, subjektiven Text Serien über saarländische Bahnhöfe, über Currywurstbuden, über die B 51.

Manches Gute war nicht einfach durchzusetzen. Die Trailer auf Arte galten als Spitzenleistung dessen, was in dieser Kurzform geleistet wurde. Wir engagierten aus dem dortigen Team Philippe Truffaut (nicht zu verwechseln mit dem Regisseur François Truffaut), um für den „Kulturspiegel" ein neues Intro zu produzieren. Im Hause war so ein Auftrag nach draußen nicht gern gesehen, man betrachtete das als Affront gegen die eigenen Leute, die das doch genauso gut könnten. Es war schwer, für Truffaut und seinen Assistenten Michel Briard überhaupt einen Produktionstermin zu bekommen, angeblich waren alle Zeiten besetzt bzw. mussten für den Fall der Fälle freigehalten werden. Glücklicherweise waren die zwei Leute aus Paris allerhand gewöhnt, sie willigten ein, in zwei Nächten, auflaufend auf Silvester 1992, bei uns zu arbeiten. Aus Hunderten von Schnipseln bastelten sie ein farbenfrohes abstraktes Kunstwerk zusammen, das alle, die der Sendung nahestanden, begeisterte. Jahre später, als wir ein neues Intro in Auftrag gaben, erkannten auch die Fachfrauen von der hauseigenen Videografik dann an, dass es ein sehr gelungenes Stück gewesen ist.

Nicht jeder journalistische Erfolg machte einen glücklich. Eines Tages kam Dietmar Schellin mit einer exklusiven Information zu mir: Der Leiter der Bodendenkmalpflege im Konservatoramt, also der oberste Archäologe des Landes, hatte bei Grabungen in die eigene Tasche gewirtschaftet. Der Mann war ein anerkannter Wissenschaftler, und er hatte der saarländischen Bodendenkmalpflege und dem Museum für Vor- und Frühgeschichte wichtige Impulse gegeben. Aber jetzt hatte er es zu toll getrieben, als dass man angesichts seiner Verdienste hätte ein Auge zudrücken können. Es ging um eine von der Ruhrgas AG geplante Leitung von der Pfalz übers Saarland nach Luxemburg, und es war vorgeschrieben, das Gelände im Vorfeld archäologisch zu erkunden, damit bei der Verlegung der Gasleitung keine vorzeitlichen Funde zerstört würden, ein Auftragsvolumen von rund einer Million Euro. Der Staatdiener hatte mit den Erkundungsgrabungen eine von ihm und seiner Frau gegründete Firma beauftragt, seine Frau erhielt ein Monatsgehalt von 16.000 Euro, und ein Dienstwagen wurde angeschafft, den auch der Beamte nutzte.

Natürlich durften wir diese Information nicht zurückhalten – aber konnten wir eine Veröffentlichung riskieren? Der Mitarbeiter wollte mir seinen Informanten nicht nennen, ich musste ihm einfach Vertrauen, dass die Information stimmte. Meine Vorgesetzten oder die Juristen des Senders wollte ich nicht einweihen, sie hätten sicher Bedenken gehabt. Wir riskierten es. Zunächst wurde von Seiten der Regierung abgewiegelt, aber der Stein kam ins Rollen, andere Medien griffen den Fall auf, und am Ende wurde der Mann wegen Bestechlichkeit verurteilt und aus dem Staatsdienst entlassen. Ein journalistischer Erfolg, aber niemand von uns triumphierte. Der Mann war uns eigentlich sympathisch gewesen, und nun hatten wir daran mitgewirkt, seine Existenz zu zerstören. Immer wieder musste ich mir sagen, dass wir richtig gehandelt hatten und kein schlechtes Gewissen zu haben brauchten.

Schon länger war mir an mir aufgefallen, dass ich meine alte Fähigkeit zur Empörung eingebüßt hatte. Missstände, Ungerechtigkeiten waren mir immer noch zuwider, aber ich konnte mich nicht mehr aufregen. Ich glaubte kapiert zu haben, wie der Hase läuft, sah aber im öffentlichen Leben mehr Überforderte als Schurken. Mit zunehmendem Alter war die Gewissheit geschwunden, die einzig richtige Weltanschauung zu haben, immer auf der richtigen Seite zu stehen. Andere hatten auf ihre Art auch recht, und wo sie nicht recht hatten, konnte ich doch verstehen, warum sie falsch dachten, falsch handelten. Wirkliche Skandale waren selten, wenn man genauer hinsah. War ich selber nicht auch voller Fehler?

Für mein Verständnis von Journalismus war diese Einstellung nicht gut. Aber ich konnte nichts dagegen tun, Empörung kann man nicht trainieren. War ich selber zu etabliert, den Machern zu nahe, ging es mir zu gut? Immerhin hatte ich meine Leute, die ich auf Fälle ansetzen konnte.

Wenn mich jemand nach meinem Beruf fragte und ich sagte, dass ich fürs Radio, später fürs Fernsehen arbeite, war die Reaktion meistens: Das ist aber ein interessanter Beruf! Sie meinten damit, dass ich dann ja viel mit interessanten Leuten zu tun hätte. Und so war es auch. Ich kam mit Leuten, vor allem aus dem Kulturbereich, zusammen, die ich privat nie kennengelernt hätte. Und meistens bemühten sich diese Leute auch, einen guten Eindruck zu machen.

Nun ist es nicht so, dass alle Leute im Kulturbetrieb besonders feinsinnig, vergeistigt, sensibel wären. Manche sind eher empfindlich als sensibel, eitel, angeberisch, egozentrisch, geldgierig. Aber nur als Privatpersonen, ihrer Kunst muss das nicht schaden. Künstler sind ja auch ungesichert in ihrer Existenz, ihrem Status. Sie können sich nicht durch den Blick aufs Schild draußen an der Bürotür vergewissern, dass sie trotz momentaner Formschwäche immer noch Abteilungsleiter sind. Nur der Erfolg, die Rückmeldung durchs Publikum oder die Kritik gibt ihnen das Gefühl, wer zu sein. Ansonsten ringen sie immer wieder um ihre Identität, müssen sich, wenn sie im Tief sind, sagen, dass die Leute ja keine Ahnung haben und den wahren Wert ihres Künstlertums nicht erkennen. Das macht sie im Umgang manchmal schroff, das darf man nicht persönlich nehmen.

Am einfachsten sind die wirklich Großen. Im Umgang mit ihnen sind die Leute um sie herum das Problem. Die machen sich wichtig, indem sie den Kontakt zu ihrem Star erschweren. Hat man diese Abschirmreihe erst einmal überwunden und ist zum Star selber durchgedrungen, erlebt man oft einen sehr höflichen und unkomplizierten Menschen. Mit diesen ganz Großen ihrer jeweiligen Kunstsparte hatte ich als Regionalfuzzi nur selten zu tun, aber dann war es in der Regel eine sehr angenehme Begegnung. Einer der höflichsten Menschen, die mir je begegnet sind, war Paul Kuhn, der seit Jahrzehnten als Pianist, Sänger, Komponist und Bandleader im Geschäft war, er kam pünktlich zum Interview, ließ nicht durchblicken, dass er eigentlich Wichtigeres zu tun hatte, war gut gelaunt, gab auch bei Fragen, die er sicher schon hundertmal beantwortet hatte, geduldig Antwort, und bedankte sich am Ende artig. Ein Profi.

Freundliche Post erhielt ich von Florian Henckel von Donnersmarck. Im Jahr 2000 war er mit seinem Film „Dobermann" in der Sparte Kurzfilm Gewinner des Saarbrücker Filmfestivals um den Max- Ophüls-Preis. Damit auch Fernsehzuschauer, die nicht ins Kino gingen, etwas von dem Festival haben sollten, wollte ich in unserem Magazin den Kurzfilm komplett zeigen. Ich rief von Donnersmarck an und handelte mit ihm ein Honorar von 300 DM aus. Als im Mai 2003 seine Tochter Maria Lara Cosima zur Welt kam, schickte von Donnersmarck mir eine Karte mit dem Foto des Kindes und der freundlichen Widmung: „Mit lieben Grüßen an den Mann, der mir meine erste Lizenzgebühr bezahlte. Liebe Grüße, Florian". Ich begriff das weniger als Zeichen persönlicher Anhänglichkeit denn als Ausweis geschickter Medienarbeit – und war trotzdem gerührt, und als er 2007 für „Das Leben der anderen" einen Oscar bekam, war ich ein bisschen stolz auf meinen Freund Florian.

Bei den regionalen Künstlern genoss ich einen Vertrauensvorschuss, weil sie wussten, dass ich schrieb. Ursprünglich kannte ich mich auch nur mit Literatur aus, von Schauspiel, Bildender Kunst, Architektur hatte ich wenig Ahnung, das musste ich mir nach und nach erst aneignen. Ich habe aber die Erfahrung gemacht, dass man sich den Künstlern gegenüber gar nicht als großer Kenner ausweisen muss, um ins Gespräch zu kommen. Ich fragte einen Bildhauer gar nicht nach der Interpretation seines Werkes, da sind die Künstler sowieso oft die schlechtes Auskunftgeber, und bei denen, die allzu eloquent davon reden, muss man misstrauisch sein.

Für mich hat es sich bewährt, nach dem Handwerklichen zu fragen: Wie haben Sie das gemacht? Warum haben Sie das so gemacht? Dann kamen auch eher schweigsame Künstler ins Reden, und ich begann sie zu verstehen. Neben dem Austausch mit den Mitarbeitern gehörten die Begegnungen mit Künstlern zu den beglückendsten Momenten meiner Arbeit.

Ein bisschen enttäuscht war ich immer von den Schauspielerinnen und Schauspielern, von denen wir immer wieder welche einluden, sich bei uns als Sprecher für die Kommentartexte zu versuchen. Erst wenn sie dann vorm Mikrofon saßen und ihre Wirkung auf die Stimme reduziert war, merkte man, dass manche nicht ohne Anklang an einen Dialekt sprachen oder mit einem Sprachfehler, meistens beim Buchstaben S, behaftet waren; im Theater merkte man das nicht, da verspielte es sich, aber das Mikrofon und die großen Lautsprecher waren gnadenlos.

Die eigentliche Enttäuschung war allerdings das Auftreten mancher Schauspieler außerhalb der Bühne. Da hatte ich einen bewundert, der sich an der Rampe so richtig wohlfühlte, der souverän seine Rollen spielte und eine enorme körperliche Präsenz hatte. Er hätte gern als Sprecher für uns gearbeitet. Es klopfte zaghaft an meine Tür. Nach meinem „Herein!" öffnete sich ein kleiner Spalt, ein verlegen lächelnder Kopf streckte sich vorsichtig hindurch. Auf meine Aufforderung hin kam der ganze Mann ins Zimmer, oder soll ich sagen: das Männlein. In devoter Haltung näherte er sich, wirkte ziemlich klein und unsicher. Was er sagte, als er endlich auf seinem Stuhl saß, war nicht die Bewerbung eines Menschen, der weiß, was er kann, sondern ein devotes Gestammele. Es war peinlich, ich war tief enttäuscht. So also sah er aus, wenn er kein Textbuch hatte, kein Regisseur ihm half, er die Bühne nicht kannte. Armer Kerl. Wenn ich den Schauspieler danach wieder als kraftvolle Figur auf der Bühne sah, konnte ich ihn nicht mehr ernstnehmen.

Der Schriftsteller Hans Gerhard, aus Braunschweig stammend, als Jurastudent in Saarbrücken hängengeblieben, war ein Mann mit mehr Showtalent, als altmodische Literaturliebhaber es bei einem Autor für angebracht halten, machte für uns eine Zeitlang Buchbesprechungen. Dafür stellte Marina, die Wirtin, uns, bevor am frühen Abend der Betrieb losging, das Gasthaus Bingert im Saarbrücker Nauwieser Viertel zur Verfügung. Beide Seiten, der Rezensent und die Redaktion, fassten diese Drehs als quasi sportliche Herausforderung auf. Die Redaktion hatte sich vorgenommen, den Protagonisten in der sparsam möblierten menschenleeren Gaststube bei jedem Dreh in einer anderen Perspektive zu zeigen. Hans Gerhard hatte den Ehrgeiz, seinen Text, für den er kein Manuskript hatte, am Stück, ohne Schnitt zu sprechen und dabei die abgesprochenen Wege zu gehen oder Positionen einzunehmen. Natürlich klappte das nicht immer auf Anhieb, einmal verhedderte sich Hans in seinem Text, ein anderes Mal war er zwar fehlerfrei durchgekommen, aber es hatte etwas mit dem Ton oder dem Bild nicht geklappt. Bei jedem Versuch änderte er seinen Text, alles andere wäre ihm zu langweilig gewesen. Wenn wir die Aufnahme im Kasten hatten, waren wir sehr stolz auf unser Werk. Ob es den Zuschauern genau so viel gebracht hat wie uns, war fraglich. Aber als Macher will man ja auch seinen Spaß haben.

Meiner Meinung nach muss man den Zuschauern immer auch etwas bieten, über das sie sich richtig ärgern können. So bleibt die Sendung im Gespräch. Kein Mensch will immer das zu sehen bekommen, was er am liebsten sieht, so wie man auch nicht jeden Tag sein Lieblingsgericht serviert bekommen möchte. Einer, über den viele Leute sich richtig geärgert haben, war Joachim Güth, mit dem ich jahrelang Sendungen gemacht habe. Jowi, wie er allgemein genannt wurde, war eine der markantesten Persönlichkeiten, denen ich in meinem Leben begegnet bin.

Jowi

Was war Jowi eigentlich? Wenn man für seine Fernsehauftritte die so genannte Bauchbinde formulieren sollte mit Namen und Funktion, wusste man nie, was man schreiben sollte. Landeskundler? Ja, er, der gelernte Kfz-Mechaniker, hatte eine Halbtagsstelle unter Prof. Heinz Quasten am Institut für Landeskunde. Aber es war nicht dieser Job, dessentwegen er ins Fernsehen kam. Stadtkritiker? Das ist keine offizielle Funktion, und außerdem kritisierte er nicht nur die Stadt Saarbrücken, sondern legte sich gern auch mit den saarländischen Dörfern an.

Das Problem ist, dass Jowi keine Rolle bekleidete, die öffentlich ausgeschrieben war oder die vor ihm je schon einmal jemand innegehabt hatte. Sein inoffizielles Amt hatte er sich selbst geschaffen, es war auf seine Persönlichkeit zugeschnitten, und es ist mit ihm verschwunden, als er 2020 starb. Jowi war Jowi. So wie es keinen Vorgänger gab, wird es auch keinen Nachfolger geben.

Jowi missfiel vieles an unserer gebauten Umwelt. Aber er moserte nicht vor sich hin, sondern äußerte es bei jeder sich bietenden Gelegenheit laut und deutlich. Er sagte es bei seinen Stadtführungen, meldete sich bei Versammlungen zu Wort, ließ sich Termine beim Oberbürgermeister geben. Jowis ständiges Geschimpfe war gefürchtet, oft schwer zu ertragen. Er konnte sich in einem Maße aufregen, wie die meisten von uns es längst verlernt haben. Sein selbstgewählter Auftrag war, dafür zu sorgen, dass die Stadt ihre Identität nicht verlor. Er plädierte für die Beibehaltung regionaltypischer Formen und Materialien, Respekt vor der Überlieferung. Damit die Bürger sich mit ihrer Stadt identifizieren konnten, sollten sie sie auch von den Hügeln aus sehen können. Eigenhändig schnitt er überwucherte öffentliche Treppen frei. An erhöhten Punkten, wo im Lauf der Jahrzehnte Bäume gewachsen waren und den Blick auf die Stadt versperrten, wollte er, dass die Bäume gefällt werden, und wetterte gegen eine bestimmte sentimentale Art von Naturschutz.

Dass er die gebaute Umwelt so wichtig nahm, war das Erbe seines Großvaters, des Architekten Heinrich Güth (1858-1918), von dem zahlreiche markante Bauwerke in der Region stammen. Darunter sind mehrere evangelische Kirchen, unter anderem die Johanneskirche in Saarbrücken, aber auch der sozialgeschichtlich bedeutende Rechtsschutzsaal in Bildstock sowie Wohnhäuser zum Beispiel in Saarbrücken am St. Johanner Markt und am Staden. Heinrich Güth war Sohn eines Dachdeckers, auch ein Onkel von Jowi betrieb eine Dachdeckerei, und Jowi hatte einen besonderen Blick für die Bedachung von Häusern.

Ich weiß nicht viel über seine Herkunft. Er erzählte mir einmal, dass sein Vater, ein Buchhändler, mit der gesamten Familie in den 50er Jahren, als er noch ein Kind war, unter der Regierung von Johannes

Hoffmann aus politischen Gründen aus dem Saarland ausgewiesen wurde, binnen achtundvierzig Stunden mussten sie das Land verlassen. Ich schließe daraus, dass das Oppositionelle, die Bereitschaft, gegen den Strom zu schwimmen, für Jowi schon früh zum Vorbild wurde.

Jowi war kein Büchermensch. Einmal habe ich ihm zum Geburtstag ein Buch geschenkt, von dem ich annahm, dass es ihn interessieren müsste; er klärte mich darüber auf, dass er keine Bücher lese, und gab es mir zurück. Natürlich besaß er eine Bibliothek mit Atlanten, landeskundlichen Zeitschriften, historischen Darstellungen. Aber er war nicht der Typ, der ein Buch von vorn bis hinten las, sondern er schlug gezielt nach, wenn er etwas Bestimmtes wissen wollte. Belletristik interessierte ihn überhaupt nicht. So viel er zu sagen hatte, so viel er seiner Um- und Nachwelt mitteilen wollte, hat er doch kaum Schriftliches hinterlassen. Jowi war ein mündlicher Typ, er verarbeitete gründlich, was andere ihm sagten, und er gab sein Wissen und seine Ansichten mündlich weiter, und zwar in einer Deutlichkeit, der sich die schriftliche Fixierung widersetzt hätte.

1994 beschloss ich, Jowis Fähigkeit und Drang, sich öffentlichkeitswirksam mit Leuten anzulegen, fürs Fernsehen nutzbar zu machen. Ein paar Jahre lang zogen wir durchs Land, ich spielte den Ahnungslosen und ließ mir von Jowi erklären, was an diesem Haus, dieser Dorfgestaltung so schrecklich war. Ein Zuschauer schickte uns einmal eine Karikatur und nannte uns „Jowi und Doofi". Jowi schlug mir Objekte vor, mit denen wir uns befassen könnten, und arbeitete dazu ein Papier von vielen Seiten aus. Das war kein Exposé im üblichen Sinne, denn von der Umsetzung fürs Fernsehen hatte er keine Ahnung, ich musste seine Kritik auf ein paar zentrale Punkte reduzieren und eine Art Dramaturgie hineinbringen, dann fuhren wir los.

Ein paar Beispiele. Wir sahen uns die Überbleibsel von Biergärten an, und Jowi fand ihr Verschwinden „zum Kotzen". Durch den Umbau zur Fußgängerzone sah er die Saarbrücker Bahnhofstraße „verraten", die vom damaligen Baudezernenten Horst Wagner ausgewählten Bodenplatten kamen ihm vor „wie hingeschissen". „Beschissen" war für ihn die Möblierung des Saarbrücker Hauptbahnhofs. Den Zustand der alten Mühle in Dirmingen fand er „verkotzt". Den Zustand des Saarbrücker Staden „einen Skandal" sondergleichen. Er scheute sich auch nicht, in solchen Zusammenhängen das Wort „Verbrechen" in den Mund zu nehmen.

Obwohl alles sorgfältig vorbereitet war, kam Jowi vor Ort pünktlich in Rage, er benutzte sein typisches Vokabular, um anzuprangern, dass etwas, wie er in der Sprache der Denkmalschützer sagte, nicht in Wert gesetzt war. Es war sehr praktisch, dass die Intensität von Jowis Vortrag auch im Fall von nötigen Wiederholungen eines Takes nicht abnahm. Es war ihm sehr ernst mit seiner Kritik, aber er war auch ein Darsteller seiner selbst. Einmal ermahnte ihn der Kollege Dietmar Noss, der als Realisator mitgefahren war, das zuletzt Gesagte sei aber arg schwach gewesen, da müsse er schon einen Zahn zulegen – und Jowi tat es.

Ein andermal schrammten wir knapp an einer körperlichen Auseinandersetzung mit einem Kritisierten vorbei. Wir hatten uns in Medelsheim vor einem Neubau aufgebaut, dessen Dachbedeckung Jowi als völlig unpassend kritisierte – Überstand am Ortgang und Traufgang! Krüppelwalmdach! Pfannen! Jowi wusste, der Bauherr war selbständiger Dachdecker. Als er bemerkte, dass Leute in dem Haus waren, kam er – unerschrocken, wie er war – auf die Idee, an der Tür zu klingeln. Der Hausherr öffnete, er hatte uns von drinnen schon beobachtet und ahnte schon, um was es ging. „Ah, der Herr Güth!", begrüßte er uns, „Das ist der, wo die Dachdecker, die sich gern was einfallen lassen, beschimpft." Was der Herr Güth bei ihm denn wohl auszusetzen habe, sein Dach sei fachmännisch gedeckt und er verbitte sich jede öffentliche Kritik. Darauf Jowi, laut, leicht hysterisch: „Wieso? Ich sage doch nicht: ‚So ein blödes, hirnverbranntes Arschloch! Ist selber Dachdecker und verschandelt sein eigenes Dach!'" Ich hielt den Atem an, krampfte die Hand um das Mikrofon in meiner Hand. Und Jowi fuhr im freundlichsten Ton der Welt fort: „Ich möchte mich nur mit Ihnen in aller Ruhe darüber unterhalten, warum Sie Ihr Dach so gedeckt haben." Die anschließende Fachsimpelei zwischen den beiden verlief dann zwar immer noch in erregtem Ton, aber es blieb beim verbalen Schlagabtausch. Zum Abschied rief Jowi dem

Mann von der Straße aus noch mal zu: „Überlegen Sie sich mal, was ich gesagt habe."

Ich wusste, dass Jowis Auftauchen auf dem Fernsehschirm für viele Zuschauer ein Ärgernis war, eine Provokation, weniger wegen des Inhalts seiner Kritik als wegen seiner Wortwahl. Der Vater einer Freundin unserer Tochter sagte mir: „Wenn ich den sehe, schalte ich immer ab." Ein junger Bildmischer im Studio, in dem Moderation und Beiträge zusammengefahren wurde, drehte sich immer von seinem Pult weg, sobald ein Beitrag mit Jowi kam, er konnte ihn nicht ertragen. Für mich war das eine Bestätigung, dass wir diese Beiträge brauchten. Welche andere Sendung schaffte es schon, solche Emotionen zu wecken? Und das, weil es dem Hauptdarsteller völlig ernst war mit seinem Anliegen.

Eine erkennbare Wirkung hatten die Sendungen mit Jowi nicht. Ich erinnere mich nur an einen einzigen Fall. Wir hatten kritisiert, dass der Pächter der Gastronomie den Hof der frisch restaurierten Burg Montclair mit Biertischen und -bänken vollgestellt hatte. Landeskonservator Johann Peter Lüth sah den Beitrag, ein paar Tage darauf war der Hof wieder weitgehend frei.

Wenn also die unmittelbaren Wirkungen spärlich waren, eine Wirkung auf mich hatten die Beiträge auf jeden Fall, und ich hoffe, dass es einigen Zuschauern ähnlich erging. Jowi hat bei mir das Bewusstsein dafür geweckt, dass ein Gebäude nie für sich allein betrachtet werden kann, sondern nur als Teil seiner Umgebung. Die Architektur eines Hauses ist kein guter Gegenstand für die Selbstverwirklichung von Bauherr und Architekt. Die wichtigste Tugend beim Bauen ist Respekt, Respekt vor der Tradition, vor der Umgebung, vor den Nachbarn. Wer baut oder irgendetwas an seinem Haus verändert – die Farbe, die Fenster, die Bedachung – sollte immer bedenken, dass der Bewohner sein Haus von außen meistens nur kurz sieht, die Nachbarn aber müssen es den ganzen Tag über ertragen. Und die Gebäude, zwischen denen wir uns tagtäglich bewegen, beeinflussen unser ästhetisches Empfinden stärker als jedes Gemälde, das wir im Museum betrachten, sie tragen zu unserem Wohlbefinden bei, oder eben nicht.

Von Jowi habe ich gelernt, die verschiedenen Ziegelformen zu unterscheiden, und dass Ziegel aus Beton oder engobierte, also beschichtete, gefärbte Ziegel schlecht sind, weil kein Material so gut für Wärmeausgleich sorgt wie unglasierter gebrannter Ton. Und dank Jowi erkenne ich regionaltypische Bauformen, zum Beispiel – und sei inzwischen noch so viel an ihnen verändert worden – Prämienhäuser, deren Bau einst die preußische Grubenverwaltung an der Saar gefördert hat.

Jowi war ein Mensch, der sein Herz auf der Zunge trug. Er war ohne Falsch, ohne Hinterlist, vollkommen ehrlich. Nur bei einer Geschichte hüllte er sich in vielsagendes Schweigen.

In der Türkenstraße, wo sein Haus stand, war auch ein Stein aufgestellt aus dem von Paul Schneider geleiteten Bildhauersymposion, das die Sanierung des St. Johanner Marktes Ende der 70er Jahre begleitet hatte. Das Werk des aus Jugoslawien stammenden Bildhauers Janez Lenassi – ein grauer Granitblock, liegend, mit vier Mulden, die zum Sitzen einluden, 2 Zentner schwer, in der Pflasterung verankert – war ziemlich heruntergekommen. Der Stein war mit Farbe besprüht, von Lieferfahrzeugen gerammt und beschädigt und von seinem Sockel gestoßen worden. Neuerdings war er vollends zum Stein des Anstoßes geworden, seit eine Gruppe von jungen Leuten, von den Anwohnern als Punker identifiziert, es sich angewöhnt hatte, sich um den Stein herum zu versammeln. Der Stein machte den Durchgang enger, was es den Punkern ermöglichte, Passanten hautnah zu bedrängen und anzubetteln Außerdem grölten sie, urinierten an den Stein und hinterließen andere Erinnerungen an ihr Hiersein. Ein Ärgernis für Sauberkeit liebende Menschen wie Jowi. Wenn der Stein nicht wäre, würden die Punker sich auch nicht hier aufhalten, sagten sich die Leute.

Eines Tages im Sommer 1995 war der Stein weg, entsorgt. Als Bauschutt beseitigt im Auftrag des städtischen Tiefbauamtes. Doch es stellte sich heraus, der per Fax an eine Merchweiler Transportfirma übermittelte Auftrag war eine Fälschung. Die Kosten von 977,50 DM waren von der Stadt anstandslos bezahlt worden. Wer könnte dahinterstecken? Bestimmt ein Anwohner. Der Verdacht, der wahre Herr

Meiser zu sein, in dessen Namen der Auftrag unterzeichnet war, fiel auf Jowi.

Als ich ihn fragte, sagte er nicht klar ja oder nein. Ich drang nicht weiter in ihn, hielt es aber für eine lustige Idee, innerhalb unserer Fernsehreihe gemeinsam mit dem Verdächtigen auf die Spur des Steins zu gehen. Ich ermittelte die Adresse der ausführenden Firma, von der ließ ich mir sagen, wohin der Stein transportiert worden war. Mit Jowi und einem Fernsehteam fuhr ich über die Grenze nach For- bach zu einem Baustoffhändler. Auf dessen Gelände stand ein großer Hydraulikbagger, der unter lautem Knirschen große Steine zu Schotter zerkleinerte. Hier also war das Kunstwerk zerstört worden.

Aber der Firmeninhaber erzählte uns eine andere Geschichte. Ein Kunde habe den noch unversehrten Stein dort liegen sehen und Inte- resse gezeigt. Und so habe man ihm den Granit mit auf seinen Lkw geladen, kostenlos. Wir ließen uns die Adresse des Mannes geben. Er wohnte im Dorf Sehlem in der Eifel. Als wir bei seinem Haus vorfuh- ren, sahen wir den glänzenden schwarzen Stein bereits im Garten ste- hen.

Die Stadt hat ihn später zurückgekauft. Eine Zeitlang lag er im Bau- hof. Dann wurde er gesäubert und geflickt, und ungefähr seit der Jahrtausendwende liegt er wieder in der Türkenstraße, völlig unauffäl- lig, nicht mehr an der alten Stelle, sondern ganz an den Rand gerückt, damit er niemanden stört.

Jowi hatte es nicht so mit der modernen Kunst, überhaupt mit der Kunst, ihn interessierte mehr die Ästhetik des Alltags. Aber auch wenn ihm Werke nicht gefielen, so erwies er ihnen gegenüber doch Respekt. In unserer Sendung hat er den Umgang der Stadt mit den Kunstwerken rund um den St. Johanner Markt angeprangert, die sie einst in Auftrag gegeben hatte. Plastiken waren zu Pollern degradiert, von Absperrketten und Fahrradständern ins Abseits gerückt worden, nach Bauarbeiten war das Pflaster an manchen Stellen völlig unfach- männisch und entgegen der sorgfältigen Planung des Bildhauers Paul Schneider neu gelegt worden.

Kurzum, ich kann mir nicht vorstellen, dass Jowi der Mann hinter dem fingierten Entsorgungsauftrag für die Plastik in der Türkenstraße war. Für die Zerstörung von Kunstwerken war er nicht zu haben, und es war nicht sein Stil, aus der Anonymität heraus zu agieren. Er kämpfte immer mit offenem Visier.

Aber drastisch konnten seine Maßnahmen schon sein, wenn es um die Sauberkeit der Straßen in seiner Umgebung ging. Lange hatte er sich über die Wirtin der Kartoffelkneipe an der Ecke Türkenstraße/St. Johanner Markt geärgert, deren Hund seinen Kot auf der Straße hinterließ. Als die Frau auf seine wiederholten Bitten, das abzustellen, nicht reagierte, legte er eine Spur aus Hundekot von der Mitte der Straße bis zum Eingang ihres Lokals. Erst daraufhin kam Jowi mit der Wirtin richtig ins Gespräch, und von da an blieb die Straße sauber.

Streiten und sich vertragen, das war für Jowi kein Widerspruch. Mit Armin Kuphal, seinem besten Freund, habe ich ihn eigentlich nur streitend erlebt. Meist ging es um nichts. Das letzte Streitthema, von dem er mir monatelang erzählte, war die Herkunft des Namens Bohnental. Armin nahm an, dass hier um die Dörfer Lindscheid, Neipel, Scheuern, Überroth-Niederhofen und Dorf im Bohnental im nördlichen Saarland einmal Bohnen angepflanzt worden sind. Jowi hielt dem entgegen, das Bohnen überall angepflanzt wurden und das deshalb kein Grund für eine Namensgebung sein konnte. Er glaubte, ohne jeden Beleg, dass der Name sich von englisch bones, Knochen, ableitete. Wie Armin auf die hirnverbrannte Idee mit den Bohnen kommen könnte, war ihm unbegreiflich und war über längere Zeit sein Aufregerthema. Man hätte meinen können, es war ihm gar nicht ernst damit, sondern nur ein beliebiges Spielthema.

Streit war Jowis Elixier, sein Element. Man konnte wunderbar mit ihm streiten. Allerdings, umstimmen konnte man ihn nicht. Er blieb bei seiner Meinung.

Ich bin mir auch sicher, dass es zwischen ihm und seiner Frau Gisi eine tiefe Liebe war. Nach ihrem Tod im Januar 2014 ging er, solange er das konnte, fast täglich an ihr Grab auf dem Friedhof St. Johann und sprach mit ihr. Aber wenn man sie zusammen erlebt hatte, war man immer in die peinliche Situation gekommen, zum Zeugen eines lautstarken ehelichen Streits gemacht zu werden. Oft begann es damit, dass Gisi zu Jowis Ausführungen eine Bemerkung machte, worauf ihm die Halsschlagader schwoll und er mit erhobener Stimme sagte: „Gisi! Darf ich bitte mal ausreden!", was Gisi, keineswegs eingeschüchtert, nicht unkommentiert ließ. Jowi erzählte mir, einmal habe er sich vor Zorn vor Gisi rücklings auf den Küchenboden geworfen. Die Theatralik dieser Szene und die Tatsache, dass er mir davon erzählte, weckten in mir den Verdacht, dass diese Streitereien Teil eines einverständnishaften ehelichen Rollenspiels waren, geradezu ein Liebesbeweis.

Jowi und Gisi konnten auch anders. Als Gastgeber waren sie aufmerksam, interessierten sich für die Leute, wollten es den Gästen so angenehm wie möglich machen. Sie hatten viele Freunde und Bekannte, bei Geburtstagen stand man sich in der Küche in der Türkenstraße auf den Füßen, zu den Einladungen in den Garten nach Hoste strömten die Leute und es wurden dort sehr schöne Feste gefeiert. Die Güths blieben kinderlos, aber Jowi konnte gut mit Kindern, er liebte es, mit ihnen zu reden, und sie redeten gern mit ihm. Das Besondere war, dass er mit Kindern nie kindlich sprach, seine Stimme nicht zu einem Kinderton verstellte und auch nicht krampfhaft nach vermeintlichen Kinderthemen suchte. Er war der Meinung, dass man mit Kindern sehr vernünftig reden könne, die Kinder konnten sich von ihm ernstgenommen fühlen.

Jowi hatte an der Uni nur eine halbe Stelle, nebenbei verkaufte er auf Flohmärkten historische Postkarten mit Stadtansichten an. Viel Geld hatten die beiden nicht, sie brauchten auch nicht viel. Gisi nähte, und Jowi war mit den abgelegten Kleidern von Freunden immer gut angezogen. Repräsentative Gegenstände oder Hobbies, für die andere bürgerliche Haushalte Geld ausgeben, besaßen sie nicht. Aber zwei Häuser.

Das Haus in der Türkenstraße, in dem sie wohnten, wenn sie in Saarbrücken waren, war ein Stück Stadthistorie. In das schmale Fachwerkhaus aus dem 15. Jahrhundert mit nur einem Zimmer auf jedem Absatz der engen Treppe war als Rückwand ein Rest der alten Saarbrücker Stadtmauer eingebaut.

1972 kauften sie in dem kleinen lothringischen Dorf Hoste ein Bauernhaus aus dem Jahr 1690. Es war nur noch eine Ruine, und sie haben es im Lauf der Jahre behutsam und originalgetreu restauriert. Es gelang Jowi, den Bürgermeister auf seine Seite zu ziehen, der von da an darauf achtete, alte Substanz im Ort, soweit es in seiner Macht stand, zu erhalten.

Hinter dem Garten lag ein Feld, das Jowi als Arboretum, als Baum-Park, anlegte. Als Gisi und er mit den Schwächen des Alters und schwerer Krankheit konfrontiert wurden, begann Jowi sich darüber Gedanken zu machen, was nach ihm bleiben würde. Ein Jahr vor Gisis Tod hat er sein Arboretum für die Öffentlichkeit zugänglich gemacht. Später hat er die „Maison Güth" einem dazu ins Leben gerufenen Verein übereignet, der das Haus pflegt, es zum Museum der Dorfkultur ausbaut und hier Konzerte und Lesungen veranstaltet. Der Verein wird hauptsächlich von der Gemeinde getragen, der neue Bürgermeister ist ein Sohn des alten, und auch er ist ein Jowi-Fan.

Jowis Sorge galt auch der Überlieferung seiner Fernsehauftritte. Zuerst ließ ich ihm unsere Sendungen auf VHS-Kassetten überspielen, dann auf DVDs. Dann kam er, der selber keinen Internetzugang besaß, auf die Idee, die Sendungen ins Internet zu stellen. Diesen Wunsch konnte ich ihm nicht erfüllen, die urheberrechtlichen Hürden waren nicht überwindbar.

Jowi war ein Bürger, wie ihn sich jedes Gemeinwesen nur wünschen kann. Es war ihm nicht egal, wie der öffentliche Raum aussah, und er brachte sich unüberhörbar in die Diskussion ein. Er starb im Juni 2020 mit 82 Jahren.

Kühn & Rech

Nachdem ich zahllose Interviews geführt hatte, und hatte auch die mürrischen, die arroganten, die eitlen, die maulfaulen, die übervorsichtigen, die plappernden, die abgeschirmten prominenten Gesprächspartner überstanden, bereiteten Interviews mir keine schlaflosen Nächte mehr. Aber dann, bei Freds Feier zu seinem 70. Geburtstag im Juli 1993, sprach Benno Rech mich an: Ob ich kein Interview mit Johannes Kühn machen wolle. Der Schang, wie Benno Rech ihn nannte, schreibe ja wieder, sie arbeiteten jeden Tag zusammen.

Benno Rech lektorierte auch die Bücher von Ludwig Harig, seit er über den „Kleinen Brixius" eine Rezension geschrieben hatte, die Harig sehr gefiel. Aber sein Verhältnis zu Kühn ist intensiver, er ist der glühendste Kühn-Fan der ganzen Welt. Und er ist sein Freund von Jugend an. Kühn, Jahrgang 1934, und Rech, Jahrgang 1935, hatten sich kennengelernt als Schüler der Missionsschule der Steyler Missionare in St. Wendel, die Johannes Kühn seit 1948 besuchte. Dort herrschte ein sehr strenges Klosterleben, sagt Benno Rech, und das ist milde ausgedrückt. Den Bergmannssohn aus Hasborn Johannes Kühn und den Bergmannssohn Benno Rech aus dem Nachbardorf Thalexweiler schweißte die gemeinsame Zuneigung zur Dichtung zusammen, zu Hölderlin, Mörike, Trakl, Rimbaud. Da hatte Kühn schon begonnen, selber zu schreiben.

Ihre beruflichen Wege trennten sich. Benno Rech studierte und wurde Lehrer, Johannes Kühn verließ aus gesundheitlichen Gründen die Schule ohne Abitur und verrichtete als Hilfsarbeiter in der Tiefbaufirma seines Bruders schwere körperliche Arbeit. Benno Rech ist seinem Freund Schang treu geblieben. Er hat immer an den Dichter in ihm geglaubt. Anfang der 80er Jahre gerät Kühn in eine schwere, Jahre dauernde Krise, es kommt wiederholt zu Klinikaufenthalten, er stellt das Schreiben ein und bemüht sich nicht mehr um Veröffentlichungen. Da sind es Benno Rech und seine Frau Irmgard, die ihm beistehen und sich darum kümmern, dass sein Werk bekannt wird. 1984 bringen sie in August Schleidens Saarbrücker Verlag Die Mitte, in dem 1970 schon „Stimmen der Stille" erschienen ist, den Lyrikband „Salzgeschmack" heraus.

1988 erhält der schweigende Dichter den Kunstpreis des Saarlandes. Und 1989 gelingt es Benno Rech, den Lyriker Johannes Kühn auf die überregionale Bühne zu bringen. Durch Vermittlung von Ludwig Harig bringt der angesehene Münchner Hanser Verlag einen Band mit Gedichten von Johannes Kühn heraus, „Ich Winkelgast". Es folgen weitere Bücher bei Hanser, der Ruhm von Johannes Kühn breitet sich aus – aber alles aus dem Vorrat älterer Gedichte, aus der Zeit vor Kühns Krise, den Benno und Irmgard Rech nach und nach heben.

Und jetzt also hat Johannes Kühn seine schwere Krise überwunden, es entstehen wieder neue Gedichte, mit den Rechs als Geburtshelfern. Jeden Tag setzen sich Benno und Irmgard oder nur er oder manchmal auch nur sie mit ihrem Schang in der Hasborner Gaststätte Huth zusammen, immer von Viertel vor zwölf bis um eins, und der Dichter legt ihnen seine Produktion vom Vortag vor, täglich schreibt er drei Gedichte. Für die drei Gedichte braucht er höchstens eine Stunde. Kühn schreibt schnell, er bringt die Gedichte in einem Zug zu Papier, man kann ihm ein Stichwort geben und er schreibt ein Gedicht. Im Gasthaus arbeiten sie mit ihm an den Texten, regen neue Gedichte an, indem sie ihm Themen vorschlagen.

Im November 2002 wird SR-Literaturredakteur Ralph Schock den Dichter und seinen Mentor ins Hörfunkstudio einladen, um deren Arbeitsweise zu dokumentieren. Schock gibt Kühn fünf Stichworte vor: Schuhputzer, Publikum, Winter, Kaffee und Radio. Kühn verfertigt daraus während der Aufzeichnung, meistens in weniger als fünf Minuten, jeweils ein Gedicht. Diese Zeit wird in der Sendung mit Musik unterlegt, gleichzeitig hört man die Schreibgeräusche. Jeweils danach wird man Zeuge des Arbeitsgesprächs zwischen Kühn und Rech. Ralph Schock sagt zu Benno Rech: „Ich hätte nie geglaubt, dass du so zurückhaltend, so vorsichtig mit Johannes arbeitest."

Aber manche überkommt auch Unbehagen gegenüber Rechs Hebammendienst an der Literatur. Nachdem er die Sendung gehört hat, schreibt der Saarbrücker Schriftsteller Hans Gerhard „Das traurige Märchen von Jakob Gutermund, und wie sich für ihn nach langer Zeit doch noch alles in bescheidenem Rahmen zum Guten wandte", eine wirklich bösartige Satire („Sorry an die Menschen, die sich verletzt fühlen") auf diese Kooperation, die er vorsichtshalber nie veröffentlicht hat.

Quälen die Rechs den Dichter, indem sie ihn zum Schreiben nötigen? Manipulieren sie seine Gedichte? Sind sie wirklich uneigennützig? Eine selbstlose Freundschaft, wie die Rechs sie Johannes Kühn entgegenbringen, ist für viele Menschen nicht vorstellbar. Dabei steht fest: Ohne sie wären seine Texte begraben in kaum gelesenen Büchern, er wäre ein steckengebliebenes Genie.

Die Rechs haben die Fürsorge für Kühn als Lebensaufgabe angenommen, alle beide, sie mit ein wenig ironischem Abstand manchmal. Aber er ist vollkommen im Bann von Kühns literarischer Größe, und hat selber die Größe, sich ganz in seinen Dienst zu stellen und sich selber nicht in den Vordergrund zu drängen. Auffallend und schön bei beiden Rechs: wie kindlich und wie ernst, wie dörflich und wie weltoffen sie sind. So etwas gibt es sehr selten. Wie aufgeregt er ist, wenn eine neue Rezension erschienen, ein Interviewtermin vereinbart ist. Oder wenn er mit Kühn eine gelungene Gedichtfassung erarbeitet hat. Er muss es, wie ein Kind, sofort seiner Frau erzählen. 2016, beim Geburtstag von Leo Kornbrust, habe ich erlebt, wie überrascht Benno Rech war, weil er etwas Wesentliches über den Schang nicht gewusst hatte: dass der neuerdings keinen Kaffee mehr trank, sondern Tee.

Es ist schwer, sich mit Benno Rech zu unterhalten, ohne dass die Rede auf Johannes Kühn kommt. Eine seiner Schülerinnen am Lebacher Gymnasium hat mir erzählt, der ganze Deutschunterricht habe sich praktisch um Kühn gedreht – sicher eine Übertreibung.

Wen wundert es, dass Benno Rech jetzt, auf Freds Geburtstag 1993, ganz begeistert ist von Kühns neuen Gedichten, nach seiner Genesung schreibt der Dichter wieder. Benno Rech erzählt von einer bevorstehenden Veröffentlichung in der Literaturzeitschrift „Akzente" und von Übersetzungen in andere Sprachen, zitiert das Lob anderer Lyriker wie Reiner Kunze, Peter Rühmkorf, Michael Krüger. Natürlich will ich das Interview mit Johannes Kühn machen. Rech hat auch gleich Fotokopien der neuen Texte zur Hand, legt sie zwischen die Gläser und abgegessenen Teller und macht mich Zeile für Zeile auf die Schönheiten der Gedichte aufmerksam

Ich kenne Johannes Kühn seit Anfang der 1970er Jahre, als ich gelegentlich Stallwache in der „Galerie 22-24" in der Saarbrücker Wilhelm-Heinrich-Straße gehalten habe. Ich war Mitglied einer Gruppe um den Maler Till Neu, die Übersetzerin Uli Aumüller und den Filmfreak Albrecht Stuby, der später das Festival um den Max-Ophüls-Preis initiieren und leiten sollte. Gelegentlich kam Johannes Kühn vorbei, sah sich eine Ausstellung an, stöberte in Ulis Kiste mit gebrauchten und neuen Büchern. Ich sehe ihn vor mir, kein Typ aus der Saarbrücker Kulturszene, sondern ein Mann vom Land, rote Backen, massige Erscheinung, in dunklem Mantel, wortkarg, nicht unfreundlich, aber nicht zum Plaudern einladend. Gerade ist der Gedichtband „Stimmen der Stille" herausgekommen, den es auch bei uns zu kaufen gibt.

Der Mann erregte in mir Scheu, gemischt mit Sympathie und großer Bewunderung für das, was er schrieb. Diese Scheu ihm gegenüber konnte ich nie mehr ganz ablegen, im Lauf der Jahre trat seine Einzigartigkeit als Lyriker immer mehr hervor, und man erfuhr auch mehr über sein Schicksal. Wiederholt hat er mir das Du angeboten, aber ich kann es mir nicht angewöhnen, zu groß ist mein Respekt ihm gegenüber und die Befangenheit. Aber als er mir einmal einen von seinen Stumpen anbot, habe ich zugegriffen, obwohl ich Nichtraucher bin, und diese eine Stumpenlänge gemeinsamen Rauchens mit ihm habe ich sehr genossen.

Nun also sollte ich mit dem Mann mit dem Hölderlin-Schicksal, der vor zehn Jahren das Dichten eingestellt hat und der seit kurzem erst wieder schreibt, ein Interview führen. Ich sah mir an, was wir im Fernseharchiv über Kühn hatten, da gab es vor allem den langen Film des SR-Kollegen Fritz Kremser, der, in allen dritten Programmen ausgestrahlt, wesentlich zur überregionalen Bekanntheit von Johannes Kühn beigetragen hat. Das war 1988, noch in Kühns Schweigezeit, und so sagt er in dem Film auch kein Wort, liest nur ein Gedicht vor.

Benno Rech hielt es für am besten, ich solle direkt mit Johannes Kühn einen Termin ausmachen, er habe sich viel zu sehr daran gewöhnt, dass sie, die Rechs, alles für ihn erledigten, er müsse jetzt mehr selber in die Hand nehmen. Er wollte ihn aber auf meinen Anruf vorbereiten. Ich sammelte mich, bevor ich Kühns Nummer wählte, dann machte ich keine Umschweife, sagte gleich im ersten Satz, was ich wollte. Kühn sagte, er sei krank, in einer Stunde werde er ins Krankenhaus gebracht; aber er lehnte nicht ab, sondern bat mich, ein paar Tage später wieder anzurufen.

Als ich mich zu der verabredeten Zeit wieder meldete, war alles ganz unkompliziert, es ging nicht mehr um ja oder nein, nur noch um den Termin. Aber ich merkte auch, er machte es nur mir zuliebe, weil wir uns kannten und weil Benno es auch wollte. Er machte es nicht, weil er das Bedürfnis hatte, sich mitzuteilen. Ich dachte an den nichtssagenden Bericht, den Cathrin Elss in der „Saarbrücker Zeitung" nach einem Besuch bei ihm veröffentlicht hatte, und an die Absage, die er einem Hörfunkkollegen erteilt hatte.

Ich hatte nie vor einem Interview solchen Bammel. Hatte ein Bild von Kühn nur aus der Zeit, als es ihm schlecht ging. Wie an einen solchen Menschen herankommen? Gibt es Tabu-Themen? Wie vermeiden, ihn vorzuführen, wenn er schlecht drauf war? Am Vorabend, bei der Einweihung des Neubaus fürs Regionalgeschichtliche Museum in Saarbrücken und der Vorstellung der neuen Ausstellung zum Ersten Weltkrieg, Schreckensbotschaft von Fred Oberhauser: Kühn sei immer noch im Krankenhaus. Gleich nach der Veranstaltung rief ich von der Telefonzelle Benno Rech an: Ja, er sei im Krankenhaus, aber er werde ihn für das Interview abholen, ich könne ganz beruhigt sein.

Kühn hatte vorgeschlagen, dass wir uns nicht bei ihm in Hasborn treffen, sondern bei den Rechs in Thalexweiler. Wir (Kamera: Marein, Ton: Gores, Licht: Emran) waren ein bisschen zu früh dran, ganz gegen die Gewohnheiten des Fernsehens, fuhren statt um 15 Uhr schon eine Viertelstunde früher in der Don-Bosco-Straße vor. Gleichzeitig mit uns kam Benno Rech mit Johannes Kühn an. Und vom ersten Moment an war klar, dass alles gut werden würde. Kühn hatte eine gute Gesichtsfarbe, seine Augen waren lebhaft, seine Gesten nicht so abgezirkelt, aus seinem Gesicht las ich Freundlichkeit, gute Laune, Humor, Vertrauen.

Wir gingen ins „Kühn-Zimmer" des Rech'schen Hauses, wo die Manuskripte lagern, die Rezeptionsbelege, wo der Computer steht. Kühn setzte sich auf die Couch, ich neben ihn, so wie nachher das Gespräch aufgezeichnet werden sollte. Zum Warming-up sprachen wir ein bisschen über meinen Onkel Alfred, den Kühn gekannt hatte. Dann stellte ich einfach meine erste Frage, und er antwortete, gar nicht so gewunden, wie ich es erwartet hatte, teilweise humorvoll, und es wurde ein recht lockeres Gespräch. Es war nicht sehr lang, ich wollte nicht viel mehr aufzeichnen, als ich senden kann, damit ich nicht an dem Gespräch herumschnippeln musste.

Nachher saßen wir noch in der Essecke und tranken Kaffee. Irgendwie kamen wir aufs Luxusleben, aufs viele Geld zu sprechen, das manche Leute verbiegt, und Benno bemerkte ganz richtig: Dem Schang kann das nicht passieren, der ist so gefestigt, der ist so in seiner Bahn; den könnte sowas nicht aus dem Gleis bringen.

Journalisten

Ich war also Journalist geworden, ein richtiger Journalist. Ich weiß nicht, ob sie schon mal mit einem von uns zu tun hatten. Wenn noch nicht – seien Sie auf einiges gefasst.

Uns kann nichts erschüttern. Wir haben alles schon vorher gewusst. Wir machen uns keine Illusionen, durchschauen alles. Wir haben nie etwas nicht gewusst. Wissen alles besser. Werden gerne hofiert. Rühmen uns unserer Kontakte bis in die Spitze, bauschen unsere oppositionelle Haltung gegenüber Autoritäten auf. Sind auf jeden Fall schon mal aufmüpfig gegen unsere direkten Vorgesetzten.

Wir werden wichtig genommen, solange wir unsere Funktion als Verteiler von Sendeplatz haben. Mit Geld bestechlich ist nur die unterste, von allen verachtete Sorte von Kollegen. Die meisten halten sich zugute, dass sie ein anderes Verständnis von Journalismus hatten. Wir wollen nicht die Kumpel derer sein, über die wir berichteten, sondern eine eigene, unabhängige Instanz, kritisch, distanziert, unbestechlich. In der Tat sind auch wir ein kleinen bisschen bestechlich, aber nur durch gute Informationen.

Laien sollten nie den Fehler begehen, mit einem Journalisten zu diskutieren. Wir Journalisten sind Bescheidwisser, das ist für uns eine Frage der Berufsehre. Und dieses Bescheidwissen beschränkt sich nicht auf unser jeweiliges Fachwissen, sondern ist quasi generell.

Wenn ein Nichtjournalist, aus privater Betroffenheit oder weil er ein Fachmann ist, von einem bestimmten Gebiet etwas zu verstehen glaubt, dann sollte er dem Journalisten gegenüber mit seinem Wissen zurückhaltend umgehen. Der journalistische Gesprächspartner wird jede Äußerung fremden Bescheidwissens als persönlichen Affront betrachten, den er nicht auf sich sitzen lassen kann.

Im Gespräch mit uns Journalisten darf der andere nicht gekränkt sein, wenn er verständnislosem Kopfschütteln, einem belehrend ausgestreckten Zeigefinger, nachsichtigem Lächeln oder gar blankem Hohn begegnet. Der Journalist kann nicht anders.

Wenn jemand etwas äußert, was er sicher zu wissen glaubt, wird der Journalist einem einen Aspekt nennen, den er nicht berücksichtigt hat, der aber eigentlich der entscheidende ist. Wir haben uns nämlich schon vor einiger Zeit, als das Thema noch nicht so en vogue war, eingehend damit beschäftigt. Damals konnten wir mit dem Experten schlechthin sprechen.

Sollte es sich um ein im engen oder weiteren Sinn politisches Thema handeln, hat der Gesprächspartner überhaupt keine Chance. Da sind wir Journalisten einfach näher dran. Wir wissen, dass die Sache sich in Wahrheit ganz anders verhält, als sie sich in der öffentlichen Debatte darstellt. Wir haben nämlich noch dieser Tage einen der handelnden Personen bzw. einen Eingeweihten gesprochen, der uns in einem persönlichen Hintergrundgespräch verraten hat, um was es in Wirklichkeit geht.

Der Journalist wird es aber bei vielsagenden Andeutungen belassen. Es hat keinen Sinn, uns mehr entlocken zu wollen. Denn wir haben ja versprechen müssen, die streng vertraulichen Informationen auf keinen Fall weiterzugeben. Wir können das auch gut verstehen, denn wenn sie bekannt würden, brächten sie einige wichtige Personen ganz schön in die Bredouille. Wir sind quasi Geheimnisträger. Das ist auch der Grund, warum wir in unserem Medium noch nicht darüber berichtet haben. Denn eines muss man verstehen: Entweder du kannst vertrauliche Informationen auch wirklich für dich behalten, dann bekommst du sie auch; oder du bist ein Typ, der alles ausplaudert – dann musst du dich nicht wundern, wenn keiner dir was erzählt.

So ein Gespräch von uns Journalisten mit einem Laien ist eine relativ ruhige und friedliche Angelegenheit im Vergleich mit einem Gespräch von Journalisten untereinander. Da versuchen die Bescheidwisser einander im Bescheidwissen zu überbieten, und dabei kann es schon mal laut zugehen und es können Emotionen ins Spiel kommen. Keiner lässt sich von einem Kollegen gern sagen: „Hast du eine Ahnung!"

Ganz Raffinierte verfolgen den Streit der Kollegen allerdings mit demonstrativem Schweigen. Auch durch die Aufforderung: „Jetzt sag du doch auch mal was!", lassen sie sich nicht aus der Reserve locken. Sie tun so, als hätten sie den eigentlichen Durchblick, in Wirklichkeit haben sie gut zugehört, was die Kollegen gesagt haben. Mit diesem Wissen können sie beim nächsten Gespräch in anderer Runde brillieren.

Macht

Seit einer Ewigkeit bin ich nicht mehr beim SR, trage keine Verantwortung mehr für eine Sendung. Aber immer noch wache ich gelegentlich in der Nacht auf, weil ein Traum mein Herz zum Rasen gebracht hat: Morgen ist Sendung, um die halbe Stunde zu vollzukriegen, fehlt noch immer ein Beitrag, und die Zeit ist zu knapp, um noch etwas zu organisieren. Die Angst vor der Lücke, Alptraum des Redakteurs. Das Loch in der Sendung: schlimmer als eine schlechte Sendung.

Als ich noch im Dienst war, schlief ich oft sehr unruhig. Wichtige Sendung, großes Ansehen, gutes Verhältnis zu den Mitarbeitern, Begegnung mit interessanten Menschen – alles gut und schön. Und trotzdem wälzte ich mich all die Jahre besonders in der Nacht von Sonntag auf Montag schlaflos in meinem Bett.

Die Sorge war immer da, aber mit der Zeit wurde ich ein bisschen ruhiger, es war immer noch irgendwie gut gegangen. Zwei Tage vor der Sendung waren plötzlich aus dem Nichts ein Thema aufgetaucht und ein Mitarbeiter, der es umsetzen wollte, und Menschen, die bereit waren, vor die Kamera zu treten, es war auf den letzten Drücker gedreht, geschnitten, getextet, synchronisiert worden, und voilà, die Sendung stand.

Wenn ich wach dalag, dachte ich an die Sendung, es fiel mir ein, was ich am nächsten Tag alles zu erledigen hätte, ich versuchte verzweifelt, mir alles zu merken, dann machte ich doch das Licht an und notierte es auf einem Zettel, am Morgen waren es zehn oder zwölf Punkte. Wie sollte ich das schaffen? Bei heraufkommendem Tageslicht ließ der Horror, der von dem Zettel ausging, schon leicht nach. Im Büro dann hatte sich der eine oder andere Punkt schon von selber erledigt, in anderen Fällen genügte ein einziger Telefonanruf, der Rest war in anderthalb Stunden abgearbeitet, dann konnte ich beruhigt zum normalen Tagesgeschäft übergehen.

Eigentlich war es ein schöner Job, Verantwortlicher der regionalen Kultursendung zu sein. Man kannte die Künstler und die Leute in den Kulturinstitutionen, die Intendantinnen, General- und Normaldirektoren, Amtsleiterinnen, Dezernenten. Für Menschen ohne hierarchische Funktion war es ein großes Erlebnis, vor die Linse der Kamera und in die Sendung zu geraten. Und am schönsten war der Kontakt mit Künstlerinnen und Künstlern.

Über all die erfreulichen Begegnungen sagte ich mir aber immer: Es geht nicht um mich, die Leute suchen nicht um meinetwillen den Kontakt, sondern wegen meiner Funktion. Für sie bin ich der Türsteher, der vor dem Eingang zum Medium Fernsehen steht, in das sie so gern hineinmöchten. Als Journalist darf man das nicht verwechseln; manche Kollegen, denen das nicht gelungen ist, hatten ein böses Erwachen, als sie in Rente gingen und plötzlich für die, die sie so umworben hatten, nicht mehr wichtig waren. Sie hatten tatsächlich geglaubt, sie als Person wären so interessant gewesen.

Als Redakteur hat man Macht. Das wollte ich mir anfangs nicht eingestehen. Ich war ja bewusst auf diese Seite der Gesellschaft gegangen, nicht auf die der Mächtigen, sondern ihrer Kontrolleure. Aber solange man sich nicht klarmacht, dass man auch als Redakteur Macht ausübt, so lange kann man auch nicht verantwortungsvoll damit umgehen.

Die Macht besteht darin, dass du Chancen zu verteilen hast, die Chance, fürs Fernsehen zu arbeiten, und die Chance, ins Fernsehen zu kommen. Wer den einen eine Chance gibt, nimmt sie gleichzeitig anderen weg. So macht man sich Feinde, ohne selber Feindseligkeit im Sinn zu führen. Wenn du einen Mitarbeiter einen Film machen lässt, kann ihn ein anderer nicht machen. Wenn du über einen Künstler berichten lässt, kommen alle anderen nicht vor. Du machst dir einen Freund, hast dir aber in der unsichtbaren Menge der anderen viele Feinde gemacht. Denn alle halten das Fernsehen ja für so furchtbar wichtig.

Ich habe schmerzhaft lernen müssen, dass mit jeder Sendung, die du machst, die Zahl derer, die dich hassen, zunimmt. Es ist keine Arbeit für jemanden, der von allen geliebt werden will. Mir fiel es schwer, das zu akzeptieren; denn ich bin kein Typ für Feindschaften, die behalte ich mir vor für die wenigen ausgewählten Fälle, in denen sie quasi existenziell sind, man sieht einander an, und jeder weiß von der ersten Sekunde an, dass ihr nicht dazu geschaffen seid, jemals Freunde zu werden.

In einer Dokumentation über Hollywood hat ein Insider gesagt, neunzig Prozent der Leute, die hier in der Filmbranche arbeiteten, seien dazu da, nein zu sagen. Das ist sehr praktisch, wenn man seine Leute dafür hat. Und hart, wenn man es selber machen muss.

Unter den Mitarbeitern war der Umgang mit den Moderatoren besonders schwierig. Das fing schon bei der Auswahl an. Wer sich als Moderatorin oder Moderator im Fernsehen eignet, kann man erst sagen, wenn man es ausprobiert hat. Die Wirkung eines Menschen auf dem Bildschirm ist nicht berechenbar. Es gibt Menschen mit großer körperlicher Ausstrahlung, wenn sie in einem Raum stehen, sind sie nicht zu übersehen. Aber im Fernsehbild ist es wie verhext, dort sind sie kaum wahrnehmbar, sie verschwinden in der Kulisse, dringen nicht zum Zuschauer durch. Und es gibt den umgekehrten Zauber: Personen, die klein und zierlich sind und keine besonders laute Stimme haben, können im Fernsehen eine unerwartete Präsenz entfalten.

Dadurch, dass die Moderatorinnen und Moderatoren, anders als die Reporter und Redakteure, regelmäßig ihr Gesicht in die Kamera halten und deshalb von vielen für die Macher der Sendung gehalten und in der Öffentlichkeit erkannt werden, ist ihr Job besonders eng mit ihrem Ego verknüpft. Aber es ist immer einmal nötig, eine Moderatorin auszutauschen, und das den Betroffenen zu vermitteln, gehört zu den unangenehmsten Aufgaben des Redakteurs. Da erlebt man Überraschungen. Einer mit besonderem intellektuellem Anspruch kann sich seine Ablösung vom Bildschirm nicht anders erklären als durch eine hinterhältige Verschwörung. Und eine, die von den anderen eher für ein einfaches Gemüt gehalten wird, überrascht mit der souveränen Feststellung: Sie habe immer gewusst, dass das nur ein Job auf Zeit ist, und sie könne es akzeptieren, dass diese Zeit nun abgelaufen sei.

Seit viereinhalb Jahren versuchte ich mich als Fernsehredakteur durchzuwursteln, da gab es endlich unter dem neuen Intendanten Fritz Raff Hilfestellung. Ein Seminar wurde angeboten mit dem Thema „Männer führen anders – von der männlichen Stärke zur sozialen Kompetenz". Viele männliche Kollegen gingen hin, weil das Haus es so wollte, glaubten aber nicht, dass diese Veranstaltung ihnen etwas bringen würde. Ich nahm das Angebot dankbar an, die Frage, wie man Menschen führt, beschäftigte mich schon lange, ich hatte selber das Gefühl, schlecht geführt zu werden, ich wollte es besser machen. Bis dahin hatte ich aus dem Bauch heraus gehandelt, ohne Anleitung, ohne System.

Unter der Leitung einer Wissenschaftlerin, die sich mittlerweile mit Büchern zur Kommunikation zwischen Mensch und Hund profiliert hat, konnte ich drei Tage lang im komfortablen Homburger Schlossberg-Hotel Abstand von der Besinnungslosigkeit des sich beschleunigenden Tagesgeschäfts gewinnen. Ich erinnere mich an ein Spiel, in dem man die Rollen von Vorgesetztem und Untergebenen tauschen sollte, und wie ein Jurist unseres Hauses empört sagte: „Wenn ich beginne, mich in mein Gegenüber hineinzuversetzen, dann schwäche ich doch meine Position!" Mir brachte die Teilnahme an dem Seminar immerhin die Erkenntnis, dass ich mit meinem Bemühen um einen kooperativen Arbeitsstil nicht ganz falsch lag.

Es folgten andere Seminare, zu denen alle führenden Mitarbeiter vom Abteilungsleiter aufwärts vergattert wurden. Da konnte man dann Einsichten mitnehmen wie: „Wer etwas bewegen will, muss sich selbst bewegen", oder: „Wer keine Ziele hat, wird von den Zielen anderer beherrscht". Man verließ diese Veranstaltungen in euphorischer Stimmung und mit dem festen Vorsatz, von nun an alles anders zu machen, um schon am ersten Tag der Rückkehr in den Alltag auf dem Halberg vollkommen ernüchtert zu werden und zu erkennen, dass man innerhalb der gegebenen Strukturen nicht viel würde anders machen können als bisher.

Anfang der 2000er Jahre begann man beim SR, kleine Videokameras einzusetzen, die ursprünglich für den Amateurbereich gedacht waren. Inzwischen waren diese Kameras so gut, dass die Sender auf die Idee kamen, sie auch professionell einzusetzen. Wenn der Journalist, der VJ (englische Aussprache, für Video-Journalist) allein loszog, ohne Kameramann und Techniker, konnte der Sender eine Menge Geld einsparen. Aber die die kleinen Kameras waren mehr als eine Sparmaßnahme, richtig eingesetzt, konnten sie Bilder und Töne einfangen, die mit den großen Kameras und einem Team nie gelangen, weil der massive Aufwand meist die Situation veränderte, die er wiedergeben sollte. Als einzelner Journalist mit kleinem Gerät konnte man unauffälliger agieren, und man konnte eine intimere Situation schaffen.

Als die ersten Mitarbeiter begannen, mit den Videokameras zu arbeiten, wollte ich das auch lernen und machte eine Wochenendschulung mit, die der Sender anbot. Als danach die nächste Buchmesse anstand, beschloss ich, mein neu erworbenes Können anzuwenden. Statt mich mit zwei Leuten und schwerer Ausrüstung durchs Gedränge der Frankfurter Messehallen zu quälen, fuhr ich allein hin. Der Regisseur Edgar Reitz stellte in diesem Jahr 2004 das Buch zu seiner „Heimat"-Filmtrilogie vor, ich verabredete mich mit ihm zum Interview, indem ich den Schauplatz Hunsrück einfach mal als Berichtsgebiet fürs saarländische Regionalprogramm vereinnahmte.

Reitz saß am Stand des Rolf-Heyne-Verlags und staunte nicht schlecht, als ich allein dort auftauchte, und scheinbar ohne Kamera. Stolz holte ich die Videokamera aus meiner Tasche und erklärte dem Regisseur, wie fortschrittlich wir in dieser Beziehung beim SR waren. Er war sehr interessiert, ließ sich das Gerät von mir zeigen, nahm es selber in die Hand. Dann baute ich das leichte Stativ auf, schraubte die Kamera darauf und schaltete auf Aufnahme. Aber, o Schreck, auf dem Display sah ich statt des Gesichts von Edgar Reitz nur ein großes X. Ich schaltete aus und noch mal ein – das gleiche Ergebnis. Jetzt wurde es peinlich. Ich nahm mir vor, nicht in Panik zu geraten, und sah mir den Aufnahmeschalter noch einmal genau an. Es war ein popeliges kleines Ding, stufenweise auf verschiedene Funktionen einstellbar. Wenn man eine Stufe über die Aufnahmefunktion hinaus ging, kam man auf Stand-by. Das war mir offenbar passiert. Ich erklärte dem Regisseur das Problem, dann konnte es richtig losgehen mit dem Interview.

Wirklich gebracht haben mir und meinen Mitarbeiterinnen und Mitarbeitern die Fortbildungsveranstaltungen mit dem Coach Gregor Alexander Heussen, den Brugger den „Kulturspiegel"-Leuten verordnet hatte. Heussen war eher ein intellektueller Typ, er hatte auch Bücher zu religiösen Themen und Gedichte veröffentlicht, aber was uns anbot, war konkret und praktisch und floss nachhaltig in unsere Arbeit ein. Von ihm lernten wir, dass ein Filmbeitrag keine Aneinanderreihung von Bildern und Textpassagen war, sondern einer in einem einzigen Erzählsatz zusammenzufassenden Dramaturgie folgen muss, nur einen Helden haben kann und immer eine gewisse Fallhöhe beschreiben muss. Und eben, dass der Text nur eine untergeordnete Rolle spielte. Durch die Seminare mit Heussen und seine Begleitung der Sendung sind unsere Beiträge wirklich besser geworden. Schwer kam unseren Moderator Heussens Diktum an, der Moderator sei für die Sendung nicht der Koch, sondern nur der Kellner.

Die größten Probleme gab es gar nicht beim Machen der Sendung, beim Kontakt mit Außenstehenden. Was an den Nerven zerrte, kam aus dem Sender selbst.

Die erste Belastung war die, dass meine Stelle im Fernsehen jahrelang unsicher blieb. Die Planstelle war ja aus mehreren anderen Teilstellen zusammengebastelt worden, eine Übergangslösung, lange war nicht sicher, ob ich nicht in den Hörfunk würde zurückkehren müssen, wo meine alte Planstelle allerdings längst von einem Kollegen besetzt war. Ich dauerte Jahre, bis ich, wie die Formulierung lautete, auf einer eigenen Planstelle „saß".

Gegen Ende der Ära des Kultur-Chefs Peter Brugger begann es schwierig zu werden für die Kultur im Fernsehen, der große Rollback setzte ein. Viele hatten schon lange einen stillen Groll gegenüber der Kultur gehegt; angeblich war die Kultur unter dem ehemaligen Programmdirektor Heinz Garber privilegiert gewesen, und überhaupt, Kultur war etwas ganz Unwichtiges.

Zu der starken Abneigung gegen die Person Brugger kam das Problem, das viele ganz allgemein mit der Kultur hatten. Die Kulturleute waren nicht beliebt, manche hassten sie. Diese starken Gefühle habe ich mir nur so erklären können, dass ein übergroßer Respekt, der die Leute sich klein fühlen ließ, in Abwehrgefühle umschlug. Kolleginnen und Kollegen, die in ihrem Ressort ihre Frau, ihren Mann standen, hegten einen Minderwertigkeitskomplex gegenüber einem Phänomen, von dem sie eine hohe Meinung hatten, für sich selber aber keinen Zugang fanden, sich ausgegrenzt fühlten.

Zur ganzen Wahrheit gehört, dass die Kulturvermittler im Medium und anderswo durch ihr Auftreten der Abneigung gegenüber ihrem Ressort zusätzliche Nahrung gaben. So wie die Verkäuferin im Juweliergeschäft glaubt, etwas Besseres zu sein als die Verkäuferin in der

Metzgerei, nur weil die von ihr verkaufte Ware teurer ist und als edler gilt, so halten viele Kulturmenschen sich für höherwertige Wesen, nur weil der Stoff, mit dem sie handeln, eine gewisse Aura besitzt. Zu Unrecht, denn das Etikett „Kultur" sagt überhaupt nichts über die Qualität eines Werkes, einer Institution.

Das insiderhafte Gehabe, das verschwurbelte Sprechen erlaubt es manchem Kulturvertreter, eigene Inkompetenz zu vernebelt. Dabei kommt es in einem flüchtigen Medium wie dem Hörfunk oder dem Fernsehen darauf an, dass das Gesagte beim einmaligen Hören verständlich wird. Eine Kunstkritikerin, die ich bat, das, was sie mitteilen wollte, doch bitte mit einfachen, auch für den Laien verständlichen Worten zu sagen, lehnte das ab mit der Begründung: Was würden dann Herr Uthemann vom Saarlandmuseum und Frau Gisler, die Kunstkritikerin der „Saarbrücker Zeitung", von ihr denken? Der Text diente also gar nicht der Unterrichtung des Publikums, sondern war ein Verständigungscode der Insider untereinander.

In Bruggers Endphase, als man ihn nicht mehr so sehr fürchten musste, entlud sich also die geballte Aversion gegen ihn und gegen dieses ganze Kulturgedöns. Zuerst wurde eine wichtige Sendung abgeschafft, die Feature-Reihe „Schauplatz der Geschichte", mit der der SR sich in der ARD ein großes Renommee erworben hatte. Angeblich war es wichtiger, Geld in die Beteiligung am Wirtschaftsmagazin „Plusminus" zu stecken; dann könne ARD-weit immer wieder die saarländische Wirtschaft, saarländische Firmen ins Bild setzen. In Wahrheit wurden Saar-Themen, wenn sie denn überhaupt einmal vorkamen, nicht vom SR behandelt, sondern von der Landesanstalt, die turnusmäßig gerade an der Reihe war. Aber es ging nicht um die Stichhaltigkeit von Argumenten, sondern es wurde ein Machtkampf ausgetragen.

Nach Brugger gab es keinen eigenen Hauptabteilungsleiter Kultur mehr. Die Stelle wurde zunächst vom Programmdirektor mitverwaltet, der die Kultur hasste. Dann wurde die Kultur einer anderen Hauptabteilung zugeschlagen, deren Chef kurz vor der Verrentung stand und der keine Energie mehr in die neue Aufgabe stecken wollte. Er hat nie realisiert, dass wir jetzt zu ihm gehörten, er sagte bis zum Schluss

„wir", wenn er von seiner alten Hauptabteilung sprach, und „ihr", wenn von uns die Rede war. Erst in meinen letzten Jahren gerieten wir dann in etwas ruhigeres Fahrwasser, als wir zum Landesprogramm unter Jörg Gehlen kamen.

Geld und Quote

Immer wieder kam die Frage auf, ob der Sender überhaupt eine eigene Kultursendung brauchte. Fernsehen ist teuer, eine Sendung, die nur aus Eigenbeiträgen besteht und die einen gewissen Anspruch hat, ist besonders teuer. Wenn einmal wieder eine Programmreform anstand, tauchte immer das Gerücht auf, die Sendung solle abgeschafft werden. Mit dieser Drohung im Nacken mussten wir arbeiten. Ich vermute, dass nicht Einsicht in die Notwendigkeit einer Sendung, die das regionale Kulturgeschehen widerspiegelt, uns immer wieder gerettet hat, sondern das Schielen nach den Wünschen der Landesregierung, für die Kulturpolitik eines der wenigen Felder war, auf denen sie etwas gestalten konnte. Die Sendung blieb also, allerdings wurden die Finanzmittel immer knapper, so dass wir begannen, die Sendung mit zu langen Interviews, Griffen ins Archiv oder kostenlosen Übernahmen von anderen Sendern zu strecken.

Eine paradoxe Situation für meine Mitarbeiter und mich: Außerhalb des Senders erfuhren wir große Anerkennung, im Sender selber galten wir bei Hierarchen wie bei Kollegen als die Überflüssigen.

Ein anderer Stressfaktur sei am Rande erwähnt, nämlich dass auch das Schicksal des ganzen Senders immer wieder auf der Kippe stand. Ansonsten, alles bestens.

Das unsichere Umfeld, dem sich die Abteilung ausgesetzt sah, blieb nicht ohne Folgen für unsere Arbeit. Ich hatte eine Sendung wie den

„Kulturspiegel" immer als eines der Instrumente in einem Orchester gesehen, ich hätte gern unseren Part im großen Konzert gespielt. Aber dazu hätte es einen Dirigenten geben müssen, und den hatten wir nicht. Die anderen Sendungen und wir, wir waren lauter Solisten, von denen jeder seine eigene Melodie spielte, sich selber den Einsatz gab. Niemand sagte mir, wo unser Platz war, wie wir uns thematisch oder formal von den anderen Sendungen abgrenzen sollten, wie wir uns unsere Zielgruppe vorzustellen hatten, wie populär oder speziell wir sein sollten, was wir überhaupt unter Kultur verstanden.

Es gab unter den Kolleginnen und Kollegen Genies, sie erkannten bei der Ankündigung der kompliziertesten Änderungen schon in der nächsten Sekunde, ob der Plan ihnen nutzen würde oder nicht, und hielten direkt dagegen oder plädierten dafür. Ich war darauf überhaupt nicht gepolt, ich überlegte, ob die Veränderung gut fürs Programm als Ganzem wäre, für den Sender insgesamt. Bis ich mit diesen Überlegungen fertig war, konnten die anderen mir schon die Butter vom Brot genommen haben. Glücklicherweise ist von den vielen Ankündigungen so gut wie nie etwas umgesetzt worden.

Jahrelang erlebte ich meine Situation am Sender als nicht enden wollende Krise. Oft war ich ratlos und verzagt, spürte Ohnmacht, mir war flau im Magen. Ich wollte den Mitarbeiterinnen und Mitarbeitern das Gefühl vermitteln, dass alles gut war, dass alles einen Sinn hatte und dass ich wusste, wo es langgeht. Auf keinen Fall wollte ich meine Niedergeschlagenheit, meine Orientierungsprobleme ungefiltert an sie weitergeben. Ich wurde dafür bezahlt, das auszuhalten. Deshalb versuchte ich, meine Krisen mit mir selber auszumachen und eine positive Grundstimmung zu verbreiten. Ich weiß nicht, ob mir das gelungen ist. Jedenfalls war ich entschlossen, mich nie ganz nach unten ziehen zu lassen, kein chronischer Moserer, Verantwortungsverweigerer, Verlierertyp zu werden; das hätte nicht meinem Selbstbild entsprochen. Und es gab ja auch immer wieder die menschlich schönen Momente, die aufmunternden Rückmeldungen, den Spaß an der Sache, die Erfolge. Von ein paar Schönheitsfehlern abgesehen, war eigentlich alles prima.

Ich suchte im Haus immer wieder den Dialog, ohne dafür die Partner zu finden, ich schrieb Papiere für die Vorgesetzten, aber es gab kein Echo. Niemand wollte sich auf irgendetwas festlegen.

Nur eines war klar: Die Quote musste stimmen. Dort, wo man inhaltliche oder qualitative Kriterien scheute, schien die Quote, also eine messbare Quantität, der solide Maßstab zu sein. (Wobei es auch hier keine Vorgabe gab, was bei einer Kultursendung eine gute, was eine schlechte Quote war oder welche Quote mindestens erreicht werden sollte.) Und so erwarteten wir jeden Morgen nach der Sendung bang die Quoten vom Vortag. Im Fernsehen konnte man sogar von Sendeminute zu Sendeminute sehen, wie die Zuschauerinnen und Zuschauer eingeschaltet hatten, ob sie dabeigeblieben oder an bestimmten Stellen weitergezappt hatten oder ob neues Publikum dazugekommen war. Waren die Quoten durchschnittlich oder höher, gab es keine Diskussionen über Inhalte oder gar die Daseinsberechtigung. Waren sie niedrig, war man der Looser und musste sich ein paar schlaue Argumente zurechtlegen.

Ich bin gar nicht gegen die Berücksichtigung von Quoten bei der Programmgestaltung. Natürlich muss man als Redakteur wissen, ob die Sendung, so wie man sie macht, überhaupt Zuschauer findet. Man will ja etwas bewirken, informieren, aufklären, kritisieren, und das gelingt umso besser, je mehr Menschen sich die Sendung anschauen.

Die Orientierung an der Quote kann allerdings auch ein Irrweg sein. Die Quoten für das dritte Fernsehprogramm waren nur deshalb halbwegs in Ordnung, weil so viele Alte die Programme schauten. Das Durchschnittsalter der Zuschauer wurde zusehends höher. Dieses Publikum würde nach und nach wegsterben, und niemand wusste, ob die Nachwachsenden, wenn sie einmal alt wären, die Fernsehgewohnheiten ihrer Vorgänger übernehmen würden. Ohnehin, was ist mit dem öffentlich-rechtlichen Auftrag, wenn man die Jungen nicht erreicht. Also müsste man das Programm und das Image deutlich verjüngen. Die Gefahr bestand allerdings, dass man dadurch das Stammpublikum vergraulen würde, ohne die jüngeren Zuschauer zu gewinnen. Also ließ man lieber alles beim Alten, bei den Alten.

Die so genannten Quoten waren übrigens gar keine Quoten. Anfangs war noch gemessen worden, welcher prozentuale Anteil der Bevölkerung eine Sendung gesehen hatte. Als nach der Zulassung des Privatfernsehens immer mehr Sender um die Gunst der Zuschauer rangen, sackten die Quoten der Öffentlich-Rechtlichen ab. Deshalb begann man, statt Quoten die Marktanteile zu veröffentlichen. Der Marktanteil zeigte den Anteil an der Gruppe derjenigen, die zu dem bestimmten Zeitpunkt den Fernseher eingeschaltet hatten; das ergab höhere Prozentwerte als der Anteil an der Gesamtbevölkerung.

Man stelle sich einen Arbeiter am Fließband vor, der soll pro Stunde eine bestimmte Stückzahl erreichen. Aber er hat keinen Einfluss auf das Tempo des Bandes, das Zählgerät für die Stückzahl arbeitet äußerst ungenau, und der Materialnachschub ist ungleichmäßig. Ganz schön schwierig für den Arbeiter, sein Soll zu erfüllen. So wie dieser Arbeiter fühlte ich mich.

Im Saarland waren es 200 Haushalte, deren Fernsehverhalten gemessen und hochgerechnet wurde. Das heißt, wenn 2 Haushalte weniger als beim letzten Mal meine Sendung nicht einschalteten, hatte ich 1 Prozent weniger Marktanteil, 10 Haushalte ergaben schon 5 Prozent – mehr hatte die Sendung manchmal gar nicht. Da unsere Prozentzahlen sich meist im einstelligen Bereich bewegten, entschied das Verhalten einer ganz kleinen Teilmenge über das Wohl und Wehe einer Sendung. Und das auch nur, wenn man dieses Zahlenspiel überhaupt ernst nahm. Ich hatte bei meinem Soziologiestudium auch ein Semester Statistik, und das genügte um zu wissen, dass bei diesen niedrigen Zahlen das Auf und Ab der Prozente überhaupt nicht berücksichtigt werden dürfte, da es sich innerhalb der statistischen Fehlermarge bewegte.

Jeder wusste das, und dennoch wurden die Marktanteile behandelt, als wären sie seriöse Größen und hätten eine Aussagekraft. Es war eine Fiktion, die nicht in Frage gestellt werden durfte, sonst hätte man sich ja einer Diskussion über die Qualität von Sendungen stellen müssen. Das hätte die meisten Chefs ratlos gemacht. Man unterwarf sich diesem Fetisch, huldigte dem Götzen Marktanteil. Waren die Zahlen schlecht, trösteten die Redaktionen sich damit, dass sie keine Aussagekraft hatten; waren sie gut, dann neigte man dazu, doch an sie zu glauben, jedenfalls scheute man sich dann nicht, sie als Argument einzusetzen.

Ob genau gemessen oder nicht – Quoten bzw. Marktanteile sind nur zum Teil vom Inhalt, der Qualität einer Sendung abhängig. Die beste Sendung kann auf einem ungeeigneten Sendeplatz verhungern, man kann sie da auch absichtlich verhungern lassen. Ob eine Sendung gesehen wird, hängt nicht nur von der Tageszeit, sondern auch davon ab, ob zur selben Zeit in anderen Programmen etwas läuft, was für das Publikum noch attraktiver ist. Oder ob es draußen in der Welt etwas gibt, was für die Menschen interessanter ist als Fernsehen, z.B. Grillen an einem schönen Sommerabend. Diese Wetterabhängigkeit schlägt sich allerdings nur in der Quote nieder, nicht im Marktanteil; wenn insgesamt weniger geguckt wird, kann auch eine Sendung mit schwachen absoluten Zuschauerzahlen einen hohen Marktanteil haben.

Das war also das eine Paradox, unter dem meine Arbeit stand: die Abhängigkeit von einer Zahl, deren Messung auf schwankendem statistischem Boden stand und die wir durch die Machart unserer Sendung nur wenig beeinflussen konnten. Und obwohl ich von der Fragwürdigkeit dieses Maßstabs wusste, ging meine Stimmung doch mit den Marktanteilen in den Keller oder stieg auf zu triumphaler Höhe.

Das andere Paradox war die Sache mit dem Geld. Das Honorar für die journalistischen Mitarbeiter wurde nach der Länge ihrer gesendeten Beiträge bemessen. Für jede angefangene Minute gab es einen festen Betrag. Einmal abgesehen von der Unsitte, dass mir deshalb gern Beiträge abgeliefert wurden, die wenige Sekunden über der vereinbarten Länge lagen – das konnte man in den Griff bekommen. Aber das ganze System, eine journalistische Leistung rein quantitativ zu honorieren, schien mir unsinnig. Es gab Beiträge, die machten sich mit weniger Aufwand als andere, aber sie wurden nach dem gleichen Maßstab bemessen. Die Mitarbeiter waren in Versuchung, Beiträge anzubieten, die länger waren, als es dem Thema guttat. Ganz abgesehen davon, dass sie aus jedem Thema einen Beitrag machen wollten, selbst wenn die Recherchen ergeben hatten, dass es eigentlich gar kein Thema war. Es war kompliziert und strapazierte den Etat über Gebühr, das zu machen, was vernünftig gewesen wäre, nämlich auch Recherchen zu bezahlen, die nicht zu einem Filmbeitrag geführt hatten.

Damit uns die programmferne Hauptabteilung Produktion nicht ständig in die Machart unserer Sendungen hineinreden konnte, hatten die Redaktionen die Forderung erhoben, selber über den Produktionsetat für ihre Sendungen verfügen zu können. Bis dahin hatten wir aus unserem Etat nur die Honorare für die freien Mitarbeiter bestreiten müssen. Nun hatte ich auf einmal rund 250.000 Mark zu verwalten, aber ich war Journalist, niemand hatte mir oder den Kolleginnen und Kollegen von den anderen Redaktionen gesagt, wie man das macht, so wie uns auch niemand in Personalführung ausgebildet hatte. Man musste sich das irgendwie selber beibringen, und irgendwie wäre es unter günstigen Umständen auch machbar gewesen.

Jetzt sollten wir also aus unserem Etat die Kamerateams bezahlen, die für uns unterwegs waren. Man konnte zu Anfang des Jahres eine ungefähre Rechnung aufstellen: soundsoviele zu füllende Sendeminuten bedeutete eine zu erwartende Zahl von Drehtagen, die man mit den Kosten für ein Team multiplizieren musste. Meine Rechnung ergab, dass wir uns unsere Sendung eigentlich gar nicht leisten konnten. Aber diese Rechnung war ohnehin falsch.

Denn es gab Teams, die etwas kosteten, und Teams, die nichts kosteten. Teams mit festangestellten Kameraleuten kosteten uns keinen Pfennig bzw. Cent, die Kosten, die sie verursachten, waren so genannte Ehda-Kosten – diese Angestellten der Produktion waren „eh da", sie wurden weder aus dem Etat der Produktion noch aus dem des Programms bezahlt, sondern aus dem Personaletat, der uns nichts anging. Glücklich die Redaktion, die ein Team von Festangestellten zugewiesen bekam.

Teuer wurde es, wenn das Team auf dem freien Markt eingekauft werden musste, das ging dann zulasten der Redaktion. Freie Teams kamen ins Spiel, wenn das Kontingent der Festangestellten ausgeschöpft war. Ob ich ein freies oder ein festangestelltes Team bekam, konnte ich nicht beeinflussen, auch nicht dadurch, dass ich meine Aufträge möglichst früh einreichte in der Hoffnung, dass dann noch ein festes Team zur Verfügung stand. Der Zeitpunkt meines Antrags spielte keine Rolle; denn die Dispo verteilte die Teams immer erst am Vortag des Drehs, wenn alle Aufträge vorlagen und man die Kräfte, die ja nicht immer für einen ganzen Tag, sondern oft nur stundenweise benötigt wurden, ohne große Leerzeiten einsetzen konnte.

Fest oder frei, für die Redaktionen war es ein Lotteriespiel, was sie bekamen, das hieß auch: was sie an Etatmitteln ausgeben mussten. Man konnte nicht vorab kalkulieren, was ein Beitrag kosten würde. Aber der Etat musste trotzdem eingehalten werden. Das war neben der Unterwerfung unter eine unseriöse Quote das zweite Paradox, unter dem meine Arbeit stand: einen Etat einhalten, ohne dass ich die Ausgaben steuern konnte.

Eigentlich Anlass genug zum Wahnsinnigwerden, zum Zynismus oder zur Resignation. Aber am Ende jeden Jahres zeigte sich, es hatte mal wieder irgendwie geklappt.

Die Erfindung des Saarlandes

Sendungen fürs Saarland zu machen, unablässig das Saarland zu thematisieren, das war für mich in den 70er und 80er Jahren ganz selbstverständlich, und es war keine rückwärtsgewandte, altmodische oder engstirnige Sache, sondern etwas Progressives. Wir begleiteten den Aufbruch in ein neues regionales Selbstbewusstsein, und es machte Spaß, sich nicht mit fernliegenden, abstrakten Dingen zu befassen, sondern mit dem, was vor der Haustür lag.

Ich fragte mich nicht, was das eigentlich für ein Ding war, das Saarland. Erst im Nachhinein komme ich dazu, mir Gedanken zu machen. Und ich komme zu dem Ergebnis: Wer über die Identität des Saarlandes reden will, muss ein paar unangenehmen Tatsachen ins Auge sehen.

Genaugenommen, gibt es gar kein Saarland. Man muss es nach und nach erfinden.

Ein Land, das Saarland heißt, hat die meiste Zeit nicht existiert. Das Land namens Saarland ist so jung, dass es historisch noch gar nicht richtig wahr ist. Es ist nur zweieinhalb Jahre älter als ich.

Es hat eine Reihe von Territorien gegeben, die die Saar im Namen führten. Ihr Gebiet deckt sich nicht mit dem des heutigen Bundeslandes, und ihr Status auch nicht. Es gibt eine Gaugrafschaft Saargau, ein Herzogtum Saarland, eine Saarprovinz, ein Saardepartement, ein Saarbeckengebiet, bevor das Saarland Saarland heißt. Erst da betritt es als politischer Akteur die Bühne. Das Saarland ist kein alter, kein gewachsener historischer Raum.

Ein Land, benannt nach einem Fluss, dessen Name, abgeleitet vom indogermanischen Wort für fließendes Wasser, extrem wenigsagend ist. Der gar nicht mitten durch das Land fließt, sondern eher an seinem Rand entlang, ein Stück weit ganz außen an der Grenze, und mit dem die Leute im größten Teil des Landes nichts zu tun haben. Diese Saar fließt 121 km lang in Frankreich, 31 km durch Rheinland-Pfalz, nur 68 km durchs Saarland, sie ist also nicht einmal zur Hälfte saarländisch. Eigentlich ist die Saar gar kein saarländischer Fluss. Selbst die Blies hält sich länger im Saarland auf.

Der Fluss, nach dem das Bundesland sich benannt hat, gehört diesem Land auch gar nicht. Er ist Eigentum des Bundes. Die Saar als Bundeswasserstrasse gehört zum so genannten Bundeswasserstraßenvermögen. Damit untersteht sie der Verwaltung des bundeseigenen Wasser- und Schifffahrtsamtes. Bei Eingriffen ist das Amt immerhin gehalten, Einvernehmen mit dem Land herzustellen. Das Land darf den Fluss auch selber nutzen, allerdings nur unter bestimmten Bedingungen, die im Bundeswasserstraßengesetz festgelegt sind.

Den Fluss? Ist die Saar überhaupt ein Fluss? Ein Fluss ist ein natürliches Oberflächengewässer von mittlerer Größe, das fließt. Fließt die Saar noch? Nach dem Einbau der zahlreichen Schleusen und Wehre im Rahmen ihrer Schiffbarmachung sprechen manche von einer „Aneinanderreihung von Stauseen" oder von einer „durch Schleusen verbundenen Seenplatte". Polemik? Selbst in einer ministeriellen Broschüre von 1977 ist von „Verlangsamung der Fließgeschwindigkeit bis fast zum Stillstand" die Rede. Demnach wäre die Saar gar kein Fluss?

Die Fachleute vom Wasser- und Schifffahrtsamt verwenden das Wort „Fluss" gar nicht, wenn sie von der Saar reden. Für sie ist die Saar ein „Wasserbauwerk". Und laut EU-Richtlinie gilt besagtes Bauwerk als HMWB, als „Heavily Modified Water Body", was in amtlichen Schriftstücken mal mit „erheblich beeinträchtigter", mal neutraler mit „erheblich veränderter Wasserkörper" übersetzt wird.

Ist die Saar, zumindest in ihrem deutschen Teil, nicht tatsächlich eher ein Kunst- bzw. Ingenieursprodukt als ein Stück Natur?

Selbst das bemerkenswerteste Stück an der Saar, die Saarschleife, ist nicht mehr das wilde Wasser, das sie war, auch sie ist kalmiert. Dabei hat die Natur hier etwas Interessantes vorgemacht. Es ging in nördlicher Richtung nicht mehr weiter, das Gestein war zu hart. Da hat das Wasser eine Bewegung seitwärts gemacht. Führte auch nicht weit. Gut denn, fließt es halt ein Stück in die Rückwärtsrichtung, was soll's. Sieht doch gut aus, diese Schleife. Äußerst anpassungsfähig, diese Saar – wie ihre Anrainer.

Und diese Bewohner des Landes? Es gibt keinen Volksstamm der Saarländer. Keinen saarländischen Phänotyp, man sieht den Menschen das Saarländertum nicht an. Wir haben keine Saarland-typische Folklore. Das Saarland bildet keinen einheitlichen Naturraum, auf der geologischen Karte oder von oben betrachtet ist das Land nicht zu identifizieren. Das „Saarlandwetter" ist eine charmante Erfindung des Saarländischen Rundfunks. Und auch die Sprache wirkt nicht identitätsstiftend. Es gibt kein Saarländisch. Es existiert keine saarländische Mundart, nur die Teilhabe an zwei großen Dialekträumen, dem Moselfränkischen und dem Rheinfränkischen, die Dialektgrenze geht quer durchs Land, die einen verstehen oft die anderen nicht. Es hat sich auch keine saarländische Kunst und Kultur entwickelt, wir sehen nur Ausläufer der nationalen und internationalen Szene.

Das Saarland entsteht nicht durch den Willen seiner Einwohner, es gibt keinen Befreiungskampf gegen eine Großmacht, gegen einen Okkupator, durch den sich ein Gefühl von Zusammengehörigkeit, Identität eben, herausbildet, keinen freiwilligen Zusammenschluss von Teilgebieten. Das Saarland ist etwas von anderen Gemachtes, in das sich die Bewohner plötzlich hineinversetzt sahen, es wurde zusammengefügt aus einem Mosaik ehemaliger Zwergterritorien und Territorialsplitter. Es ist von fremden Mächten unter rein ökonomischen Gesichtspunkten – Industrierevier plus zugehöriges Arbeiterreservoir – aus der Landkarte herausgeschnitten. Aber kaum ist das Saarland Bundesland geworden, da schwindet schon der Grund seiner Existenz dahin, die Montanindustrie verliert die Bedeutung, die sie hatte, als man sich noch um dieses Territorium stritt. Trotzdem haben die ersten Regierungen nichts Besseres zu tun, als die Ansiedlung anderer Branchen zu verhindern, nur um der Montanindustrie das niedrige Lohnniveau zu erhalten.

Zwischen 1919 und 1957 durchläuft das Land fünf Wechsel der Staatszugehörigkeit: Teil des Kaiserreichs, Mandatsgebiet des Völkerbunds, Eingliederung ins Deutschen Reich, eigener Staat, Land der Bundesrepublik.

Inwiefern hat diese Vorgeschichte die Saarländer politisch geprägt? Es gab Zeiten, da konnte man als Saarländer im Saarland nichts werden. Die Chefs waren preußisch und protestantisch. Da war nichts zu machen, man konnte nur die Faust in der Tasche ballen, grollend ein braver Untertan sein. Und das Hin und Her zwischen Deutschland und Frankreich? Zweimal haben die Saarländer sich entscheiden können, zweimal haben sie sich mit überwältigender Mehrheit für Deutschland entschieden, einmal sogar trotz – wenn man nicht unterstellen will: wegen – Hitler. Und nach den Abstimmungen wollten sie zeigen, dass sie als Deutsche wirklich keine unsicheren Kantonisten sind. Bis sie auf die Idee kamen, dass die Nähe zu Frankreich, die ehemalige Zugehörigkeit zu diesem Staat vielleicht auch ein Vorzug sein könnte. Nun wollte man das französischste aller Bundesländer sein. Was denn nun, Saarland?

Eine Konstante glaube ich im Wesen der Saarländer zu erkennen: Wir verlassen uns darauf, dass bei uns alles nur halb so schlimm wird, vom Wetter über die Politik bis zu sonstigen Katastrophen. Bei uns wird nichts so heiß gegessen, wie es gegrillt wird. Schon in den 70er Jahren hat Michael Wahlster den Text geschrieben, der in der Version des Liedermachers Jürgen Albers so populär wurde: „Isch hann in Glasgow gehuckt un hann die Flemm gehat / Un wie isch so am Ingehe bin / Do erinner isch misch, mei Oma, die hat emol gesa't: / Es Saarland is e rischdisches Gärdsche / Do kann's bestimmt kä Erdbäwe genn / Kä Tornado, kä Sandstourm un kä Schlange / Un aach kä Menschefresser, die tun disch hier fange. /Alles is beschdens, isch kann nit verstehn / Wie kamma nur woannerscht hingehn?"

Aber ausgerechnet Michael, der diesen Text in Schottland schrieb, hat bewiesen, dass die Saarländer auch anders können. Ging nach Japan, baute sich eine Existenz auf, heiratete eine Australierin, die beiden zogen in die USA, wo er wieder erfolgreich als Freiberufler gearbeitet hat.

Weil bei uns die Wogen des Weltgeschehens nur als milde Ausläufer ankommen, weil wir für Großes viel zu klein sind, uns gut wegducken können, weil es keine Extreme nach oben wie nach unten gibt, deshalb brauchen wir auch keine radikalen Maßnahmen zu ergreifen, sondern können im Prinzip einfach so weitermachen.

Wo kommen wir eigentlich her? Und wie lange bzw. seit wir kurzer Zeit sind wir hier? Nur wenige dürften die Gene der Kelten, Römer, Germanen in sich tragen, die einst hier siedelten. Nach dem Dreißigjährigen Krieg ist das Land so gut wie leer. Im Laufe von sechs, sieben Jahrzehnten wird die Lücke geschlossen durch Zuwanderer aus der Schweiz und aus Tirol, aus dem habsburgischen Raum, Luxemburg-Belgien und aus französischem Territorium. Anfang des 19. Jahrhunderts sind wir auf dem Gebiet des heutigen Saarlands nur 150.000 Leute, 150 Jahre später 1 Million. Und das nicht, weil sich die Einheimischen bzw. die heimisch Gewordenen so eifrig fortgepflanzt hätten. Im Zuge der Industrialisierung gab es im 19. Jahrhundert einen zweiten Schub von Zuwanderern, diesmal kamen sie vor allem aus den ländlichen Gegenden des Hochwalds und des Hunsrücks. Wir sind alle kürzlich von fern und von nah Zugezogene.

Ich selber weiß gar nicht genau, wo ich herkomme. Jedenfalls sind wir nicht, was der Familienname andeuten könnte, Italiener. Mein Vetter Walter, ein Familienforscher, hat anfangs die Herkunft der eigenen Familie erforscht. Er kam zu dem Ergebnis, die Pettos seien Zuwanderer aus der Wallonie, der Familienname sei die Verballhornung eines ursprünglich französischen Wortes. Später hat er sein Forschungsergebnis wieder in Frage gestellt. Unsere Herkunft ist also noch offen.

Die Menschen, die jetzt Saarländer heißen und sich in einer separaten politischen Einheit wiederfinden, sind dazu verurteilt, dem einen Sinn zu geben, was nur wirtschaftlich und von fremder Warte in einer bestimmten historischen Situation für kurze Zeit sinnvoll erschien. So unterschiedlich sie von ihrer Vorgeschichte und von ihrem aktuellen Selbstverständnis sind, so versuchen sie doch, eine gemeinsame Identität zu finden.

Sie forschen nach dem typisch Saarländischen, sie behaupten, dass es das gibt. Von außen werden sie ja auch als etwas Eigenartiges wahrgenommen. Was bei der Suche nach dem charakteristisch Saarländischen herauskommt, ist zunächst nicht viel: Angeblich essen, trinken und feiern wir gern, sind kontaktfreudig und gastfreundlich, und wir können, so viel steht fest, kein „ch" sprechen, für uns ist alles „sch". Viel anderes hätte man über einen neuen entdeckten Volksstamm in einem von der modernen Zivilisation bisher nicht berührten Gebiet auch nicht sagen können.

Geradezu rührend der Versuch, sich durch die Herbeischaffung sterblicher Überreste ein historisches Monument zu schaffen, und zwar der Überreste des Erbprinzen Heinrich von Nassau-Saarbrücken, der ein Fürst ohne Land war, im mittelfränkischen Exil gestorben und beigesetzt. Dank der Initiative geschichtsbewusster Männer aus dem „Freundeskreis Erbprinz Heinrich" wurde er 1976 heimgeholt in das

Land, das er nie regiert hat, und liegt nun beim Schloss Halberg begraben.

Der saarländische Minderwertigkeitskomplex schlägt bei vielen um in Selbstüberschätzung. Sie wollen Saarländer sein den Umständen zum Trotz – graad selääds! Und das, bevor das Saarland noch richtig erfunden ist.

Beinahe wären wir ja auch die Größten. Schloss Carlsberg bei Homburg war eine der weiträumigsten, prachtvollsten Schlossanlagen in Deutschland, es wäre heute eine Attraktion – leider steht es nur ein paar Jahre. Die erste Dampflokomotive in Deutschland wäre beinahe im Saarland gefahren, sie sollte Kohlen vom Bergwerk in Geislautern zur Verschiffung auf der Saar nach Luisenthal fahren – aber die Ingenieure kriegten den Kessel in jahrelangen Versuchen nicht dicht, ein Jahr vor Eröffnung der Nürnberg-Fürther Eisenbahn wurde das Ding verschrottet, ein Nachbau steht im Depot des Nürnberger Verkehrsmuseums. Anfang der 50er Jahre will Saarbrücken europäische Hauptstadt der gerade gegründeten Montanunion werden – es wird Hauptstadt des kleinsten Flächenlandes der Bundesrepublik. Ach ja, schon das Römerkastell am Fuße des Halbergs ist seinerzeit nicht fertiggestellt worden.

Ein lange gehegter Traum ist auch die Kanalisierung der Saar. Schon der bloße Plan bringt Vorteile: Die Bahn gewährt der saarländischen Industrie günstige so genannte Als-ob-Frachttarife – als ob es die Konkurrenz der Wasserstraße schon gäbe. Später muss der arme Fluss dann tatsächlich die Kanalisierung über sich ergehen lassen, nicht weil er als Wasserstraße gebraucht würde, sondern weil die Bahn nicht länger so tun will, als ob; die Kanalisierung erfolgt nur, damit man weiterhin Fracht preiswert mit der Bahn transportieren kann.

Das Saarland, ein Als-ob-Land. Als ob es für ein richtiges Bundesland groß und wirtschaftlich stark genug wäre. Und so ist auch der Sender, für den ich gearbeitet habe, ein Als-ob-Sender: als ob das Gebühreneinzugsgebiet groß genug wäre, eine eigenständige Rundfunkanstalt zu unterhalten, und als ob das Land genug Stoff böte, um täglich so viele Radioprogramme und Fernsehsendungen zu füllen.

Eigentlich gar nicht so übel, unsere Als-ob-Mentalität. Wir spielen Bundesland. Wir befolgen die Regeln wie die Großen, aber wir wissen, dass alles gar nicht so ernst ist. Der Ernst des Lebens wird nämlich total überschätzt. Wir attackieren einander, und hinterher trinken wir ein Bier miteinander – war ja alles nicht so ernst gemeint, Blut ist nicht geflossen.

Das Saarland ist ein Etwas auf der Landkarte. Es hat zunächst keine Identität. Dass es wirklich ein Land ist, dass die Saarländer Saarländer sind, ist nur eine Idee. Diese Idee muss erst entwickelt, muss nach und nach ausgebaut werden. Dabei spielt es keine Rolle, ob einer verherrlichend, kritisch oder ironisch vorgeht – wenn sich jemand nur irgendwie mit dem Saarland befasst, bestärkt das die Idee, dass dieses Land existiert. Früh kommt der Gedanke auf, die Identität des Saarlandes mangels ausreichender eigener Substanz als eine grenzüberschreitende, transitorische zu begreifen, im Sinne von: Es lohnt sich, hierher zu kommen, weil man von hier aus so gut anderswohin kommt, nach Trier, nach Luxemburg, nach Metz, Nancy und, ja, warum nicht gleich nach Paris?

Alle Schriftsteller, die hier zu den größeren zählen, haben an der Saar-Identität mitgebastelt, haben dem Stück Teppich Muster eingewoben, wurden selber eingewoben. Den in Merzig geborenen Weltmann Gustav Regler haben sie, über seine kommunistische Phase großzügig hinwegsehend, mit der Verleihung des neugeschaffenen Saarländischen Kunstpreises heimgeholt. In seiner Autobiographie „Das Ohr des Malchus" erzählt er von einem Spaziergang an der Landesgrenze, wo der Vater die Kinder Fallobst von verschiedenen Bäumen probieren ließ, um sie dann zu fragen: „Welcher Apfel ist französisch?" Regler: „Wir verstanden ihn früh: er glaubte nicht an Grenzen." Die Kinder „liebten sein alles in der Schwebe haltendes Weltbild".

Der fromme Johannes Kirschweng, ein Daheimgebliebener, Anfang der 1930er Jahre noch deutsch-national eingestellt, malt in seinen Werken die ländliche Heimat aus und kann nach dem Krieg als geistiger Begründer eines saarländischen Separatismus gelesen werden. Der andere führende Heimatdichter der 1950er Jahre, Alfred Petto, betextet einen Bildband mit dem Titel „An der Saar zu Haus", der bis in die 70er Jahre mehrfach wieder aufgelegt wird.

Alfred Gulden hat nicht nur die Literaturfähigkeit eines saarländischen Lokaldialekts bewiesen, sondern auch die vom Saarländischen Staatstheater aufgeführte Revue „Dieses. Kleine. Land" geschrieben. Und Ludwig Harig hat billigend in Kauf genommen, dass seine ironisch oder auch utopisch gemeinte „Saarländische Freude" hier und anderswo ernstgenommen wurde.

In der darauffolgenden Generation schaffte es Gerhard Bungert, als Autor keineswegs ironisch gemeinter Bücher quasi vom Saarland (als Thema und als Markt) zu leben. Ja, und der als Lyriker durchaus ernstzunehmende eingebürgerte Thüringer Gerhard Tänzer hat noch 2003 den Wettbewerb um eine neue Saarland-Hymne gewonnen, so dass jetzt amtlich gesungen wird: „Ich rühm' dich, du freundliches Land an der Saar, von friedlichen Grenzen umgeben."

Eine Institution wie der Rundfunk an der Saar ist von vornherein als Identitätsmaschine geschaffen. Nicht umsonst gibt es im Hörfunk eine Saarlandwelle, und das Fernsehen muss sich werktäglich durch zwei zu füllende Stunden Regionalprogramm quälen, nur weil andere, größere Sender zu dieser Zeit auch ihr eigenes Land bedienen.

Insofern war ich beim Rundfunk und bei der Kultur am richtigen Platz. Kunst und Kultur sind ein Spiel mit Möglichkeiten, mit dem, was nicht ist, aber sein könnte. Und so spielten wir denn auf der Klaviatur der möglichen Identität des Saarlands. Wir halfen eifrig mit, das Saarland zu erfinden.

Eigentlich hatte ich Literaturredakteur werden wollen, ich landete bei der Regionalen Kultur. Selber schuld. 1978 habe ich im SR einen Essay zur Saar-Identität veröffentlicht, 1980 mit Fred Oberhauser die Anthologie „Ein saarländisches Lesebuch" herausgegeben. Für den Rest meiner Laufbahn bin ich nun auf ein Thema fixiert: das Saarland. Alles, was ich recherchiere, über was ich berichte oder berichten lasse, fällt nur deshalb in meine Zuständigkeit, weil es mit dem Saarland zu tun hat, irgendwie, direkt oder indirekt oder noch indirekter, auf alle Fälle irgendwie mit dem Saarland. Und es hat mit dem Abschied vom

Saarländischen Rundfunk nicht aufgehört, jetzt bin ich Herausgeber der Website „Literaturland Saar".

Eine Frage, die wir uns dabei nie stellten: Braucht das Saarland überhaupt eine eigene Identität?

Manche hier glauben, sie lieben ihre Heimat, dabei haben sie nur Angst vor der Fremde. Manche meinen, sie müssten das Saarland lieben, so wie es ist. Aber es ist ja nicht. Ohne Überbau ist es nur ein nacktes Faktum, also gar nichts.

Natürlich darf man, kann man, soll man als Saarländer das Saarland lieben. Das ist gar nicht schwer. Wie soll man nicht lieben, was man selber erfunden hat?

Aber das Saarland schwindet aus Mangel an Saarländern (zu wenige Geburten, mehr Ab- als Zuwanderung) zusehends dahin, der Prozess ist unumkehrbar. Die jungen Leute sind nicht mehr, wie meine Generation, allesamt fanatische Daheimbleiber. Viele wandern ab. Eines Tages wird es kein Bundesland Saarland mehr geben. Ethnien, eigenständige Kulturen können überleben, auch wenn sie keine politische Einheit bilden. Die Franken sind im Bundesland Bayern nach wie vor erkennbar, die Friesen sind in Niedersachsen nicht untergegangen. Aber die Saarländer? Wird man sich hundert Jahre nach der Auflösung der Grenzen ihres Bundeslandes noch an sie erinnern, wird man sie identifizieren können? Oder waren sie doch zu kurz auf der historischen Bildfläche?

Vergessen

Ich war auf dem Weg zur Kantine, als mir einfiel, dass ich vergessen hatte, meine Bürotür abzuschließen.

Also stieg ich die Treppe wieder hinauf bis zu meiner Etage. Ich ging den Flur entlang, und als ich an seinem Ende angekommen war, hatte ich meine Bürotür nicht gefunden. Ich machte kehrt und eilte an den Türen vorbei in der sicheren Erwartung, jetzt meine Tür zu finden. Sicher war ich vorhin zerstreut gewesen und hatte sie übersehen. Im Gehen fiel mir ein, dass ich aus dem Gedächtnis gar nicht hätte sagen können, in welchem Teil des Flurs sich mein Büro eigentlich befand, eher vorne, in der Mitte oder dem Ende zu. Rein mechanisch hatte ich all die Jahre immer die richtige Tür angesteuert.

Als ich auch beim zweiten, wohl zu raschen Durchgang meine Tür nicht gefunden hatte, wollte ich es gründlicher machen. Den Schlüssel in der Hand, schritt ich langsam den Flur entlang und sah mir die Türschilder genau an. Nur wenn mir jemand über den Weg lief, wandte ich den Blick geradeaus, denn wer mich kannte, hätte sich gewundert, dass ein alter Hase wie ich in seinem eigenen Flur, in dem er seit über einem Jahrzehnt saß, nach den Schildern schaute. Ich fand die Namen meiner Kolleginnen und Kollegen, nur meinen nicht.

Nun wurde ich doch unsicher, ob ich auf der richtigen Seite des Flurs geschaut hatte. Ich hielt es für nicht ganz ausgeschlossen, dass ich in meiner jetzt aufgekommenen Verwirrung Rechts und Links verwechselt hatte, deshalb schaute ich auf dem Rückweg vorsichtshalber nach der anderen Seite, allerdings ohne allzu große Erwartung. Und tatsächlich, ich fand nicht, was ich suchte.

Eigentlich, sagte ich mir, ist es auch unsinnig, dass ich immer, wenn ich mein Zimmer verlasse, die Tür abschließe. Hier nahm mir ja niemand etwas weg. Es war bloß eine gedankenlose alte Angewohnheit. Ich würde jetzt erst einmal in Ruhe zum Essen gehen, und danach hätte sich sicher alles wieder eingerenkt.

Als ich aus dem Gebäude trat, um hinüber zur Kantine zu gehen, kamst du mir entgegen. Das war ungewöhnlich, du hattest mich noch nie unangemeldet in meinem Büro besucht. Du sagtest, es sollte eine Überraschung sein, du hättest plötzlich das starke Bedürfnis gehabt, mich zu sehen. Ich freute mich. Dir konnte ich von meinem Problem erzählen, jemandem aus dem Haus hätte ich mich nicht anvertraut.

Du nahmst die Sache nicht weiter schwer und schlugst vor, gleich mit mir zusammen nach oben zu gehen, gemeinsam würden wir das blöde Zimmer doch wohl noch finden. Wir fanden es nicht. Wir schauten nur auf der einen Seite des Flurs nach, du warst dir ganz sicher, dass mein Büro auf dieser Seite lag. Aber du hieltest es für möglich, dass ich mich in der Etage geirrt haben könnte.

Wir gingen eine Etage tiefer und studierten gründlich die Türschilder. Ein junger Mann, der hier offenbar arbeitete und den ich noch nie gesehen hatte, sprach mich an, als sei ich ein Fremder in diesem Haus, und fragte, ob er uns helfen könne, wen wir denn suchten. Ich antworte ihm gar nicht.

Als wir auch diesen Flur ohne Ergebnis abgesucht hatten, sagtest du und lachtest: „Weißt du was, dann lassen wir das eben. Das ist ja hier wie bei Kafka. Da machen wir nicht mit. Komm, wir gehen nach Hause."

Auf die Idee, einfach nach Hause zu gehen, wäre ich nicht gekommen, aber sie gefiel mir. Ich überlegte, was ich in meinem Büro zurückließ, und kam zu dem Schluss, dass es nichts Wichtiges war. Und so fuhren wir nach Hause. Und ich bin nie mehr in mein Büro zurückgekehrt.

Mein Biotop

Ich bin vorzeitig gegangen. Als es ein Angebot des Senders zur Altersteilzeit gab, habe ich zugegriffen. Nicht, dass ich mein Zimmer nicht mehr gefunden hätte. Aber ich wollte es nicht so weit kommen lassen. Die Jüngeren sollten nicht über mich sagen: Der weiß auch nicht mehr, wie Fernsehen heute geht. Deshalb ging ich, als ich noch ein gutes Gefühl hatte.

Irgendwann hatte ich nur noch Mitleid mit meinen Vorgesetzten. Der arme Direktor! Seit Jahresbeginn sind die Quoten im gesamten Vorabend abgesackt. Keiner weiß warum. Es wird ungemütlich. Der Intendant macht dem Direktor Druck. Der Direktor beruft eine Brandsitzung ein. Wir sagen ihm, dass es keine gesicherten Erkenntnisse über die Ursachen des Einbruchs gibt, auf deren Grundlage man erfolgversprechende Korrekturen am Programm vornehmen könnte. Der Direktor hat auch keine Daten und keine Ideen, aber er will Taten sehen. Irgendetwas wird jede Redaktion ihm anbieten müssen.

Die Programmgruppenleiter der Hauptabteilung setzen sich zusammen. Wir sollen radikal denken, ohne Tabus. Aber es fällt uns nichts ein, wir sind alle eingeschränkt durch Finanznot, Rücksicht auf Interessen von Kollegen und Selbsterhaltungstrieb; denn jeder weiß, wer sich bewegt, wer irgendetwas aus seinem Bereich zur Disposition stellt, der hat verloren. Ich werde ein paar kleine Korrekturen vorschlagen, die ich ohnehin anbringen wollte.

Einen Monat später haben die Quoten sich wieder erholt, sind fast wieder auf dem alten Niveau, warum auch immer. Aber der Direktor hat voller Panik bereits eine Programmreform ausgerufen. Wahrlich nicht der angekündigte große Wurf, sondern Stückwerk. Vorhandene Strukturen sollen ein bisschen hin- und her geschoben werden. Es gibt keine Unterfütterung durch Daten über Zuschauerverhalten, Publikumserwartungen.

Bevor die Reform in Kraft tritt, kommt eine Hiobsbotschaft vom Intendanten: Nach dem Auslaufen der aktuellen Gebührenperiode werde es eng für den Sender, da werde es mit kleinen Veränderungen nicht mehr getan sein, da müsse man ans Mengengerüst. Mit anderen Worten, weniger Sendungen, und nicht mehr wie bisher die Rasenmähermethode, überall der gleiche Prozentsatz von Kürzungen, so dass keiner sich beschweren konnte. Die kleine Programmreform des Direktors ist vom Tisch. Es wird ernst.

Eine Programmklausur steht an. Angesichts von 5,7 Millionen Defizit werden einschneidende Kürzungen im Programm erwartet. Wieder setzen sich die Programmgruppenleiter der Hauptabteilung zusammen, noch aufgeschreckter als beim letzten Mal, als es um die Quoten ging. Niemand hat eine Idee, wie man so viel Geld einsparen und gleichzeitig die Wiedererkennbarkeit des SR-Anteils im 3. Fernsehprogramm retten kann. Ratlos gehen wir auseinander.

Die mit Bangen erwartete Klausur. Der Direktor hat angeblich einen geheimen Masterplan mit drastischen Einsparungen in der Tasche. Da erscheint als rettender Engel der Intendant und verkündet, die Chefs der Staatskanzleien der Länder hätten sich am Vortag darauf geeinigt, dem SR und Radio Bremen mit Finanzspritzen zu helfen. Die befürchtete Summe muss also nicht eingespart werden.

Böser Direktor, er wäre – sicher mit Bauchgrimmen – bereit gewesen, das Schlachtermesser zu zücken und ein Blutbad anzurichten. Aber der gute Intendant hat uns mal wieder vor dem Schlimmsten bewahrt.

Der Direktor ist wundgerieben. Er kann das Wort „Problem" nicht mehr hören. Wenn er in seiner wöchentlichen Sitzung die Programmvertreter um sich geschart hat, nimmt er uns nacheinander alle an die Reihe und will von uns ausschließlich gute Nachrichten hören. Wir haben keine Chance, Probleme, die uns bedrücken, aufs Tapet zu bringen und gemeinsam zu besprechen. Stattdessen sitzen wir da und kramen verzweifelt in unseren Hirnen nach irgendetwas Positivem, was man dem Mann hinwerfen kann, damit er einen zufrieden lässt und der Sitznachbar an die Reihe kommt. Dabei ist es streng verpönt, sich mit den guten Quoten vom Vortag in Szene zu setzen; von Quoten darf überhaupt nicht gesprochen werden. Das Studium der Quoten hebt der Direktor sich für den Abend zu Hause auf, was er sich, wie er berichtet, nur zumuten kann, wenn eine Flasche Wein zuhanden ist.

Ich schreibe dem Direktor einen Brief und bitte um seine Unterstützung in einer bestimmten Angelegenheit. Es kommt keine brüske Ablehnung, in seinem Antwortschreiben geht er auf mein Anliegen gar nicht ein, teilt mir aber mit, wie schlecht es ihm geht. Seine Arbeit sei auch kein Zuckerschlecken; seinen dienstlich eingefangenen Tinnitus werde er ebenso wenig loswerden wie seine Ösophagitis. Ich muss nachschlagen, was Ösophagitis ist: eine Entzündung der Speiseröhre.

Ich lerne: Den Mann muss ich schonen, den darf ich nicht belasten. Ich muss selber sehen, wie ich mit meinen Problemen klarkomme. Ursprünglich waren wir Gegner. Bei der ersten Begegnung hatten wir uns in die Augen gesehen, und jeder hatte in der ersten Sekunde gewusst: Mit dem kann ich nicht. Und so war es auch gekommen. Er hatte mich als Alt-68er eingeordnet und abgehakt; ich hatte in ihm eine Katastrophe fürs Programm gesehen. Das hat sich jetzt entspannt. Wir gehen nett miteinander um. Als ich ausscheide und er noch bleiben muss, lässt er sich zu dem Satz hinreißen: „Wir waren immer stolz auf Sie."

Als mir klar wird, dass mir hier keiner helfen wird, macht mir meine Arbeit wieder richtig Spaß. Da es im Konzert mit anderen nicht möglich ist, definiere ich für mich das Konzept der Sendung. Wir werden uns nicht nach den vermeintlichen Interessen eines breiten Publikums richten, das sich für Kultur grundsätzlich nicht interessiert. Wir werden nicht zynisch sein und den Zuschauern Themen verkaufen, die wir selber verachten. Wir müssen die Kultur im Lande so widerspiegeln, wie sie ist, und sie ist oft sperrig und kompliziert. Was schwer zu vermitteln ist, wird von uns deshalb nicht ignoriert, sondern als Herausforderung begriffen. Wir suchen nach Wegen, auch schwierige Kulturphänomene für unser Publikum verstehbar zu machen. Um unsere Sendung zu verstehen, muss man nicht das Abitur haben, jedes Fremdwort und den Jargon des Kulturbetriebs kennen, es genügt, aufgeschlossen und neugierig zu sein. Die ganz hohen Quoten werden wir nie erreichen, aber es ist unser Ziel, das Reservoir des für unsere Themen erreichbaren Publikums möglichst auszuschöpfen. Das ist die große Aufgabe für uns. Und es macht Spaß, hier die eigene Kreativität auszuleben.

Genauso wichtig wie die Qualität und der Erfolg der Sendung ist für mich etwas anderes.

Mein Vater hatte immer wieder stirnrunzelnd über mich gesagt: „Dieser Mensch kommt mit einem Minimum an Freundlichkeit aus!" Darunter litt er offenbar. Mir war der Wert der zwischenmenschlichen Freundlichkeit nicht klar. Freundlichkeit hielt ich für eine Verkaufsmethode von kleinen Ladenbesitzern. Erst viel später erkannte ich, dass man sich in dieser so erschreckenden Welt das Leben gegenseitig nicht noch schwerer machen sollte.

Am Beispiel von Brechts Zöllner-Gedicht, das für mich ein Gedicht über die Rolle des Redakteurs war, hat Walter Benjamin auf die besondere Rolle hingewiesen, die die Freundlichkeit in der Vorstellungswelt des Dichters spielte. Ein anderes Brecht-Gedicht hat es mir ebenso angetan. Es heißt „Die Maske des Bösen", er hat es 1942 im amerikanischen Exil geschrieben, es umfasst nur fünf Zeilen und handelt von der Maske eines bösen Dämons, die bei ihm an der Wand hängt: „Mitfühlend sehe ich / Die geschwollenen Stirnadern, andeutend / Wie anstrengend es ist, böse zu sein". Ob man sich gut oder böse, freundlich oder unfreundlich verhält, ist gar nicht so sehr eine Frage der Moral. Böse sein ist einfach ziemlich anstrengend.

Und weil ich ein Mensch bin, der immer mit vielen Ängsten durchs Leben ging, will ich, dass vor mir, dass in meiner Umgebung niemand Angst leiden muss. Dort, wo ich Einfluss habe, in meiner Redaktion, will ich dafür sorgen. Hier soll niemand Beklemmung verspüren, wenn er über die Schwelle tritt, niemand den Eindruck, dass er als Mensch oder dass seine Arbeit nicht anerkannt wird, dass er um seine berufliche Existenz fürchten muss.

Eine kleine Insel inmitten rauer See. Eine Utopie. Wie nahe wir dem gekommen sind, weiß ich nicht. Jedenfalls war ich kein praktizierender Anhänger der Lehre, dass nur die permanente Drohung des Absturzes Menschen zu kreativer Leistung anregt. Abstriche an der Qualität musste man meiner Überzeugung für eine freundliche Arbeitsatmosphäre nicht in Kauf nehmen.

Das war sie, die Aura der Ungefährlichkeit. Ich kann mir gut vorstellen, dass die Mitarbeiter auch darunter gelitten haben. Denn die Kehrseite war, dass ich unsere Interessen ins Haus hinein nicht machtvoll genug vertreten habe, um immer das Maximum für uns herauszuholen. Ich konnte nicht aus meiner Haut, diese Aura der Ungefährlichkeit war ja keine ausgedachte Methode, sondern sie war auf mich zugeschnitten. Ich hätte gern mitgespielt, aber ich verstand nicht, wie Machtspiele gespielt werden.

Erst gegen Ende fiel bei mir der Groschen. Weil ich so empört war und von der Richtigkeit meines Standpunkts überzeugt, sagte ich zum Plan eines hohen Vorgesetzten todesmutig nein. Ohne Begründung, einfach: Nein, das möchte ich nicht. Und zu meiner Überraschung war die Reaktion: Ja wenn Sie nicht damit einverstanden sind, dann machen wir das eben nicht. Ich spürte: Es war nicht kompliziert. Ich hatte mehr Gewicht, als ich all die Jahre geahnt hatte, und ich brauchte es nur in die Waagschale zu werfen. Das habe ich dann noch ein paarmal praktiziert, es machte richtig Spaß. Ich sagte mir: Warum habe ich das nicht immer schon gemacht?

Genau betrachtet, war ich als Leiter einer Redaktion freier als all die Leute über mir. Ich war keinem Druck von außen und keinen Einmischungen aus dem Haus ausgesetzt. Ich war unabhängig in der Gestaltung des Programms. Und beim SR mit seiner schmalen Personaldecke besaß jeder Einzelne mehr Selbständigkeit als in den großen Anstalten. Wenn ich mich mit Kollegen aus anderen ARD-Sendern traf, konnten sie nicht eigenmächtig das umsetzen, was wir besprochen hatten. Weil sie es nicht anders kannten, sagten sie auch zu mir: „Klären Sie das doch mal mit Ihren Kollegen." Ich fragte zurück: „Mit welchen Kollegen?" Ich war es gewohnt, das meiste selbst zu entscheiden.

Etwas anderes als diese Arbeit wollte ich nicht machen, hatte nie den Wunsch, in der Hierarchie aufzusteigen. Ich wusste, die Luft dort oben würde mir nicht bekommen.

Gut, dass ich rechtzeitig gegangen bin. Die Sorte Fernsehjournalismus, die ich vertreten habe, ist auf dem Rückzug. Ich habe immer Distanz zu den Leuten und Institutionen gehalten, über die wir berichtet haben. Obwohl mir der eine oder die andere sehr sympathisch war, ließ ich keine persönliche Beziehung aufkommen. Ich ging zu keiner privaten Einladung, ließ mich nicht einbinden durch die Übernahme von Jury-Jobs oder bezahlten Moderationen, nahm keine Geschenke an. Unsere Liebe zur Kultur zeigten wir dadurch, dass wir versuchten, sie aus möglichst unabhängiger Position zu beobachten und zu kritisieren. Diese distanzierte Haltung lag mir, sie umgab mich wie ein Panzer, wurde Teil meines Ich.

Heute denke ich, dass ich es vielleicht übertrieben habe. Nach und nach haben sich die Verkrampfungen, die mit meinem Rollenspiel als Journalist verbunden waren, gelöst. Immer wieder spüre ich körperlich, wie ein weiterer Ring sich lockert. Es geht mir wie dem treuen Heinrich im Märchen vom Froschkönig. Immer wenn er bei der Kutschfahrt ein Geräusch hört, schreckt der König auf: „Heinrich, der Wagen bricht." Und Heinrich antwortet jedes Mal: „Nein Herr, der Wagen nicht, es ist ein Band von meinem Herzen."

I N H A L T

ISBN 978-3-7575-3886-6

www.epubli.de